Wolfgang J. Mommsen
Nation und Geschichte

W0331532

Prof. Wolfgang J. Mommsen Aufn.: Fender

Serie Piper
Band 1115

Zu diesem Buch

Nicht zuletzt durch den Historikerstreit ist das Thema der deutschen Identität, des Verhältnisses der Deutschen zu ihrer Geschichte, wieder aktuell geworden. Mit Wolfgang J. Mommsen legt hier einer der bekanntesten deutschen Historiker eine Reihe von Arbeiten vor, die sich mit dem politischen Selbstverständnis der Deutschen und seinen Wandlungen beschäftigen.

Wolfgang J. Mommsen, geboren 1930, ist Professor für mittlere und neuere Geschichte an der Universität Düsseldorf und Vorsitzender des Verbandes der Historiker Deutschlands.

WOLFGANG J. MOMMSEN

NATION UND GESCHICHTE

Über die Deutschen und die deutsche Frage

Piper
München Zürich

ISBN 3-492-11115-7
Originalausgabe
Februar 1990
© R. Piper GmbH & Co. KG, München 1990
Umschlag: Federico Luci
Gesamtherstellung: Clausen & Bosse, Leck
Printed in Germany

Inhalt

Nationalbewußtsein und Staatsverständnis der Deutschen
(1978)

Aus der verschiedenen Lage und dem unterschiedlichen Schicksal der deutschen Nation im Vergleich mit der französischen ergibt sich, daß der Deutschland betreffende Beitrag sich gewissermaßen vom mehr objektiven Bereich des Staates in den mehr subjektiven Bereich der Nationalität verlagert. Das hängt damit zusammen, daß Nation potentiell ein vorstaatlicher Begriff ist und im Unterschied zu den französischen Verhältnissen in Deutschland eine einheitliche, eine konkrete Kontinuität hinsichtlich der staatlichen Entwicklung fehlt. Bevor auf die Besonderheit der deutschen Entwicklung eingegangen wird, seien zur Begrifflichkeit, in der diese Probleme erörtert werden sollen, einige grundsätzliche Bemerkungen vorweggeschickt.

Nationalbewußtsein bzw. Nationalität als Identifikationsprinzip politischer Großgruppen ist, wie die neuere Forschung gezeigt hat, keineswegs ein eindeutiges Phänomen, sondern es kann durch außerordentlich verschiedenartige Inhalte bestimmt sein. Wenn man von Nation spricht, so denkt man in der Regel an Kriterien wie gemeinsame Sprache, gemeinsame Kultur, gemeinsame Religiosität und insbesondere an die Organisation einer soziopolitischen Großgruppe in einer bestimmten politischen Einheit; die gemeinsame Zugehörigkeit der Angehörigen dieser Großgruppe zu einer solchen staatlichen Ordnung hat eine besonders starke Wirkung dann, wenn diese durch politische Krisensituationen hindurch ihren Bestand behauptet. Hinzu kommt in aller Regel ein Abgrenzungsmoment. Nationalität wird häufig *ex negativo* bestimmt, in der Abgrenzung gegenüber anderen Völkern. Das betrifft insbesondere auch das deutsch-französische Verhältnis: Die Ausbildung des deutschen Nationalbegriffs vollzog sich vor allem im späten 18. und frühen 19. Jahrhundert vorzugsweise in scharfer, expliziter Abgrenzung gegenüber der französischen Nation, nicht unbedingt zum Vorteil der inhaltlichen Substanz des deutschen Nationalbegriffs.

In der älteren Forschung pflegt man gemeinhin zwischen »Kulturnation« und »Staatsnation« zu unterscheiden und, was hier wichtiger ist, einem objektiven Nationalbegriff, der sich an sogenannten objektiven Merkmalen wie Sprache und ethnischer Abstammung orientiert und typisch für die mitteleuropäische und speziell für die deutsche Tradition ist, einen westlichen subjektiven Nationalbegriff gegenüberzustellen, der auf die subjektive Entscheidung des Bürgers abhebt und am Prinzip der demokratischen Selbstbestimmung orientiert ist. In der Praxis treten diese beiden idealtypischen Formen von Nationalität bzw. legitimitätsbegründendem Loyalitätsgefühl von Großgruppen freilich keineswegs in reiner Form auf. So läßt sich die angeblich an objektiven Kriterien festgemachte Nationalität bestimmter Großgruppen häufig auf subjektive Entscheidungen zurückführen, wie sich etwa am Beispiel der sogenannten »Wasserpolacken« in Schlesien zeigen ließe. Ebenso ist die subjektive Variante des Nationsbegriffs oft Fiktion, da die subjektive Entscheidung für den einen oder den anderen Nationalstaat sehr häufig, ja in der Regel von objektiven Faktoren, wie ökonomische Situation, Klassenlage und dergleichen, vorgezeichnet ist. Daher scheint es uns nicht angängig, dem deutschen objektiven Nationsbegriff den französischen subjektiven Nationsbegriff, sei es in positiver, sei es in negativer Absicht, gegenüberzustellen, wie man dies in der bisherigen Literatur in der Regel zu tun pflegte. Vielmehr ergibt sich aus diesen grundsätzlichen Erwägungen generell die Folgerung, daß Nation nichts Naturwüchsiges ist, sondern ein historisch gewachsenes Gebilde mit sehr wandelbarem Inhalt, das historischen Veränderungen unterworfen ist und insofern historisch verlorengehen kann; das aber auch nicht einfach kurzfristig durch entsprechende politische Manipulationen verändert werden kann.

Dieser Befund ist für den deutschen Fall, in dem ja keine eindeutige staatliche Kontinuität bis in die Gegenwart hinein besteht, sowohl positiv wie negativ zu werten. Wir müssen davon ausgehen, daß in der Bundesrepublik lange die Auffassung vorherrschte und verfassungsrechtlich auch heute noch formell sanktioniert ist, daß die Bundesrepublik ausschließlich als ein Teilstaat der deutschen Nation zu gelten habe, der im Prinzip nur für eine Übergangszeit bis zur Wiedervereinigung aller Deutschen in freier Selbstbestimmung Bestand haben sollte. Dabei ist man dem Problem, was denn die deutsche Nationalität ausmache, gleichsam ausgewichen, und diese selbst ist als fraglos für jedermann verständliche Größe vorausgesetzt. Dies ist freilich unbefriedigend. Wenn einmal die historische Wandelbarkeit der Inhalte von Nationalbewußtsein und Staatsbewußtsein vorausgesetzt wird, dann stellt sich die kritische Frage, an welchen Kriterien heute in Deutschland Nationalbewußtsein festgemacht ist.

Hier bietet sich natürlicherweise zunächst der Gesichtspunkt der Kontinuität an. In der Tat hat man in Deutschland in den letzten 25 Jahren, insbesondere im Zusammenhang der sogenannten Wiedervereinigungspolitik, in erster Linie auf die staatliche Kontinuität seit der Gründung des Bismarckreiches Bezug genommen. Dies schien anfangs nicht nur in Deutschland selbst, sondern auch bei den Großmächten ein ganz unbestritten gültiges Prinzip. In einem Memorandum vom Frühjahr 1945, das die amerikanische Regierung für die Formulierung ihrer Politik auf der Potsdamer Konferenz verwendet hat, heißt es: »The German people will not willingly accept dismemberment as a permanent fate. The growth of a sense of a German national unity has been such that no significant group has questioned the verdict of 1871.« Das bedeutet, daß auch die anderen Nationen das Kontinuitätsargument als tragfähig empfunden haben. Heute, nach fast 30 Jahren, wird man jedoch fragen müssen, ob das Deutsche Reich Bismarckischer Prägung als territoriale und staatsrechtlich politische Einheit, wie es durch Bismarck gegründet wurde, noch als Orientierungspunkt für eine deutsche Politik und für die Bestimmung dessen, was Deutsche sind oder sein wollen, zureicht. Diese Frage aufwerfen heißt, sie zumindest teilweise zu verneinen. Der kleindeutsche Staat Bismarckischer Prägung war zwar unter politischer Hilfestellung der deutschen liberalen Parteien und des deutschen Bürgertums entstanden, aber er ist gleichwohl eine weitgehend obrigkeitliche Schöpfung, das Produkt einer »Revolution von oben« gewesen, die unter anderem das Ziel hatte, die konstitutionellen Bewegungen in festen Dämmen einzufangen und dergestalt in sozialkonservativer Richtung zu kanalisieren. Weder in seinen territorialen Regelungen – wenn wir an die Österreicher deutscher Nationalität denken – noch in seiner verfassungsrechtlichen Gestaltung entsprach diese Staatsbildung damals voll dem Willen der deutschen Bevölkerung. 1870 war das Deutsche Reich noch kein Nationalstaat, wie Theodor Schieder mit Recht betont hat: Es ist erst im Laufe der Entwicklung ein solcher geworden, dann allerdings mit stark prägender Wirkung auf das politische Bewußtsein der Deutschen. Jedoch sind wesentliche Inhalte dieses neuen wilhelminischen Nationalbewußtseins, dieser, wie man in Anlehnung an Friedrich Naumann sagen könnte, neudeutschen Gesinnung, wie sie sich im Deutschen Kaiserreich ausgebildet hat, heute gerade für uns problematisch geworden. Gleiches gilt auch für die Grundlinie der Außenpolitik des Deutschen Reiches der Bismarckzeit; diese beruhte ihrer Tendenz nach auf antieuropäischen Grundlagen, insofern als die Embrouillierung der anderen Mächte gegeneinander gleichsam das *arcanum imperii* der Diplomatie Bismarcks gewesen ist. Demgemäß hat das Kontinuitätsargument zunehmend an Überzeugungskraft verloren; die Frage nach dem Wesen deutscher Nationalität muß heute grundsätzlicher angegangen werden.

Ein Rückgriff auf das fundamentale Grundpostulat der Unteilbarkeit einer Nation als einer kulturellen und politischen Großgruppe von unbezweifelbarer Eigenart und Eigenständigkeit, wie es die französische Tradition so eindrucksvoll verkörpert, hilft uns im deutschen Fall nicht weiter. Allein schon die Unschärfe des Sprachgebrauchs weist auf die Probleme hin, die hier bestehen. Mit Recht hat Christian von Krockow betont, daß, während »anderwärts ›Nation‹ in der Regel als etwas Selbstverständliches« erscheine, diese unter Deutschen »ein offenes, ein unbewältigtes Problem« darstelle. Gleichviel unter welchen Gesichtspunkten man Nationalität definieren mag, in so gut wie keinem Zeitpunkt ihrer Geschichte sind die Deutschen eine in sich geschlossene Nation gewesen, sondern vielmehr eine in sich äußerst zerrissene Großgruppe mit nur wenig scharf ausgebildeter nationaler Identität.

Die an Kontinuitätsbrüchen reiche deutsche Geschichte mit ihren großen Wechselfällen und Zusammenbrüchen hat die Entwicklung eines relativ stabilen, gleichsam selbstverständlichen Nationalbewußtseins, wie es die westeuropäischen Völker, insbesondere Frankreich, seit langem besitzen, schon deshalb nicht zugelassen, weil nur ein Teil jener Territorien, die ursprünglich dem Deutschen Reich als einem Reich »deutscher Nation« zugerechnet wurden, in einem geschlossenen Nationalstaat zusammengekommen sind. Und die heutige Situation, in der es einen deutschen Kernstaat gibt, die Bundesrepublik, und gleichsam zwei weitere Staaten »deutscher Nation«, nämlich die DDR und Österreich, verweist auf denselben grundsätzlichen Sachverhalt, daß die Integrationskraft eines geschlossenen Nationalstaates, die dem westeuropäischen subjektiven Nationsbegriff seine relative Stabilität verliehen hat, im deutschen Bereich niemals voll zur Entfaltung gekommen ist.

Dem entspricht ein vielfach gebrochenes politisches Bewußtsein, in dem sich die vielfältigen Traditionsbrüche und Diskontinuitäten der deutschen Geschichte widerspiegeln. Die Begriffe Volk, Nation und Staat haben infolgedessen im politischen Bewußtsein der Deutschen niemals wirklich feste Konturen gewonnen. Vielmehr verbanden sich mit diesen Begriffen je nach den politischen und sozialen Traditionen der einzelnen Sozialgruppen höchst verschiedene Vorstellungen. Verglichen mit dem Nationalbewußtsein der Engländer oder der Franzosen, welches sich gleichsam als etwas Gegebenes verstand, schwankte das deutsche Nationalbewußtsein seit seinen Anfängen zwischen Hybris und Minderwertigkeitskomplexen, zwischen Selbstbespiegelung und Selbstmitleid hin und her. Gleiches gilt auch vom Verhältnis der Deutschen zum Staat. Es pendelte zwischen maßloser Verherrlichung des Staates als –

um mit Max Weber zu sprechen – »der weltlichen Machtorganisation der Nation« und einem überwiegend ablehnenden Verhältnis zum Staate. Einerseits läßt sich eine Übersteigerung des Faktors des starken Staates beobachten, andererseits stoßen wir häufig auf ein Unverständnis gegenüber dem Staat und seinen Herrschaftsbedürfnissen. Für die erste Haltung sei hier verwiesen auf Heinrich von Treitschke, der den modernen Machtstaat als Urheber aller Rechtsordnung und als Garanten nationaler Kultur leidenschaftlich pries. Für die letztere Haltung kann man auf die Tradition des deutschen Linksliberalismus und späterhin die Haltung der deutschen Sozialdemokratie verweisen, die noch in der Weimarer Zeit der Neigung schwer widerstehen konnte, im Zweifelsfall die Oppositionsstellung der Regierungsbeteiligung vorzuziehen.

Die immanenten Brüche und Diskrepanzen im deutschen politischen Bewußtsein und im Verhältnis der Deutschen zum Staat sind in ihrem Ursprung teilweise die Folge einer »verspäteten« Nationsbildung oder Nationalstaatsbildung, die überdies auf innenpolitischem Gebiet lange unvollendet blieb. Sie resultierte, mit anderen Worten, daraus, daß sich das politische Bewußtsein der Deutschen vielfach fern der Sphäre der tatsächlichen politischen Entscheidungen formiert und artikuliert hat. Das gilt schon für die Frühzeit der Entwicklung des deutschen nationalen Denkens. »Die Entwicklung vom Weltbürgertum zum Nationalstaat vollzog sich im wesentlichen im Geistigen, staatsfremd und fern der politischen Realität. Dadurch blieb am deutschen Nationalgefühl ein utopischer Zug haften, der im ganzen 19. Jahrhundert zu verfolgen ist« (Wilhelm Mommsen). Dieser Trend wurde verstärkt durch das Scheitern der Revolution von 1848, des einzigen wirklich konkreten Versuchs, unter dem Banner der nationalen Idee, als einer im Sinne Mazzinis wesentlich emanzipatorischen, eine durchgreifende Liberalisierung der deutschen Staatenwelt herbeizuführen. Von nun an stellte sich eine verhängnisvolle Neigung ein, die Nationalidee mit dem Prinzip der »Realpolitik« in enge Verbindung zu setzen, das heißt, die jeweils gegebenen machtpolitischen Möglichkeiten und staatlichen Verhältnisse zum Maß innenpolitischer Forderungen und Zielsetzungen zu machen und damit die Nationalidee auf die Ebene der bestehenden Machtverhältnisse im Innern wie nach außen hinunterzudividieren.

Wie schon angedeutet, hat das Deutsche Reich, wie es 1871 durch Bismarck begründet wurde, einen neuen staatlichen Rahmen für die Entwicklung eines deutschen Nationalbewußtseins gesetzt, der bis in die Gegenwart hinein nachwirkt. Allerdings muß einschränkend gesagt werden, daß das sich neu formierende nationale Denken der Bismarckzeit vielfach instrumental zur Machterhaltung der Führungseliten eingesetzt worden ist, nicht zuletzt auch mit Hilfe der negativen Ausgrenzung bestimmter politischer Gruppen, wie des Zentrums und dann der Sozialdemokratie, die als »Reichsfeinde« bekämpft und damit gleichsam aus dem nationalen Konsensus herausgedrängt wurden. Diese Politik hat zusätzlich dazu beigetragen, die nationale Idee in ihrer »neudeutschen« – Wilhelminischen – Ausformung ihres ursprünglich emanzipatorischen, nämlich demokratischen Inhalts weitgehend zu berauben. Die nationale Idee degenerierte infolgedessen weitgehend zu einer Statusideologie. Dennoch, ja möglicherweise gerade deshalb, hat das Deutsche Reich im Verlauf von zwei Generationen eine enorme Integrationskraft auf seine Bürger, einschließlich der Unterschichten, und selbst auf Teile der polnischen Bevölkerung ausgeübt. Es wurde seit der Jahrhundertwende in der Tat zu dem, was es formal bereits 1871 war, nämlich ein von seinen Bürgern weitgehend bewußt bejahter Nationalstaat.

Jedoch muß man fragen, an welchen Inhalten sich dieses Loyalitätseinverständnis der breiten Schichten der Deutschen vornehmlich orientierte. Dann fällt auf, daß der militärische Glanz, die außenpolitische Machtstellung des Deutschen Reiches, das imperiale Pathos des Kaisertums vor allem unter Wilhelm II., der ja besonders zu äußerem Pomp und popularistischem Gepränge neigte, die beherrschenden Elemente des damals entstandenen nationalen Konsensus bildeten, während die heute mit Recht wieder vorangestellte demokratische Komponente des Nationalgedankens nahezu in Vergessenheit geraten war. Gustav Schmoller schrieb im Jahre 1899 anläßlich einer Säkularbetrachtung über das 19. Jahrhundert über das deutsche Volk: »Vor hundert Jahren ein armes Volk von Bauern und Handwerkern, von Denkern und Dichtern in einigen hundert machtlosen Mittel-, Klein- und Duodezstaaten. Heute ein großes, einiges, mächtiges Reich, dessen Wohlstand, Großindustrie und Technik, dessen Heer und Beamtentum, dessen Verfassung und freie Selbstverwaltung, dessen Macht und Stärke weit über seine Grenzen hinaus gepriesen werden.« Die Hierarchie der Werte, die in diesem Zitat zutage tritt, ist typisch für das wilhelminische Nationalbewußtsein. Die Idee demokratischer Selbstbestimmung, die seit Mazzini einen integralen Bestandteil des neueren westlichen Nationsdenkens bildete, findet so gut wie keine Erwähnung; dafür stehen wirtschaftlicher Erfolg und machtpolitische Größe im Vordergrund. Eine Analyse der tragenden Faktoren des deutschen politischen Bewußtseins jener Epoche, die hinter die Ebene äußeren Scheins und vordergründiger Formeln zurückgeht, stößt auf eine bemerkenswerte Diskrepanz zwischen »kulturellen« und »nationalen Idealen«. Man sollte sich nicht unbedingt Nietzsches scharfes Wort aus dem Jahre 1871 von der »Exstirpation des deutschen Geistes zugunsten des Deutschen Reiches« zu eigen machen; aber man wird Ludwig Dehio darin zustimmen müssen, daß der wesentlichste Zug des deutschen politischen Bewußtseins des späten 19. und frühen 20. Jahrhunderts »ein krasses Mißverständnis« zwischen »den vitalen und den geistigen Energien« der Deutschen gewesen ist. Die Hohlheit und Realitätsferne des Wilhelminischen Nationalbewußtseins trat nach 1914 in den ebenso gigantischen wie augenmaßlosen Kriegszielprojekten während des ersten Weltkrieges besonders deutlich hervor. Der Reichskanzler Theobald v. Bethmann Hollweg hat im Mai 1915 einmal gemeint: »Die Nation ist durch 25 Jahre Renommisterei so verdorben, daß sie wahrscheinlich kleinmütig würde, wenn man ihr den Ernst der Lage klarmachen würde.« Das war das Eingeständnis eines der führenden Politiker des Deutschen Reiches, daß das politische Bewußtsein der Deutschen erheblich in die Irre gegangen sei und für eine realistische Politik keine geeignete geistige Grundlage abgebe. Auch die demokratische Republik von Weimar ist in dieser Hinsicht kein Neuanfang gewesen, sondern hat überwiegend die Linie des traditionellen Nationsdenkens, noch dazu in teilweise radikalisierten Formen, fortgesetzt. Überhaupt würde eine historische Würdigung dieser Zeit heute zu dem Ergebnis kommen müssen, daß der Weimarer Staat in erster Linie die Phase der endgültigen Dekomposition des wilhelminischen Reiches gewesen ist, während die immerhin vorhandenen Ansätze zu einer dauerhaften Umstrukturierung zumindest des politischen Bewußtseins der Deutschen in demokratischem Sinne damals im wesentlichen folgenlos blieben. Die grundsätzlich antidemokratische Tendenz des nationalen Bewußtseins der 20er Jahre ist an zahllosen Beispielen abzulesen. Insbesondere für die Bannerträger der nationalen Idee, die bürgerliche Intelligenz, war der Weimarer Staat nur Ausdruck eines schmachvollen Intermezzos, den es durch einen erneuerten Machtstaat autoritären Zuschnitts abzulösen gelte.

Eines ist allerdings in dem hier erörterten Zusammenhang von außerordentlich großer Bedeutung und sehr typisch für die deutsche Lage: nämlich, daß das deutsche Nationalbewußtsein seit seinen Anfängen beständig die europäische Dimension deutscher Politik verkannt hat. Die Deutschen haben niemals wirklich einsehen können, daß ein deutscher Nationalstaat auch nur beschränkten Umfangs nur dann dauernden Bestand haben könne, wenn sich dieser im Einklang mit Europa befinde. Diese Grundbedingung deutscher nationaler Politik ist nicht nur von den führenden Schichten im Wilhelminischen Reich beharrlich verkannt worden; dieses Fehlverhalten fand in den 20er Jahren seine Fortsetzung in dem frenetischen Kampf eines erheblichen Teils der deutschen Führungsschichten gegen Stresemanns Politik eines »nationalen Realismus«, die in Gestalt der Locarno-Verträge zu einer partiellen Verständigung zwischen dem Deutschen Reich und Frankreich führte und eine wesentliche Voraussetzung für die Periode der Stabilisierung von 1924–1928 gebildet hat. Unter solchen Verhältnissen ist es dem Nationalsozialismus relativ leichtgefallen, den gleichsam inhaltsleeren Nationalismus der deutschen bürgerlichen Schichten für seine Zwecke zu mißbrauchen und als

Vehikel zur eigenen Machtergreifung zu benutzen, um dann erst nach und nach seine wahren Ziele hervortreten zu lassen, die im Endeffekt mit der Idee eines deutschen Nationalstaats herkömmlicher Prägung nicht vereinbar waren und diesen mit innerer Notwendigkeit mit in den Abgrund des Jahres 1945 rissen. Der äußersten Pervertierung des Nationalstaatsgedankens in Form der nationalsozialistischen Großraumpolitik folgte nahezu zwangsläufig der Zerfall des »Großdeutschen Reiches« und mit ihm der Verlust der Einheit der deutschen Nation. Das Deutsche Reich, oder was davon noch übrig war, zerfiel einstweilen in eine Mehrzahl von Besatzungszonen, in denen sich erst langsam wieder eigenständiges politisches Leben entwickelte, nunmehr unter starkem Einfluß der Besatzungsmächte.

Umorientierung nach 1945

Die Deutschen, bislang gewohnt, die Rolle einer Hegemonialmacht in Europa zu spielen, waren – durch eigene Schuld – in die Rolle eines Pariavolkes zurückgefallen. Die Idee der deutschen Nationalität war zwar nicht verloren, wohl aber auf den Status eines Postulats reduziert. Obschon sich die Großmächte auf der Potsdamer Konferenz selbst auf das Prinzip der Wiederherstellung des deutschen Nationalstaates in den Grenzen von 1937 festgelegt hatten, kam es in der Folge zur Zweiteilung und Auseinanderentwicklung der Deutschen in zwei sich antagonistisch gegenüberstehende Teilstaaten, die beide in das jeweilige politische und ökonomische System fest eingebunden wurden.

Welche Konsequenzen hatte dies für die Selbsteinschätzung der Deutschen und für ihr Staatsverständnis? Alfred Andersch hat 1945 einmal geschrieben: »Deutschland besitzt aus der unglaublichen Gunst einer totalen Niederlage die Kraft zur totalen Wandlung.« Mit anderen Worten, Andersch nahm, wie viele Deutsche in führenden Positionen, an, daß nunmehr der Zeitpunkt gekommen sei, um einen wirklich definitiven Schlußstrich unter die verderblichen Traditionen der jüngeren deutschen Geschichte zu ziehen und gänzlich neu anzufangen.

In der Tat setzte seit 1945 ein Prozeß der Umorientierung des deutschen politischen Bewußtseins ein, teilweise unter dem Eindruck der Tatsache, daß man mit den bisherigen politischen Konzeptionen vollständig gescheitert war, teilweise unter dem Einfluß der Umerziehungspolitik der Besatzungsmächte. Entscheidend war jedoch, namentlich in den westlichen Zonen Deutschlands, daß man nunmehr im westlichen demokratischen Prinzip den einzigen Weg sah, um der Alternative einer kommunistischen Beherrschung auf die Dauer zu entgehen. Insbesondere der Einfluß der Vereinigten Staaten als der Vormacht des Westens hat für das deutsche politische Bewußtsein der 50er und frühen 60er Jahre einen großen Stellenwert gehabt, obgleich in der aktuellen Politik die Wiederannäherung und die Verständigung mit dem traditionellen europäischen Rivalen Frankreich zunächst ganz vorn auf der Agenda stand.

Allerdings hat sich dieser Prozeß keineswegs so geradlinig vollzogen, wie dies im nachhinein vielfach erscheinen mag. Zunächst kam es weithin zu einer Tabuisierung allen Reflektierens über nationale Fragen schlechthin, ja zu einer Art von »Verlust der Geschichte«, teilweise bedingt durch die drängenden Fragen einer unmittelbaren, von schweren materiellen Sorgen geprägten Gegenwart, teilweise als Ausdruck einer geistigen Flucht aus einer allzu bedrückenden jüngeren Vergangenheit. Tenbruck hat diesen Sachverhalt außerordentlich anschaulich beschrieben: »Eine stumme Elterngeneration schwieg nicht bloß über die erlebte Vergangenheit, sondern wich allen Fragen politischer und geschichtlicher Verortung aus. So mußte später eine Generation heranwachsen, die die Staatsangehörigkeit ›deutsch‹ als Notiz einer Verwaltungseinheit zur Kenntnis nahm, mit der sie sich weder identifizieren konnte noch wollte.« Die Deutschen zumindest in der Bundesrepublik zeigten eine gewisse Neigung, unter dem Problem, wie man sich denn nun national definieren sollte, hinwegzutauchen und sich in den Gang der Dinge zu fügen; dazu gehört insbesondere die Bereitschaft zur Anlehnung und späterhin zur Einfügung in das westliche Bündnissystem als einer Garantie politischer Sicherheit und der Wiedererlangung wirtschaftlichen Wohlstandes.

Adenauers Außenpolitik der 50er Jahre vollzog sich gutenteils in einer Atmosphäre, die in nationalen Fragen einem politischen Vakuum glich. Eine Politik einer kompromißlosen Einbindung des neuerstandenen westdeutschen Staates, ungeachtet seines in der Präambel des Grundgesetzes festgelegten provisorischen Charakters, in das politische, wirtschaftliche und militärische System des Westens unter Abweisung aller immerhin erwägenswerten neutralistischen Alternativen entsprach seiner tiefen Überzeugung, daß nur ein insbesondere mit Frankreich, dann aber dem Westen überhaupt eng verbundenes Deutschland auf die Dauer Bestand haben und sich gegenüber der Gefahr des Kommunismus behaupten könne. Auch wenn die Majorität der Deutschen nicht im gleichen Maße von Adenauers Gefühlen bewegt war, die ihn dazu bestimmten, die Verständigung mit Frankreich ganz oben auf die Liste der zu lösenden Probleme zu stellen, akzeptierte sie diese Politik gleichwohl, insbesondere deshalb, weil sie sowohl dem Sicherheitsbedürfnis wie den objektiven wirtschaftlichen Interessen der großen Mehrheit der bundesdeutschen Bevölkerung entsprach. Es kam hinzu, daß ein tief verunsichertes politisches Bewußtsein es den Deutschen der Bundesrepublik gleichsam unmöglich machte, nunmehr noch Gedanken an politische Alleingänge gleichviel welcher Art zu hegen. Unter diesen Umständen gelang es Adenauer leicht, die großen Auseinandersetzungen über den Eintritt Deutschlands in die westeuropäische Gemeinschaft und über die Wiederaufrüstung zu gewinnen. Die traditionalistischen Positionen, die von Gegnern dieses Kurses, insbesondere der Sozialdemokratie, verfochten wurden, erwiesen sich schon bald als irreal, ohne wirkliche Zukunftsperspektive.

Allerdings war der Erfolg dieser Politik im vorhinein nicht so gewiß, wie es im nachhinein erscheinen mag. Sonst wäre Adenauer selbst wohl nie so sehr daran gelegen gewesen, die Alliierten Mächte im Deutschlandvertrag in aller Form vertraglich auf das gemeinsame Ziel »eines wiedervereinigten Deutschlands« zu verpflichten, »das eine freiheitlich-demokratische Verfassung, ähnlich wie die Bundesrepublik, besitzt und das in die Europäische Gemeinschaft integriert ist«. Diese Vereinbarung stellt auch heute noch eine bindende Verpflichtung für die Staaten des Westens dar, eine deutsche Politik der Wiedervereinigung zu unterstützen; sie wird jedoch unter historischem Gesichtspunkt eher als eine Rückversicherung für die mit traditionellen nationalen Tabus brechende Westpolitik Konrad Adenauers zu werten sein als ein Element einer offensiven Ostpolitik.

Denn man darf nicht übersehen, daß in den 50er Jahren unterhalb der Schwelle des politischen Bewußtseins, wie es sich in den Tagesmeinungen artikulierte, noch starke Strömungen eines relativ traditionalistischen Nationsverständnisses fortbestanden, die in der Einheit der deutschen Nation, nach der Maßgabe des Vorbilds des von Bismarck begründeten deutschen Staates, nach wie vor die entscheidende Leitlinie einer jeden deutschen Politik sahen, gleichviel ob diese sich in innenpolitischer Hinsicht neoliberal oder aber sozialprogressiv definierten. Kurt Schumacher gelang es für fast ein Jahrzehnt, die Sozialdemokratie auf sein Konzept eines nationalen, potentiell auf den deutschen Gesamtstaat bezogenen Sozialismus zu verpflichten, obwohl er diese damit zu langjährigen Mißerfolgen verurteilte. Auch Thomas Dehler, einer der großen liberalen Politiker der ersten Stunde, vertrat lange mit beachtlichem Erfolg einen mehr nationalliberalen als freiheitlich-demokratischen Traditionen verpflichteten politischen Kurs. Erst gegen Ende der 50er Jahre kam es endgültig zum Absterben der älteren nationalistischen Traditionen. Gleichzeitig verschwanden die radikal-nationalistischen Rechtsparteien, die sich ungeachtet des gegen sie bestehenden Faschismusverdachts hatten entwickeln und zeitweilig beachtliche regionale Erfolge erzielen können, wieder von der politischen Bühne.

Die Politik Adenauers ist für die Stabilisierung des deutschen politischen Bewußtseins, verbunden mit der allmählichen Ausscheidung traditioneller nationalistischer Denkweisen, von entscheidender Bedeutung gewesen. Sie gewann der

Bundesrepublik nicht nur die Achtung Frankreichs in der westlichen Welt zurück, sondern begründete eine tiefgreifende Bewußtseinsänderung der Deutschen, welche eine wesentliche Voraussetzung für ihre Wiederaufnahme in die europäische Völkerfamilie gewesen ist, nämlich die Erkenntnis, daß eine jede deutsche Politik nur in Verbindung mit den anderen europäischen, insbesondere den westeuropäischen Völkern, erfolgreich sein könne, mit anderen Worten, daß jede deutsche Politik zugleich europäische Politik sein müsse. Man könnte gewissermaßen sagen, daß die Deutschen der Bundesrepublik verspätet, dafür aber um so nachhaltiger die Lektion gelernt haben, daß nationale Politik nie die Bedingungen des gesamteuropäischen wie des internationalen Systems vernachlässigen dürfe.

Diese Entwicklung wurde freilich begünstigt durch die allmähliche Ausbildung einer neuen politischen Identität, die sich partiell von älteren nationalen Vorstellungen emanzipierte, auch wenn diese im Untergrund weiterhin wirksam blieben und zu Teilen auch heute noch in Kraft stehen. Der Bundesrepublik Deutschland, die sich anfangs bewußt als ein Teilstaat der deutschen Nation bezeichnete, der auf die Wiedervereinigung aller Deutschen in Freiheit hinzuarbeiten habe, wuchsen mit dem Erfolg der Politik Adenauers und dann insbesondere mit dem großen Wirtschaftsaufschwung seit 1948 zusätzliche Legitimationsquellen neuartiger Form zu, die nach und nach immer größeres Gewicht erhielten. Zum ersten erschien der Staat nunmehr als der Garant wirtschaftlichen Aufstiegs und zunehmenden Massenwohlstands; zum zweiten galt die parlamentarisch-demokratische Ordnung, wie sie 1948 im Grundgesetz festgelegt worden war, jetzt allgemein als die einzige reale Alternative zu einer kommunistischen Gesellschaftsordnung, deren Nachteile den Bürgern der Bundesrepublik durch die Politik der Kollektivierung im anderen Teile Deutschlands mit aller Massivität vordemonstriert wurden. Diese Tendenzen wurden flankierend unterstützt von dem allgemeinen Trend einer partiellen »Entpolitisierung« des politischen Bewußtseins, wie er in den westlichen Gesellschaften in den 50er und frühen 60er Jahren allgemein zu beobachten war, bis dann mit der Studentenrevolte seit 1968 ein Umschlag in entgegengesetzter Richtung erfolgte.

In den frühen 50er Jahren empfanden es die führenden Politiker der Bundesrepublik durchaus noch als Problem, daß ein gewisses Defizit an werthafter Legitimierung der Bundesrepublik bestehe. Auch Adenauer selbst hat sich damals, freilich auch unter außenpolitischen Gesichtspunkten, um die Neubelebung eines gemäßigten nationalen Denkens bemüht, das die positiven Traditionen der deutschen Geschichte nicht völlig aus dem Auge verliere. Dann kam freilich ein neues Moment zu Hilfe, nämlich die Orientierung an der Idee eines vereinten Europas, die insbesondere für die jüngere Generation damals zu einer Art von Alternative oder vielleicht doch eher zu einem Surrogat für die Nationalidee herkömmlicher Prägung wurde. Ralf Dahrendorf hat mit einigem Recht gesagt: »Für unser geteiltes Land war Europa immer ein Ersatz für die verlorengegangene Einheit der Nation.« In der Tat begannen die Deutschen der Bundesrepublik in immer stärkerem Maße, in der Integration des eigenen Staates in die Westeuropäische Gemeinschaft den Anfang eines politischen Prozesses zu sehen, an dessen Ende die politische Einheit Europas als einer neuartigen, werthaften Ordnung stehen werde. Der damals vielleicht radikalste Protagonist einer solchen Entwicklung war der Baseler Philosoph Karl Jaspers. In einem Rundfunkinterview mit Gerd Ruge im Jahre 1959 und dann 1960 in seinem Buch »Freiheit und Wiedervereinigung« trat Jaspers als erster mit der radikalen These hervor, daß die Integration der Bundesrepublik in die westliche Welt eindeutig und definitiv den Vorrang vor dem unerreichbaren Ideal der Wiedervereinigung verdiene, ein Postulat, das bislang von allen Politikern der Bundesrepublik, gleichviel welcher politischen Richtung sie angehörten, zumindest als unverzichtbare Grundforderung angesehen worden war. Jaspers schrieb: »Die Geschichte des deutschen Nationalstaats ist zu Ende, nicht die Geschichte der Deutschen. Was wir als große Nation uns und der Welt leisten können, ist die Einsicht in die Weltsituation heute: daß der Nationalstaatsgedanke heute das Unheil Europas und nun auch aller Kontinente ist. Während der Nationalstaatsgedanke die heute übermächtig zerstörende Kraft der Erde ist, können wir beginnen, ihn in der Wurzel zu durchschauen und aufzuheben.«

Die starke Betonung der Europaidee hat es den Deutschen erleichtert, sich von den problematischen Elementen der eigenen politischen Tradition in zunehmendem Maße freizumachen und sich dem Einströmen westlicher Verfassungsideale zu öffnen. Unzweifelhaft haben die Deutschen der Bundesrepublik heute den historischen Rückstand gegenüber dem westeuropäischen Nationalbegriff, der in gewissem Bezug Ausdruck der Besonderheit der deutschen Geschichte war, überwunden. Das Prinzip demokratischer Selbstbestimmung stellt heute einen unverzichtbaren Bestandteil des politischen Bewußtseins der Deutschen der Bundesrepublik dar; angesichts der großen wirtschaftlichen, gesellschaftspolitischen und zum Teil auch außenpolitischen Erfolge, die sich auf der Grundlage des parlamentarischen Systems haben erreichen lassen, wie es die Bundesrepublik 1949 begründete, hat sich ein festes Fundament für ein demokratisches Selbstverständnis der Deutschen entwickelt, das auch mögliche Krisen der Zukunft zu überstehen in der Lage sein wird.

Was freilich die Europaidee angeht, so wird man heute sagen müssen, daß die Erwartungen der Deutschen der Bundesrepublik wieder auf ein realistisches Maß zurückgenommen werden müssen, ja gutenteils bereits zurückgenommen worden sind. An eine einfache Substituierung der deutschen Nationalidee durch die Europaidee kann heute nicht mehr gedacht werden, ja, die naive Identifizierung der deutschen Nationsidee mit einer Europaidee, die ausschließlich nach deutschen Maßstäben und Erwartungen geschneidert ist, ist geeignet, dieser selbst Schaden zuzufügen. Es ist für die Deutschen freilich ungemein schwierig, zu einer Bestimmung der eigenen nationalen Identität zurückzufinden, die mit den problematischen Elementen der deutschen Tradition fertig zu werden vermag und zugleich die Realität der Spaltung der deutschen Nation in zwei deutsche Teilstaaten in Rechnung stellt.

Ein einfaches Fortschreiben der Traditionen deutscher Staatlichkeit, wie sie durch Bismarck begründet wurde, kann heute nicht mehr befriedigend sein und findet im tatsächlichen politischen Bewußtsein der Deutschen immer weniger Rückhalt. Hingegen wäre zu wünschen, daß es zu einer bewußten Reaktivierung der kulturnationalen Elemente des deutschen Nationsverständnisses kommen möge – im Unterschied zu dem traditionell einseitig an der Idealvorstellung eines geschlossenen deutschen Machtstaates orientierten Nationalbewußtsein der Deutschen in der Vergangenheit. Damit könnte ein Weg gebahnt werden zur Entwicklung eines politischen Bewußtseins der Deutschen, das mit der Tatsache der Existenz einer Mehrheit deutscher Staaten in Mitteleuropa vereinbar ist, ohne sich doch selbst aufzugeben. Ernst Nolte hat kürzlich gemeint, daß die Ergebnisse der Ostpolitik allgemein zu dem Anerkenntnis geführt haben, daß die Bundesrepublik für alle absehbare Zukunft nur ein deutscher Staat unter mehreren Staaten deutscher Nation sein wird; damit aber sei zugleich die Chance für die Entwicklung eines politischen Bewußtseins gegeben, das nicht mehr von der Verpflichtung zu negativer Nationalpädagogik und verordneter gesamtdeutscher Gesinnung geprägt sei. Gerade wenn ein solches politisches Bewußtsein darauf verzichtet, seine politischen Ansprüche über die Grenzen der Bundesrepublik hinaus zu erstrecken und sich in erster Linie an der bestehenden Staats- und Gesellschaftsordnung orientiert, könnte sich auf die Dauer eine große Ausstrahlungskraft auch über eben diese Grenzen hinaus entfalten. Dann könnte die Bundesrepublik als ein deutscher Teilstaat die Rolle des vornehmlichen Traditionsträgers des politischen und nationalen Denkens der deutschen Nation übernehmen, in einer Form, die von den Nachbarstaaten nicht länger als anstößig empfunden werden müßte und die zugleich einen konstruktiven Beitrag zu einer, als Mannigfaltigkeit verschiedener nationaler Traditionen zu bestimmenden, europäischen Lebensform zu leisten imstande wäre.

Im Lichte der bisherigen deutschen Geschichte ist es in der Tat ein bemerkenswertes Datum, daß sich die Bundesrepublik entschlossen hat, ihre eigenen nationalen Interessen konsequent im Rahmen der europäischen Völkergemeinschaft zu verfolgen und darüber hinaus ein enges Verhältnis zu den USA als einer befreundeten Schutzmacht zu suchen. Auch die Ostpolitik hat hierin keine Änderung gebracht; sie stellt im Prinzip nichts anderes dar als die vorläufige Abschreibung von Wechselverbindlichkeiten, die auf alle absehbare Zukunft nicht honoriert zu werden versprachen, sowie den endgültigen Verzicht auf eine bilaterale, ausschließlich nationalstaatliche Lösung der deutschen Frage. Wie die Dinge heute stehen, wurden damit vermutlich die realen Möglichkeiten, auf mittlere Frist einer für die beiden deutschen Teilstaaten befriedigenden Lösung näher zu kommen, eher erhöht als beeinträchtigt. Denn auch für die Zukunft gilt, was seit 1945 eine harte Tatsache war, daß die Bundesrepublik nur mit Hilfe ihrer europäischen Nachbarn hoffen kann, in den Fragen der Wiederherstellung eines größeren Maßes deutscher Einheit voranzukommen. Allerdings wird man kritisch fragen müssen, ob die gegenwärtige Situation, die in mancher Hinsicht der historischen Situation vor 1867 gleicht, nämlich die Existenz einer Mehrheit von Staaten deutscher Nation in der Mitte Europas, nicht gleichsam den historischen Normalzustand der deutschen Frage darstellt. Dies ist aus traditioneller deutscher Perspektive ein beklagenswerter Sachverhalt; doch wird man fragen müssen, ob mit der Anerkennung desselben wirklich sehr viel verloren ist.

Unzweifelhaft ist das politische Bewußtsein der Deutschen in der Bundesrepublik auf die Ausbildung eines neuen, primär am eigenen Staate orientierten staatsnationalen Denkens ausgerichtet, unbeschadet ihrer Zugehörigkeit zur deutschen Kulturnation als einer übergreifenden Einheit. Ein Verständnis deutscher Nationalität, das gleichsam primär nach innen gerichtet ist, wird auch ohne beständige Wahrung des Rechtsstandpunktes der Deutschen und ohne das beständige bewußte Artikulieren gesamtdeutscher nationaler Traditionen erhebliche Anziehungskraft auf die Deutschen außerhalb der Grenzen der Bundesrepublik und darüber hinaus haben; und dies um so mehr, je weniger diese Forderungen mit Herrschaftsansprüchen direkter oder indirekter Art verbunden sind. Die besondere Lage der Bundesrepublik als eines Staates, der heute in gewisser Hinsicht die Stellvertretung für die Gesamtheit der Deutschen als einer Kulturnation übernommen hat, gebietet es zudem ohnehin, Selbstbeschränkung zu üben und die nationalen Interessen der Nachbarvölker sorgfältig zu achten, gerade angesichts einer Situation, in der ihr wieder erhebliche wirtschaftliche Macht zugewachsen ist.

Wenn die Bundesrepublik heute die führende Antriebskraft einer progressiven Europapolitik ist, so nicht bloß aus Idealismus oder messianischem Sendungsbewußtsein im Sinne der Errichtung einer neuen übernationalen Weltordnung, sondern weil ihre nationalen Interessen gutenteils mit einer europäischen Politik zusammenfallen. Wollte sie für sich allein einen neuen nationalistischen Weg gehen, so wäre ihr ein erneutes Scheitern gewiß, denn das Mißtrauen der anderen Völker sitzt noch immer tief. Zudem hat die Bundesrepublik als gegenwärtig stabilste Gesellschaft der westlichen Welt von einer progressiven Europapolitik nur Gewinn zu erwarten. Deshalb sollte man die Zurückhaltung anderer Mächte in europäischen Fragen und nicht zuletzt Frankreichs, wie es sich beispielsweise in der Frage der Direktwahl des europäischen Parlaments jüngst wieder kundgetan hat, respektieren, statt auf die eigene Rechtsgläubigkeit zu pochen. Allerdings gilt auch umgekehrt, daß die anderen Völker Europas die Singularität dieser Sachlage erkennen und die Tatsache honorieren sollten, daß die Bundesrepublik heute jedenfalls einstweilen Politik in erster Linie auf dem Umweg über Europa und nicht als selbständige Macht zu treiben geneigt ist. Das muß keineswegs so bleiben, es könnte durchaus anders werden, zumal der Bundesrepublik von dritter Seite, insbesondere auch von den Staaten der Dritten Welt, zunehmend eine aktive Außenpolitik auf eigene Faust angesonnen wird. Der Verzicht auf eine eigenständige Politik ohne Einbeziehung ihrer europäischen Partner müßte demgemäß insofern eine Kompensation erfahren, als die Bemühungen der Bundesrepublik um eine Beschleunigung des politischen Zusammenwachsens entsprechende Förderung auch bei ihren Nachbarn finden sollten. Die gegenwärtige Situation ist ungewöhnlich günstig für die endgültige Konsolidierung einer europäischen Völkerfamilie freier Nationen, mit einem zu einem neuen politischen Bewußtsein demokratischen Charakters geläuterten deutschen Volk. Es ist zu wünschen, daß sie nicht verloren werden möge.

»Wir sind wieder wer« (1979)

Als Großbritannien im Frühjahr 1979 von einer Welle von Streiks erfaßt wurde, die sich gegen die von der Regierung der Arbeiterschaft allzu lange zugemuteten Richtwerte für Lohnerhöhungen von maximal 5% richteten, berichtete die deutsche Presse darüber ausführlich. *Das kranke England, Der Niedergang Englands, Die englische Krankheit* – so lauteten die Überschriften. In der Tat befindet sich Großbritannien gegenwärtig in einer schwierigen gesellschaftspolitischen Lage; niedrige Löhne und niedrige Produktivität, ein vergleichsweise wenig agiles Management, dazu enorm hohe Steuersätze, die die Anreize zur Erbringung von wirtschaftlichen Leistungen mindern, dazu ein gesellschaftliches Klima, das weder die Unternehmerschaft noch die Arbeiter dazu motiviert, Innovationen größeren Umfangs zu tätigen oder mitzutragen. Vor diesem Hintergrund wurden die zahlreichen Streikauseinandersetzungen denn auch mit ungewöhnlicher Intensität geführt und resultierten in nicht unerheblichen Unterbrechungen und Störungen des wirtschaftlichen Lebens in Großbritannien. Dennoch war dem die englischen Verhältnisse überschauenden Besucher nur allzu deutlich, daß die deutsche Presse ein übriges tat, die in England bestehenden Schwierigkeiten in möglichst drastischer Schwarz- und Weißfärbung zu schildern, in der zutreffenden Erwartung, daß die Leserschaft solche Schilderungen begierig aufnehmen würde. In der Tat wurden die Auswirkungen der Streikauseinandersetzungen in Großbritannien weit dramatischer geschildert, als sie tatsächlich waren. Die Müllberge auf dem Leicester Square wurden aus einer Perspektive photographiert, aus der sie dem Leser noch bei weitem höher erscheinen mußten, als sie tatsächlich waren. Die Berichterstattung der deutschen Presse über die englische Streiklage schoß weit über das Ziel hinaus, in offensichtlich vielfach bewußter Schwarzfärbung der Vorgänge in Großbritannien. Ihrer Wirkung nach trugen diese Berichte dazu bei, die Zufriedenheit der Deutschen mit ihren gegenwärtigen wirtschaftlichen und politischen Verhältnissen zu unterstreichen. Insofern sagt diese Berichterstattung weit mehr über die Bundesrepublik und die Mentalität der deutschen Öffentlichkeit aus als über die Lage in Großbritannien.

Es ist dieser Umstand, der diese Berichte in unserem Zusammenhang interessant macht. Sie sind ein Symptom, an dem charakteristische Züge des, man ist versucht zu sagen: neudeutschen politischen und gesellschaftlichen Bewußtseins hervortreten, wenn auch nur in indirekter Brechung. Sie bestätigen die Auffassung der großen Mehrheit der deutschen Ober- und Mittelschichten, daß die Bundesrepublik, im Unterschied zu anderen europäischen Ländern, ein effizientes Wirtschaftssystem besitze, in der dergleichen eigentlich so gut wie nicht passieren könne, und daß wir über ein rational organisiertes Gewerkschaftssystem verfügen, das im Unterschied zu der gewiß antiquierten Aufsplitterung der britischen Gewerkschaften in zahlreiche Einzelgewerkschaften die Interessen der Arbeiterschaft auf den Kommandohöhen der Wirtschaft, in Auseinandersetzung und im Benehmen mit den entsprechenden Unternehmerorganisationen, erfolgreich zu vertreten in der Lage ist. Vor dieser Folie ist der Hinweis auf die englische Misere beruhigend. Der »englische Fall« scheint das Empfinden zu bestätigen, daß wir Deutschen es geschafft haben, daß unser Sozialsystem offenbar das leistungsfähigste in Europa überhaupt ist, und daß man doch in Gottes Namen unverändert daran festhalten möge. Damit gehen einher mangelndes Verständnis für die wirklichen Motive der tiefsitzenden sozialen Unruhe in Großbritannien und ebenso nur begrenzte Einsicht in die Tatsache, daß dieses Land ungeachtet starker sozialer Spannungen über einen gesicherten liberalen Grundkonsensus verfügt, der in der Bundesrepublik in solcher Form noch immer nicht erwachsen ist.

Das Selbstverständnis von Großgruppen, gemeinhin als Nationalgefühl bezeichnet, ohne daß dies notwendig an einem sogenannten Nationalstaat orientiert sein muß, pflegt sich mit Vorliebe in Entgegensetzung zu anderen, namentlich benachbarten konkurrierenden Gesellschaften zu definieren. Insofern ist der beobachtete Sachverhalt nicht ohne Bedeutung für eine Analyse jener Faktoren, die das sich wieder herausbildende deutsche politische Bewußtsein vornehmlich prägen. Die Veränderungen im deutschen Englandbild können uns als ein Leitfaden dienen, um die Wandlungen im deutschen politischen Bewußtsein der letzten Jahrzehnte näher zu bestimmen.

Der Neuanfang nach 1945 erfolgte, zumindest in den von den westlichen Alliierten okkupierten Teilen Deutschlands, in bewußter Anlehnung an das angelsächsische Vorbild, bei teilweiser Wiederanknüpfung an die hergebrachte Englandorientierung des deutschen Liberalismus und der freilich hier immer nur schwachen demokratischen Bewegung. Das englische konstitutionelle System ist nicht im Detail, wohl aber in seinen tragenden Elementen für die politische Neuordnung der Bundesrepublik nach 1945 von maßgebender Bedeutung gewesen. Gewiß, in mancher Hinsicht war die Einwirkung der Vereinigten Staaten noch massiver; aber zu einer direkten Übernahme amerikanischer verfassungspolitischer Modelle ist es gleichwohl nicht gekommen. Vielmehr wurden die westeuropäischen Verfassungsmuster im Technischen ausschlaggebend. Vor allem für die moralische Fundamentierung des parlamentarischen Systems war das Vorbild der britischen parlamentarischen Demokratie von großer Bedeutung. Obschon unser eigenes Verständnis von Demokratie nach 1945 stark an die naturrechtliche fundamentalistische Demokratielehre anzuknüpfen versuchte, war das Vorbild der englischen demokratischen Tradition gleichwohl teils ausgesprochener, teils implizit vorausgesetzter Maßstab für einen demokratischen Neuanfang. In unserer Gegenwart hingegen scheint sich dieses Abhängigkeitsverhältnis mit einem Mal umzukehren. Die Deutschen als Musterschüler der Angelsachsen haben ihr Vorbild Großbritannien überholt, und sie sind ersichtlich stolz darauf.

Dieser Sachverhalt verweist auf tiefgreifende Veränderungen im politischen Selbstverständnis der Deutschen, die auf die Dauer auch eine veränderte Rolle der Bundesrepublik innerhalb der europäischen und internationalen Politik nach sich ziehen werden. Ist das politische Bewußtsein der Deutschen freilich jener neuen Situation, nämlich der Tatsache, daß man sich nun nicht mehr im Gefolge der erfolgreichen westlichen Nationen bewegt, sondern ihnen den Weg zu weisen beansprucht, eigentlich gewachsen? Man wird, wie die Tendenz der oben zitierten Presseberichte über die englischen Verhältnisse anzudeuten scheint, den Eindruck nicht los, daß das Selbstverständnis der Deutschen der Bundesrepublik vorab durch eine auffallende Selbstzufriedenheit geprägt ist. »Wir sind wieder wer« – auf diese Formel läßt sich das heutige politisch-gesellschaftliche Bewußtsein der Deutschen in der Bundesrepublik am ehesten bringen. Doch wie weit diese offenbar hervorragend funktionierende politische und gesellschaftliche Ordnung auf einem tiefer verwurzelten gesellschaftlichen Konsensus werthafter Art ruht, der auch Krisenzeiten zu überstehen in der Lage sein würde, ist nicht ohne weiteres positiv zu beantworten. Erst jetzt zeigen sich die Deutschen wieder in der Lage, unverwandt auf die eigene jüngste Geschichte zurückzuschauen, obschon sie so außerordentlich Unerfreuliches enthält; aber man kann schwerlich davon ausgehen, daß die von der Geschichtswissenschaft längst angebotene kritische Bestandsaufnahme, verbunden mit der grundlegenden Revision traditioneller Auffassungen, von der deutschen Öffentlichkeit wirklich intensiv aufgenommen worden ist.

Zugegebenermaßen haben wir es hier weitgehend mit Imponderabilien zu tun, die sich einer objektiven Bewertung und erst recht einer exakten Messung im sozialwissenschaftlichen Sinne weitgehend entziehen. Auch das heute so beliebte Instrument der Umfragen, so nützlich diese im einzelnen sein mögen, erbringt in diesem Falle nur schwankende und nicht eben eindeutige Ergebnisse, einfach deshalb, weil Umfragen in sehr hohem Maße durch die Art der Fragestellungen präformiert zu sein pflegen und daher größtenteils die Antworten auf eben jenen Ebenen und allein jenen Ebenen liegen, auf denen die Fragen selbst gestellt sind.

So möchte ich die These wagen, daß die Bundesrepublik gegenwärtig an der Schwelle einer neuen Phase ihrer Entwicklung steht, die unvermeidlich mit einer wesentlichen Veränderung der grundlegenden politischen Werthaltungen einhergehen dürfte. Im Rückblick auf die Entwicklung des deutschen politischen Bewußtseins seit dem Zweiten Weltkrieg wird ein wenig deutlicher werden, was damit gemeint sein soll. Nach den Worten von Alfred Andersch hat der totale Zusammenbruch des nationalsozialistischen Deutschland 1945 der deutschen Nation die einmalige Chance eines wirklichen Neubeginns geboten. In der Tat brachte das Jahr 1945 einen Bruch mit der Vergangenheit, der weit tiefer ging als etwa jener, der sich mit dem deutschen Umbruch von 1918/19 verbindet. Auf dem demokratischen Neubeginn von Weimar lasteten die Hypotheken der Vergangenheit allzu schwer, diese zogen die Republik in autoritäre präsidiale Lösungen und am Ende in den Nationalsozialismus hinein. Nach 1945 hingegen war die Möglichkeit gegeben, so etwas wie einen Schlußstrich unter eine lange Phase deutschen imperialistischen Nationalismus zu ziehen.

Dennoch war das Jahr 1945 unter dem Gesichtspunkt der Entwicklung des deutschen politischen Bewußtseins keineswegs eine echte Wasserscheide; die Entwicklung gestaltete sich vielmehr wesentlich komplizierter. Denn obschon nun so gut wie niemand noch etwas mit dem Nationalsozialismus zu tun haben wollte, allein schon aufgrund äußerer Umstände, nicht zuletzt wegen der sogenannten Denazifizierung, kam es zunächst nicht zu einer tiefgreifenden Auseinandersetzung mit den Traditionen der deutschen Politik der jüngeren Vergangenheit. Den entsprechenden Bemühungen einer vergleichsweise dünnen Schicht von Intellektuellen und Politikern, denen es um die moralische Neubegründung einer demokratischen Ordnung ging, blieb eine nachhaltige Resonanz in den breiten Schichten der Bevölkerung einstweilen versagt, nicht zuletzt unter dem Einfluß der Zwänge der Denazifizierung. Vielmehr neigte die große Mehrheit der deutschen Bevölkerung dazu, alle Politik zu tabuisieren, was unter dem Druck unmittelbarer Not und den Schwierigkeiten des anfangenden Wiederaufbaus nur zu verständlich war. Soweit das Bedürfnis nach einer moralischen

Neuorientierung bestand, wurde diese zunächst eher auf solchen Gebieten gesucht, die nicht primär politisch bestimmt waren. So kam es zu einer bemerkenswerten Hinwendung zu den christlichen Kirchen und im politisch-historischen Bereich zu Bestrebungen, ältere universalistische Traditionen, die im Schatten der nationalstaatlichen Ideologie gestanden hatten, wiederzubeleben. Jakob Burckhardt und Alexis de Tocqueville erlebten eine Renaissance, und fundamentale Kulturkritik, beruhend auf universalistischen Grundlagen verschiedenster Art, war plötzlich allseits gefragt. An die Stelle von Spenglers apokalyptischen Geschichtstheorien, deren Deutschtümelei nunmehr inopportun schien, rückten Arnold Toynbees *Philosophie der Weltgeschichte* und Alfred Webers kulturkritische Analyse *Der dritte und der vierte Mensch*, die die Krise des europäischen Menschen individualistischer Prägung unter dem Einfluß der modernen Zivilisation beschrieben.

Andererseits gilt, daß die aus dem Kriege zurückgekehrte Generation und dann die neu heranwachsende Generation der deutschen Intellektuellen sich mit großem Einsatz und großer Leidenschaft darum bemüht haben, die geistigen und moralischen Grundlagen für eine neue, werthaft begriffene demokratische Ordnung zu schaffen. Von einem liberal und zugleich naturrechtlich geprägten Standpunkt aus unterzogen sie die deutsche politische Tradition gründlicher Kritik und formulierten die Prinzipien, auf denen eine neue demokratische Ordnung aufgebaut sein müsse. In diesen Zusammenhang gehören beispielsweise Karl Dietrich Brachers Arbeiten über die Weimarer Republik und die Entstehung des Nationalsozialismus oder auch Kurt Sontheimers Untersuchung *Das antidemokratische Denken in der Weimarer Republik*. Obschon alle diese Bemühungen, die bereits in den 50er Jahren eine große Wirkung erreichten, nicht geringgeschätzt werden sollen, läßt sich doch sagen, daß sie zunächst nur partiell erfolgreich gewesen sind; der Abbau älterer, autoritärer Denkweisen innerhalb der deutschen Gesellschaft erfolgte angesichts der Tabuhaltung breiter Gruppen nur sehr langsam; Sontheimer selbst hat darauf verwiesen, daß noch in den 60er Jahren in der Bundesrepublik starke Reste autoritären Denkens bestanden hätten.

Die grundlegenden politischen und gesellschaftlichen Entscheidungen der späten 40er und 50er Jahre in den westlichen Zonen Deutschlands sind somit auf teilweise geborgten geistigen Grundlagen gefällt worden. Die sich zunehmend zuspitzende Rivalität zwischen den beiden konkurrierenden Weltsystemen, der auf kapitalistischer Grundlage beruhenden pluralistischen Demokratie des Westens einerseits und der staatsmonopolistischen Ordnung des Marxismus-Leninismus andererseits, ließ in Deutschland eine wirklich freie Entfaltung eigenständiger politischer Formationen verständlicherweise nicht zu. Die politische, wirtschaftliche und gutenteils auch moralische Abhängigkeit der Deutschen der westlichen Besatzungszonen und seit 1949 der Bundesrepublik vom Westen, insbesondere von den USA, hat unter den gegebenen Umständen unvermeidlicherweise die politische Entwicklung präformiert und alternative Möglichkeiten gegenüber der Rekonstruktion einer pluralistischen Ordnung liberalkapitalistischen Zuschnitts letzten Endes nicht zum Zuge kommen lassen.

Kurt Schumacher verfocht in jenen Jahren wortgewaltig die Idee eines nationalen Sozialismus, der bewußt gesamtdeutsch und zugleich dezidiert antikommunistisch ausgerichtet war. Doch erwies sich diese Position, vornehmlich angesichts ihrer partiellen Entgegensetzung zu den westlichen Vorbildern, letztlich als wenig attraktiv und politisch nicht realisierbar. Auch die unmittelbar nach 1945 vielfach vertretenen Ideen eines korporativ-christlichen Staates, wie sie etwa in Nordrhein-Westfalen Karl Arnold vertrat und wie sie im *Ahlener Programm* der CDU einen gewissen, wenn auch gebrochenen programmatischen Niederschlag fanden, vermochten sich gegenüber der Zugkraft des westlichen Vorbilds nicht durchzusetzen; schon sehr bald sollte die CDU, unter dem Einfluß gerade auch Konrad Adenauers, auf die Linie einer Rekonstituierung eines liberalen, marktorientierten Kapitalismus umschwenken.

Die Idee des Neoliberalismus, die die Förderung der individuellen Initiative des Individuums als der wesentlichen Gegenkraft gegen die Entstehung von totalitären Systemen gleich welcher Observanz beschwor, entfaltete in der gegebenen Situation allein schon deshalb ungleich stärkere Anziehungskraft als alle konkurrierenden Ideologien, weil ihre Vertreter sich des politischen Flankenschutzes der westlichen Mächte erfreuen konnten. Die neoliberale Lehre wurde von erheblichen Teilen der meinungsbildenden Gruppen der Gesellschaft, nicht zuletzt von den Historikern und Politologen, als positives Programm aufgenommen und mit Ideen über die naturrechtliche Fundamentierung der Menschenrechte in modernen freiheitlichen Gesellschaften eng verschmolzen. Zugleich wurde die neue Position gleichsam *ex negativo* kulturkritisch abgestützt durch die Bezugnahme auf Jakob Burckhardt und insbesondere auf Alexis de Tocqueville, der ja den Abbau intermediärer Institutionen in Gesellschaft und Staat als die Hauptwurzel des Wachstums des omnipotenten Staates angesehen hatte. Hier bestand eine Nahtstelle zwischen neoliberaler Lehre und kulturkritischer Philosophie, die das Einströmen konservativer Prinzipien in eine eigentlich liberale Position erlaubte. Ein Beispiel dafür ist der enorme Erfolg von Hans Freyers damals vielgelesener *Theorie des gegenwärtigen Zeitalters*. Freyer argumentierte, daß die moderne industrielle Gesellschaft die Tendenz enthalte, das schöpferische Individuum sich selbst zu entfremden und zum bloßen Maschinenteil im Räderwerk einer hochbürokratischen, quasi-mechanisierten Zivilisation herabzudrücken; die »sekundären Systeme« unseres Zeitalters hätten sich, so heißt es, weitgehend von den natürlichen Grundlagen älterer Gesellschaften abgehoben und die Freiheit des schöpferischen Individuums zunehmend untergraben. Demgegenüber erschien die Begründung der politischen und gesellschaftlichen Neuordnung auf der individuellen Initiative des einzelnen als der allein richtige Weg. Diese Grundentscheidung wurde, in bewußt kritischer Abwendung von den formaldemokratischen Traditionen von Weimar, explizit in materialen Verfassungsnormen verankert, gemäß den großen Vorbildern der *Erklärung der Menschenrechte*, der französischen Verfassung von 1791 und – dies sei allerdings hinzugefügt – auch der Reichsverfassung von 1848. Diese Position fand zugleich in einer dezidierten Entgegensetzung gegen die totalitären Systeme nicht nur des Nationalsozialismus, sondern auch des gleichzeitig in der DDR entstehenden Marxismus-Leninismus eine zusätzliche Abstützung.

Die Gründung der Bundesrepublik als eines zwar provisorischen, aber doch den deutschen Nationalstaat idealiter fortsetzenden deutschen Kernstaates wurde von solchen Denkweisen nicht unerheblich beeinflußt. Daneben spielten freilich die Erinnerung an Weimar und das Bestreben, die Fehler des Weimarer Systems ein für allemal zu vermeiden, eine nicht unerhebliche Rolle. Daraus erklärt sich, daß man der parlamentarischen Ordnung, wie sie im Grundgesetz festgelegt wurde, nicht nur eine explizit wertrationale Fundamentierung gab in Entgegensetzung zur Formaldemokratie von Weimar, sondern dieser auch bedeutsame konservative Stützpfeiler einzog, die einen erneuten Machtverfall nach dem Muster der frühen 30er Jahre verhindern sollten, insbesondere das sogenannte »konstruktive Mißtrauensvotum« sowie ein Wahlrecht, das die Bildung neuer Parteien erschwerte. Die explizit wertrationale Fundamentierung der neuen demokratischen Ordnung der Bundesrepublik ging damals manchen führenden Intellektuellen noch nicht weit genug; heute sind uns deren rechtliche Konsequenzen, namentlich das indirekt gegebene Gebot, politisch nicht auf dem gleichen Boden stehende Parteien und Gruppen konsequent zu bekämpfen, nicht selten ziemlich unbequem geworden. Trotz dieser dezidiert zur Schau getragenen wertrationalen Einstellungen ist die im Grundgesetz fixierte neue Ordnung in sehr hohem Maße ein Ergebnis pragmatischer Politik gewesen, dessen Legitimität einstweilen auf schwachen Fundamenten beruhte. Denn das politische System der Bundesrepublik zog zumindest anfänglich seine Legitimität in erster Linie aus Quellen indirekter Art und nicht aus positiven Wertsetzungen, zumindest was die Einstellung der breiten Massen der Bevölkerung angeht. Die parlamentarische Ordnung der Bundesrepublik erschien als die einzige, von den westlichen Mächten tolerierte, Form politischer und gesellschaftlicher Ordnung und demgemäß als der alleinige Weg, eine allmähliche Wiederanerkennung Deutschlands im Kreise der Nationen zu erreichen. Desgleichen war man sich bewußt, daß nur auf solche Weise die damals noch unentbehrliche wirtschaftliche und politische Hilfe der anderen Westmächte, insbesondere der USA, zu erlangen war, welch letztere im politischen Bewußtsein gleichsam die Rolle des »großen Bruders« spielten. Entscheidend aber war die Gegensetzung zu dem sich in der sowjetisch besetzten Zone, späterhin der DDR, entwickelnden kommunistischen System, dessen negative Züge durch einen rasch anschwellenden und dann lange andauernden Flüchtlingsstrom den Bürgern der Bundesrepublik nur zu deutlich demonstriert wurden, ganz abgesehen von dem sich rasch einstellenden äußerst unterschiedlichen Lebenshaltungsniveau in beiden deutschen Staaten.

Für die politische und moralische Konsolidierung des neuen politischen Systems ist dann der wirtschaftliche Wiederaufstieg von größter Bedeutung gewesen. Der große Erfolg des neoliberalen Systems, das seit 1948 in Form der »sozialen Marktwirtschaft« zum Zuge kam, hat entscheidend dazu beigetragen, daß schließlich aus einer überwiegend passiven Identifikation der Bevölkerung mit der neuen Ordnung in weiten Teilen eine positive wurde. Dabei sind die Grenzen und Mängel des Systems der »sozialen Marktwirtschaft« aus historischer Perspektive heute nur zu deutlich sichtbar. Dieses war sozial insofern, als das kapitalistische Prinzip eines höchstmöglichen Maßes von marktorientierter Konkurrenzwirtschaft durch das Prinzip möglichst fester sozialer Sicherung der Randgruppen der Gesellschaft ergänzt werden sollte, einschließlich der teilweisen Umschichtung der Vermögens- und Besitzverhältnisse im Zuge des sogenannten Lastenausgleichs. Andererseits war das System der »sozialen Marktwirtschaft« entschieden weniger egalitär, als man nach der Sachlage hätte erwarten können. Die künstliche Wiederherstellung eines gleichsam uneingeschränkt marktwirtschaftlich orientierten ökonomischen Systems ging einher mit der Begünstigung allen Altbesitzes und zugleich allen in der Ausnahmesituation des Neuanfangs rasch erworbenen Besitzes. Die der deutschen Gesellschaft vor 1945 eigentümlichen ausgeprägten wirtschaftlichen und sozialen Unterschiede wurden damit im wesentlichen fortgeschrieben, und nur die hohen Wachstumsraten, verbunden mit dem Aufstieg neuer Gruppen in den Kreis der industriellen Bourgeoisie, milderten diese gesellschaftlich wie politisch unwünschbaren Konsequenzen einigermaßen ab. Immerhin modifizierte die Unternehmerschaft ihre traditionelle Einstellung gegenüber der Arbeiterschaft und ihren gewerkschaftlichen Vertretungen, ließ sie das Prinzip der Partnerschaft immerhin so weitgehend zum Zuge gelangen, daß die traditionellen Klassengegensätze fürs erste deutlich gemildert wurden. Entscheidend aber waren die außerordentlichen wirtschaftlichen Erfolge, die dieses neoliberale System nach langen Jahren der Mängelbewirtschaftung und eines mehr oder minder willkürlichen Staatsinterventionismus allererst ermöglicht zu haben schien.

Es ist den Deutschen der Bundesrepublik im allgemeinen nicht bewußt, daß der wirtschaftliche Wiederaufstieg in den Jahren nach 1948, sosehr die damit verbundene große Leistung anerkannt werden sollte, gutenteils auf einmaligen historischen Vorbedingungen beruht, die in dieser Form kaum je sonst gegeben waren. Die finanzielle Hilfe des Marshall-Plans gab eine entscheidende Starthilfe zu einem Zeitpunkt, als die Sowjetunion noch immer Investitionsanlagen in großem Umfang in der DDR demontierte. Wichtiger waren eine Reihe von Faktoren, die gleichsam künstlich ökonomische Randbedingungen herstellten, die mit jenen des Frühkapitalismus verglichen werden könnten. Dazu gehören insbesondere ein großes, durch den beständigen Zustrom von Flüchtlingen immer wieder aufgefülltes Reservoir von Arbeitskräften. Hinzu kam, daß die Mobilität der Arbeiter- und Angestelltenschaft angesichts der allgemeinen Lage, aber auch des individuellen Erwartungshorizonts bemerkenswert hoch war. Die tiefgreifenden Erschütterungen der deutschen Gesellschaft im Gefolge des Krieges hatten ein Positives: die deutsche Gesellschaft war gründlich durchgerüttelt worden. Dies hatte alle hergebrachten Verhaltensstrukturen innerhalb der Beschäftigten so weit aufgelokkert, daß sie auf Veränderungen am Arbeitsplatz, auf Innovationen und gegebenenfalls auch die Notwendigkeit eines Wechsels des Arbeitsplatzes im allgemeinen positiv reagierten. Die strukturellen Beschäftigungsprobleme, mit denen viele westliche Gesellschaften angesichts unzureichender beruflicher und geographischer Mobilität der Arbeiter und Angestellten in bestimmten Berufszweigen oder Regionen heute zu kämpfen haben, sind der Bundesrepublik im wesentlichen erspart geblieben; sie kennt sie auch heute noch kaum, zumal sie sich der Gastarbeiter als einer fast beliebig zu vergrößernden oder zu verkleinernden industriellen Reservearmee bedienen kann. Auch die einerseits durch die erhebliche Aufnahmefähigkeit des Marktes, andererseits durch eine entsprechende Steuergesetzgebung geförderte Politik der hohen Refinanzierung der Investitionen über die Preise, die die rasche wirtschaftliche Entwicklung seit 1948 deutlich begünstigt hat, entspricht Verhältnissen des Frühkapitalismus und erleichterte den Start. Schließlich hat der Einstrom von Flüchtlingen aus der DDR und den Ostgebieten einen zusätzlichen dynamischen Effekt gehabt, gemäß dem schon von Max Weber konstatierten Phänomen, daß Minoritätengruppen mit emanzipatorischen Bedürfnissen eine besonders rege wirtschaftliche Aktivität zu entfalten pflegen.

Schließlich sollte nicht verkannt werden, daß die wirtschaftliche Entwicklung innerhalb eines sozialen Systems einsetzte, dessen Sicherung nach außen durch die Westmächte wahrgenommen wurde. In gewissem Sinne wurde es den Deutschen der Bundesrepublik ermöglicht, sich in einem politischen Glashaus, das sie gegenüber Dritten abschirmte, vornehmlich ihrer wirtschaftlichen Wiedererstarkung zuzuwenden, statt, wie andere Mächte, an den Anstrengungen und an den Kosten weltweiter Sicherungspolitik, einschließlich der entsprechenden militärischen Aufwendungen, in angemessenem Umfang beteiligt zu werden.

Diese Tatbestände mindern allerdings nicht die Aufbauleistung, die die Deutschen in der Bundesrepublik in den schwierigen zwei Jahrzehnten seit 1947 vollbracht haben. Der große Erfolg des Systems der »sozialen Marktwirtschaft«, der sich nicht zuletzt der Leistungsbereitschaft der breiten Massen der Arbeiterschaft selbst verdankt, ist unzweifelhaft ein Grunddatum auch für die Entwicklung des politischen Selbstverständnisses der Deutschen. Die Tatsache, daß es innerhalb des neu begründeten Systems der Bundesrepublik gelang, in einer vergleichsweise geringen Zeitspanne allgemeinen Wohlstand und ein erhebliches Maß an sozialer Sicherheit auch für die breiten Massen zu schaffen, ist ein Faktor von großem Gewicht für das politische Selbstverständnis der Deutschen; er spielt für das politische und gesellschaftliche Selbstverständnis der Bundesrepublik eine ähnlich fundamentale Rolle wie seinerzeit die wirtschaftlichen Erfolge der Viktorianischen Freihandelsperiode, während welcher Großbritannien zur »Werkstatt der Welt« aufstieg, für das englische politische Bewußtsein.

Durch das »Wirtschaftswunder« sind der Bundesrepublik zusätzliche Legitimitätsquellen zugewachsen, die, zusammen mit der durch die faktische Existenz der DDR beständig affirmierten antikommunistischen Grundeinstellung, welch letztere allerdings mit tiefliegenden Besorgnissen verknüpft war, bis zur Gegenwart erhebliche Bedeutung besitzen. Im schrittweisen Wiederaufbau der zerstörten Städte, in der Entwicklung neuer, höchst leistungsfähiger Industrieanlagen, der Befriedigung der wesentlichen Konsumgüterbedürfnisse der Bevölkerung, bei gleichzeitiger Mangelbewirtschaftung in der benachbarten DDR, kamen die wirtschaftlichen Erfolge der fünfziger und sechziger Jahre sichtbar zum Ausdruck, und zumindest jene Generation, die dabei aktiv Hand angelegt hat, war und ist deswegen von berechtigtem Stolz erfüllt. Die »soziale Marktwirtschaft« und ihre rechtlichen Fundamente wurden schließlich auch von jenen Parteien und Gruppen, die sie anfänglich mehr oder minder scharf bekämpft hatten, wie die SPD, als grundlegende Daten anerkannt, während die KPD und in West-Berlin ihr Surrogat, die SED, zu einer Kümmerexistenz verdammt wurden. Die positive Aufnahme des Systems einer marktorientierten kapitalistischen Wirtschaft mit flankierenden wohlfahrtsstaatlichen Maßnahmen ist freilich durch eine Reihe von Umständen begünstigt worden, die die Deutschen schon bald für fast selbstverständlich anzusehen begannen, vor allem vergleichsweise hohe Wachstumsraten, relative Währungsstabilität, vergleichsweise hohe Sicherheit der Arbeitsplätze bei insignifikanter Arbeitslosigkeit. Auch wurden dank großer Wachstumsraten des Sozialprodukts die Verteilungskämpfe erheblich abgeschwächt und mit relativer Leichtigkeit ein im ganzen großzügiges Sozialsystem ermöglicht. Ebenso wurden die

Flüchtlinge, eine immerhin sehr große Bevölkerungsgruppe, relativ bruchlos in die neue gesellschaftliche Ordnung integriert. Diese sich gleichsam gegenseitig stützenden Faktoren haben dazu beigetragen, daß der pluralistischen Gesellschaftsordnung der Bundesrepublik eine Art von normativer Geltung zuwuchs, die ihr Korrelat in einer schroffen Entgegensetzung zum Marxismus zumindest in seiner östlichen Variante fand.

Diese günstigen Bedingungen haben das Einleben der parlamentarischen Verfassungsordnung der Bundesrepublik außerordentlich erleichtert. Gleiches kann von der Entwicklung des Parteiensystems gesagt werden. Hier kam es allmählich zur Aufsaugung aller jener Parteien, die nur speziellen Gruppeninteressen zugewandt waren, wie des BHE, vor allem aber zum Absterben der älteren nationalistischen Rechtsparteien. Sowohl die SPD als auch die CDU/CSU orientierten sich als pragmatische Volksparteien eher nach der Mitte hin, während die Liberalen nicht zufällig in ihren Anfängen eher auf der Rechten des politischen Spektrums standen; sie vertraten eine ausgeprägte antisozialistische Grundhaltung. Die KPD und nach deren Verbot die DKP, ihre Nachfolgeorganisation, fanden unter den vorwaltenden Verhältnissen kaum wirkliche Entfaltungsmöglichkeiten, ein Sachverhalt, der sich bis zum gegenwärtigen Tage nicht wesentlich verändert hat. Wichtiger noch war die Entstehung des Systems der Einheitsgewerkschaften, die unter grundsätzlicher Anerkennung des gegebenen gesellschaftlichen Systems den wirtschaftlichen Aufstieg wesentlich mitgetragen haben. Die Gewerkschaften fanden sich unter dem Druck der wirtschaftlichen Verhältnisse zu einer Politik informeller Kooperation mit der Unternehmerschaft bereit, durch welche die Lohnansprüche der Arbeiterschaft und die Leistungsfähigkeit der Wirtschaft in einer für das wirtschaftliche Wachstum vorteilhaften, wenngleich die Unternehmerschaft leicht begünstigenden Gleichgewichtslage gehalten worden sind. In gewisser Weise ist von den Gewerkschaften die im Jahre 1918 begründete und damals gründlich gescheiterte Politik der »Arbeitsgemeinschaft« nach 1945 in der Bundesrepublik auf einer höheren Ebene erfolgreich praktiziert worden.

Alle diese Faktoren haben die politische und gesellschaftliche Einstellung der Deutschen tiefgreifend geprägt. Sie ließen ein Grundgefühl des Stolzes auf die eigene wirtschaftliche Leistung entstehen, zugleich einen weitgehenden Konsensus über die Vorteile einer auf dem Prinzip des sozialen Pluralismus aufgebauten Wirtschafts- und Gesellschaftsordnung kapitalistischen Zuschnitts. Freilich spielten in diesem Konsensus die Hochschätzung materieller Werte und Gesichtspunkte rein funktionaler Leistungsfähigkeit eine dominierende Rolle. Spezifisch demokratische Grundwerte wie etwa die Bereitschaft, grundlegenden Dissens als eine wesentliche Voraussetzung einer freiheitlichen Ordnung anzuerkennen und zu bejahen, standen und stehen demgegenüber deutlich zurück. Vielmehr entwikkelte sich zumindest bei jener Generation, die in erster Linie den wirtschaftlichen Wiederaufbau getragen hatte, eine deutlich pragmatische Grundhaltung, die sich mit einem ahistorischen Bewußtsein und einer Neigung zur partiellen Entpolitisierung gesellschaftlicher Sachverhalte verband und die, jenseits aller Parteipolitik, im Kern konservativ war.

Es wäre natürlich ein Fehler, diese geistige Grundhaltung für ein ausschließlich westdeutsches Phänomen zu halten, obschon sie in der Bundesrepublik wohl am reinsten zutage getreten ist. Die Fixierung der öffentlichen Meinung auf die Maximierung von Wohlstand und Konsumgütern, bei gleichzeitigem Zurücktreten grundlegender geistiger Auseinandersetzungen, war in gewissem Sinne weltweit. Daniel Bell verkündete 1964 »das Ende der Ideologie« im Westen, mit anderen Worten: die Konzentration der postindustriellen Gesellschaft auf die jeweils gegenwärtigen konkreten gesellschaftlichen Probleme, die im Prinzip einer wissenschaftlich angeleiteten Politik grundsätzlich lösbar erschienen. Sozialtechnologie, nicht kritische Sozialphilosophie: das war die Devise jener Jahre, und manche empirische Soziologen träumten davon, daß dem vergangenen Äon von zweitausend Jahren ideologisch bestimmter Geschichte nunmehr ein neues Äon rationaler, empirisch kontrollierter Gesellschaftspolitik folgen werde. Die Bemühungen von Adorno, Habermas und anderen in dieser Situation gegenüber einem, wie Habermas sich ausdrückte, »positivistisch halbierten Rationalismus« den Platz für eine kritische Gesellschaftstheorie zu behaupten, fanden damals zwar unter den Intellektuellen großen Widerhall, aber in der Öffentlichkeit nur höchst zwiespältige und im Grunde unwillige Aufnahme. Die grundsätzliche Befragung bestehender gesellschaftlicher Ordnungen war nicht eben populär; die Propagierung des logischen Positivismus als einer Richtung der Wissenschaftstheorie, die einer ausschließlich empirischen und mehr noch einer zur Sozialtechnologie gesteigerten Sozialwissenschaft die theoretische Legitimierung zu liefern schien, um so willkommener. Es versteht sich, daß gleichzeitig das geschichtliche Denken weithin als eine fachspezifische Angelegenheit betrachtet zu werden begann. Dies fand seinen konkreten Ausdruck in einem allgemeinen Rückgang historischen Bewußtseins sowie innerhalb des Erziehungs- und Bildungssystems in der Zurückdrängung der »altmodischen«, primär historisch orientierten humanistischen Fächer – zugunsten der »modernen« sozialwissenschaftlichen Disziplinen.

Auch im kulturellen Bereich waren dergleichen Denkweisen zu spüren. Theater und Literatur wurden von der Öffentlichkeit in erster Linie als affirmative Ergänzung einer materiellen Kultur begrüßt, die ihrerseits ganz auf die effiziente Produktion und Verteilung von Gütern bzw. die sachgerechte Administration der Gesellschaft gerichtet war. Kunst, Theater und Literatur waren gleichsam die Rolle einer Kompensation für das von materiellen Zwecksetzungen beherrschte Arbeitsleben zugewiesen, nicht aber die Funktion, Formen kritischer Selbstvergewisserung einer Gesellschaft zu sein.

Seit dem Anfang der 60er Jahre, beginnend mit der Rezession von 1961, die zwar quantitativ kaum bemerkenswert, aber psychologisch um so wirksamer war, begann sich dies behutsam, zunächst noch nicht deutlich erkennbar zu verändern. Die deutsche Politik kam in Bewegung, und das Machtmonopol der Christlichen Demokraten auf Bundesebene war nicht mehr länger, wie bislang, eine unumstößliche Grundtatsache. Auf wissenschaftlichem Felde begannen sich neue Tendenzen durchzusetzen, die den liberal-konservativen Konsensus der ersten Generation, wie er an den Universitäten bisher tonangebend war, zunehmend in Zweifel zogen. Ein Beispiel dafür waren die Entwicklungen innerhalb des historischen Denkens. Eine neue Generation von Historikern nahm die Debatte, die Fritz Fischer über die Frage der Verursachung des Ersten Weltkrieges ausgelöst hatte, indem er die bisher tabuisierte Problematik der deutschen Verantwortung für *beide* Weltkriege neu zur Diskussion stellte, zum Ausgangspunkt, um schrittweise ältere Positionen in Frage zu stellen – von einem sozialhistorischen Standpunkt aus, der radikalliberale und marxistische Ansätze miteinander verband. Viele von ihnen waren durch die Schule der angelsächsischen Sozialphilosophie gegangen und geneigt, unbekümmerter zu fragen und in viel radikalerer Weise zu diskutieren, als dies bisher üblich gewesen war.

Sichtbar traten die neuen Tendenzen jedoch erst mit der studentischen Protestbewegung hervor, die in der Bundesrepublik seit der Großen Koalition von 1966, zunächst in Form der »außerparlamentarischen Opposition« – international gesehen durchaus mit einiger Verspätung – in Gang gekommen war. Mit einem Male wurde das wesentlich am wiedererreichten materiellen Wohlstand vermittelte Selbstverständnis der älteren Generation herausgefordert, nicht selten in höchst gezielter Weise. Die jüngere Generation nahm den inzwischen erreichten hohen Lebensstandard teils als eine Selbstverständlichkeit hin, forderte jedoch zugleich ein neues *moralisch* vermitteltes gesellschaftliches Bewußtsein; teils hielt sie Wohlstand für unwichtig oder gar für etwas, dessen man sich angesichts der akuten Not in der Dritten Welt eher schämen müsse.

Im nachhinein ist unübersehbar, daß die »Studentenrevolution« im Positiven durchaus folgenlos geblieben ist. Die erste antiautoritär geprägte Generation der Studentenbewegung wollte primär moralische Selbstvergewisserung in einer Gesellschaft, die sich allein materiellen Werten verschrieben zu haben schien, und Abbau aller moralisch wie sozial gleichermaßen unlegitimierten Herrschaft, nicht aber eine Rekonstruktion der Gesellschaft von Grund auf. Die folgende Generation verschrieb sich einem romantischen Neo-Marxismus, der als Religion konsumiert, aber als Philosophie der Tat mißverstanden wurde. Die anfänglich überaus harte Reaktion der staatlichen Instanzen, mehr noch das völlige Unverständnis der älteren Generation für die Jüngeren und deren respektlose Unbedingtheit gegenüber den etablierten gesellschaftlichen Werthaltungen führten zu jenen eskalierenden Konflikten, die mit »begrenzten Regelverletzungen« ihren Anfang nahmen und schließlich zuweilen zu bewußt gewaltsamen Konfrontationen mit der Polizei führten, in der Erwartung, daß man diesen Staat so dazu zwingen könne, sein wahres, »faschistisches Antlitz« zu zeigen.

Die theoretischen Grundlagen der »Studentenrevolution« der späten 60er Jahre erwiesen sich bald als außerordentlich vage und konfus; nur aus dem Widerspruch zu einer in Selbstzufriedenheit und materieller Borniertheit erstarrten Gesellschaft zog sie ihre Kraft. Immerhin ist festzuhalten, daß die Studentenbewegung ihre Aktionen mit bemerkenswertem Gespür für die gesellschaftliche Situation gerade gegen solche Punkte des vorherrschenden bourgeoisen Selbstverständnisses richtete, die gereizte Gegenreaktionen herausfordern mußten. In den Protesten gegen das Schah-Regime, deren moralische Rechtfertigung sich nachträglich jedermann sichtbar eingestellt hat, trafen sie genau die Sympathien der deutschen Gesellschaft für eine autokratisch wohlgeordnete Wohlstandsgesellschaft, als welche Esra Schah sein System zu präsentieren verstanden hat. Und mit den leidenschaftlichen Protesten gegen den Vietnam-Krieg und die internationale Rolle der vorgeblich imperialistischen Vereinigten Staaten trafen sie zwei sensitive Punkte des Selbstverständnisses der Deutschen in der Bundesrepublik, ihr großes, durch die kompromißlose Anlehnung besonders an die USA einigermaßen befriedigtes Sicherheitsbedürfnis und ihre antikommunistische Grundeinstellung. Letztere war vielfach zu einer Negierung jeder von der bestehenden Sozialordnung abweichenden politischen Position degeneriert; nicht zufällig stießen die Studentenaktionen auf schroffe Ablehnung in nahezu allen Bevölkerungsschichten.

Soweit auf studentischer Seite überhaupt wohlüberlegte langfristige politische Strategien vorhanden waren, erwiesen sich diese bald als den Verhältnissen nicht angemessen. Die Erwartung, man könne eine wirkliche revolutionäre Bewegung in Gang setzen, die zu einer tiefgreifenden moralischen Regeneration und zugleich zu mehr Gerechtigkeit in der Gesellschaft führen würde, war unbegründet. Die daraus resultierende Frustration führte zum Zerfall der Studentenbewegung in eine Vielzahl sich erbittert befehdender Gruppen, die allein im relativ herrschaftsfreien Raum der Universitäten noch zu politischer Aktion fähig waren. Ein Teil geriet am Ende unter den Einfluß der DKP, obschon man anfänglich ebenso scharf gegen den bürokratischen Sozialismus der DDR zu Felde gezogen war wie gegen den neoliberalen Kapitalismus in der Bundesrepublik. Einige wenige andere glaubten schließlich, daß die Voraussetzungen für eine Revolution in Westdeutschland erst durch einen Guerillakrieg nach dem Vorbild unterentwickelter Länder geschaffen werden müßten.

Ungeachtet ihres offensichtlichen Scheiterns, soweit sie sich eigentlich politische, insbesondere revolutionäre Ziele gesetzt hatte, hat die Studentenbewegung vieles in Bewegung gebracht und überdies Klärungsprozesse beschleunigt, die unabhängig von ihr bereits vorher in Gang gekommen waren. Mit einem Male war gesamtgesellschaftliche Analyse anstelle bloßer Sozialtechnologie wieder gefragt. Und statt des »Endes der Ideologien« entwickelte sich eine neue, leidenschaftlich geführte Debatte über die gesellschaftlichen Grundlagen fortschrittlicher Politik in hochentwickelten Industriegesellschaften. Auch wurde in allen politischen Lagern wieder das Bedürfnis nach geistiger Selbstvergewisserung wach, sei es aufgrund gesamtgesellschaftlicher Zukunftsentwürfe, sei es in historischer Reflexion, mit weitreichenden Wirkungen im kulturellen und politischen Bereich. Der Boden war aufgelockert für eine Politik gesellschaftlicher Reformen, die sich nicht in dem Ideal der Maximierung gesellschaftlichen Wohlstands erschöpfte, sondern die mit den liberalen Prinzipien der Chancengleichheit und der Partizipation aller an den politischen und wirtschaftlichen Entscheidungsprozessen Ernst zu machen hoffte.

Allerdings war eine wesentliche äußere Voraussetzung dieser vielversprechenden Entwicklungen der Abbau der Konfrontation der großen Weltsysteme, der Anfang der 60er Jahre eingeleitet worden war. Die Milderung der lange für unmittelbar gehaltenen Bedrohung der Bundesrepublik durch die UdSSR und ihre Satelliten, unter der die wieder erstarkende Ordnung der Bundesrepublik bislang gestanden hatte, war ein wichtiges Datum, das eine reichere und differenziertere politische Kultur allererst ermöglichte. Der Legitimitätsdruck zugunsten der bestehenden gesellschaftlichen Ordnung, der duch den »Kalten Krieg« ausgelöst worden war, wurde durch die »Ostpolitik« Willy Brandts zumindest teilweise verringert. Damit wurden wichtige Voraussetzungen auch für eine innenpolitische Neuorientierung geschaffen. Allerdings geschah das um den Preis der vorläufig endgültigen Anerkennung der deutschen Spaltung und den teilweisen Verzicht auf die überkommene nationale Legitimierung des westdeutschen politischen Systems, wie sie bislang in der Fortschreibung der gesamtdeutschen Tradition seit der Reichsgründung u. a. in offiziellen Reichsgründungs- und Bismarckfeiern ihren Ausdruck gefunden hatte.

Damit gingen Verschiebungen im politischen Bewußtsein von mehr subterraner Art einher. Das Verblassen der Konfrontationsmentalität des »Kalten Krieges« erlaubte eine differenziertere Sicht der sogenannten totalitären Systeme. Die Totalitarismustheorie in ihrer Verflechtung mit neoliberalen Grundsätzen verlor an Gewicht. Indirekt erwuchs damit die Chance einer Revitalisierung sozialistischer Ideen, unabhängig vom und bisweilen im Gegensatz zum orthodoxen Marxismus-Leninismus jenseits des »Eisernen Vorhangs«. Vor allem aber bahnte dies Wege für die Entfaltung der Idee eines konsequent reformorientierten Interventionsstaates demokratischer Observanz, der sich nicht länger scheute, in die gesellschaftlichen Prozesse steuernd und, wo es sein mußte, maßgeblich einzugreifen.

Dies waren die wesentlichen Voraussetzungen für die Ära der Reformpolitik, die unter der Regierung Brandts seit 1969 einsetzte. Diese Politik war in ihren Intentionen bemerkenswert weitgespannt. Im Grunde zielte sie auf ein westdeutsches Pendant zu Kennedys und Johnsons Konzept einer »Great Society«, die die vorhandenen Klassengegensätze in der deutschen Gesellschaft mit Hilfe organischer, überwiegend indirekt eingreifender Reformen soweit als möglich zu beseitigen und dem Prinzip der Chancengleichheit wirklich zum Durchbruch zu verhelfen bestrebt war. Dabei hoffte man sich einerseits des technologischen Instrumentariums der empirischen Sozialwissenschaften und wissenschaftlicher Politikberatung zum Zweck optimaler Steuerung von Staat und Gesellschaft bedienen zu können. Andererseits erwartete man vom Abbau traditioneller bzw. von für traditionell gehaltenen Herrschaftsstrukturen formeller oder informeller Art in Staat und Gesellschaft einen weiteren Reformschub, getragen und vorangetrieben von den zusätzlich freigesetzten gesellschaftlichen Kräften.

Das große Ziel dieser Politik war es, mittels durchgreifender Reformen die während der Adenauerära wiederentstandenen restaurativen Strukturen aufzubrechen und eine dynamische Gesellschaft zu schaffen, ohne sich von den Grundprinzipien der »sozialen Marktwirtschaft« zu lösen. Temporär sog diese Politik die vorhandene Unruhe in Teilen der Gesellschaft, namentlich unter den Studenten, auf, doch ohne eine wesentliche Veränderung der pragmatischen Grundorientierung der SPD zu bewirken. Nur die FDP profilierte sich unter dem Einfluß dieser Strömung, im Bruch mit einem Teil ihrer traditionellen Wählerschaft, konsequent als Partei der zukunftsorientierten Reform und schrieb nun in teilweiser Revision ihrer herkömmlich strikt neoliberalen Grundsätze das alte Ideal einer »industriellen Demokratie« auf ihre Fahnen.

Besondere Bedeutung wurde der Erziehungs- und Hochschulpolitik zugemessen. Die Öffnung des öffentlichen Bildungswesens nach unten, unter Einbeziehung jener Schichten, die bislang niemals in den Genuß einer höheren Ausbildung gelangt waren, gehört fraglos zu den wichtigsten Ergebnissen jener Periode. Teilweise im Zusammenhang damit bemühte man sich um eine gründliche Umgestaltung des gesamten Hochschulwesens, teils unter dem Druck der sprunghaft steigenden Studentenzahlen, teils unter dem Einfluß der studentischen Protestbewegung, der man am besten zu begegnen hoffte, indem man die unmittelbaren Ansatzpunkte ihres Protestes, nämlich die überkommenen hierarchischen Strukturen innerhalb der Universitäten, abschaffte. Die demokratische Öffnung des Erziehungs- und Hochschulsystems bei gleichzeitigem Abbau elitärer Strukturen erschien als ein optimales Konzept, ohne schwere Gruppenkonflikte in der Gesellschaft eine schrittweise egalitäre Entwicklung einzuleiten. In den gleichen Zusammenhang gehören die nunmehr energisch betriebenen Anstrengungen zur weitgehenden Durchsetzung gewerkschaftlicher Mitbestimmung in der gewerblichen Wirtschaft über den Bereich der Kohle- und Stahlindustrie hinaus. Auch hier bot sich ein Weg an, mehr faktische Beteiligung der breiten Massen an den großen Entscheidungen zu erreichen, ohne von dem bewährten Wirtschaftssystem abzugehen. Weniger bedeutend war demgegenüber das Bestreben, das Netz sozialer Sicherheit zu perfektionieren, ein Vorhaben, in dem die CDU den Sozialdemokraten deutlich vorangegangen war. Im Zentrum dieses Vorhabens stand die optimistische Annahme, mit einer konsequenten, durch die »Konzertierte Aktion« von Unternehmerschaft und Gewerkschaften abgestützten Konjunkturpolitik das kontinuierliche Wachstum der Wirtschaft für alle absehbare Zeit sicherstellen zu können – ein Programm, das sich mit dem Namen Karl Schillers verband, dem zeitweilig der Mantel Erhards zuzufallen schien, der dann aber überraschend von der politischen Bildfläche verschwand. In dem mit schwerwiegenden Differenzen in Fragen der Konjunktur- und Haushaltspolitik begründeten Ausscheiden Karl Schillers aus dem Kabinett – Schiller beging dann noch den Fehler, in das politische Lager der CDU/CSU überzuschwenken – haben die Zeitgenossen in erster Linie eine persönliche Tragödie gesehen, und dies war in gewissem Sinne auch so. Indes kündigten sich hier die Vorboten einer grundlegenden Formverwandlung des internationalen Wirtschaftssystems an. Mit einem Male sanken die Zuwachsraten drastisch ab, und es stellte sich heraus, daß die optimistischen Erwartungen in die unbegrenzte Steuerungsfähigkeit eines auf Keynessche Methoden eingeschworenen Interventionsstaates unbegründet gewesen waren. Das Wirtschaftswachstum flachte trotz aller Konjunkturspritzen unaufhaltsam ab. Gleichzeitig traten strukturelle Probleme auf, die man in der Bundesrepublik schon für dauerhaft besiegt gehalten hatte, nämlich Inflation und Arbeitslosigkeit.

Dies hatte schwerwiegende Konsequenzen. Nicht nur wurden die Verteilungskämpfe, die in Zeiten hoher Zuwachsraten relativ glimpflich verlaufen waren, wieder zunehmend schärfer. Vor allem fehlten den Staatskassen plötzlich die Mittel zur Fortführung der großzügig in Angriff genommenen Reformprojekte. Es stellte sich zunehmend heraus, daß man zu viel an zu vielen Fronten auf einmal angefangen hatte, ein wenig nach dem Prinzip: »Bewegung ist alles«, in der Erwartung, die durch einmal eingeleitete Prozesse geschaffenen neuen Daten würden sich von allein auf höherer Ebene einpendeln und ein zugunsten der breiten Massen verändertes gesellschaftliches Equilibrium hervorbringen. Die Ernüchterung war groß. Es zeigte sich, daß gesellschaftliche Probleme in weit geringerem Maße einer rationalen Gestaltung zugänglich sind, als insbesondere die Reformpolitiker selbst, aber mit ihnen die Mehrheit der westdeutschen Bevölkerung, bislang angenommen hatten. Die Verschlechterung der internationalen Rahmenbedingungen wirtschaftlichen Wachstums, angefangen mit der drastischen Erhöhung der Ölpreise, tat ein übriges, um Wasser in den Wein sanguinischer Hoffnungen zu gießen. Über Nacht gleichsam waren die Rahmenbedingungen für eine Politik weitreichender Reformen drastisch verschlechtert worden. Überdies wurde sichtbar, daß die soziale Öffnung des Bildungssystems nach unten für sich genommen keinerlei Garantie dafür bietet, daß sich schrittweise eine egalitäre Gesellschaft herstelle; im Gegenteil, in vieler Hinsicht schien dadurch die Misere nur verschärft, die finanziellen Lasten der öffentlichen Hand unangemessen gesteigert und die Gefahr eines akademischen Proletariats heraufbeschworen.

Die Folgen dieser Entwicklungen für die politische Kultur der Bundesrepublik und für das politische Selbstverständnis sind äußerst weitreichend. Die Veränderung der wirtschaftlichen und politischen Rahmenbedingungen, die in der strukturell bedingten Abflachung des Wirtschaftswachstums ihren sichtbaren Ausdruck fand, kam einer Krise des dezidiert progressiven politischen Kurses gleich. Es erwies sich, daß aller strukturverändernden Politik durch die realen ökonomischen Gegebenheiten drastische Grenzen gezogen und daß die Möglichkeiten, auf kurze Frist tiefgreifende Reformen der Gesellschaft durchzusetzen, ohne den Boden unter den Füßen zu verlieren, überschätzt worden waren. Was eben noch als Aufbruch in eine neue Periode fortschrittlicher Politik bejubelt worden war, stellte sich nun dem breiten Publikum als teilweise wirklichkeitsfremde Fehlrechnung dar. Politik erschien nun wieder, mehr denn je zuvor, als »Kunst des Möglichen« innerhalb eines Rahmenwerks von zunehmend unbeeinflußbaren Randbedingungen. Der Euphorie folgte Ernüchterung, begleitet von einem deutlichen Umschwung zu konservativen Positionen. »Tendenzwende« oder nicht, es ist charakteristisch, daß, während es in der Bundesrepublik bislang keine Partei gewagt hatte, sich eindeutig konservativ zu nennen, das Wort Konservativismus heute wieder respektabel geworden ist. Für eine offen konservative Politik, die auf die Wiederherstellung traditioneller Selektionsstrukturen in Wirtschaft und Gesellschaft gerichtet ist und allzuviel staatliche Intervention als Übel bekämpft, ist zum ersten Male seit vielen Jahren wieder eine potentielle Massenbasis vorhanden. Vielleicht liegt dies nur in der Tendenz der allmählichen Wiederherstellung eines – gemessen an anderen europäischen Gesellschaften westlichen Typs – »normalen« Parteienspektrums, obschon die Bedingungen für eine starke linkssozialistische Partei neben der Sozialdemokratie aus Gründen der besonderen Situation der Bundesrepublik noch auf lange nicht erfüllt sein werden. Dies bedeutet für jene Gruppen der Gesellschaft, die auf einen Ausbruch aus der wohlstandsbezogenen Selbstgefälligkeit der Gesellschaft der Bundesrepublik hofften, eine nicht unerhebliche Enttäuschung.

Welches sind nun die Elemente jenes Konsensus, vor dem sich die Reformpolitik, nicht nur infolge externer Schwierigkeiten und Hemmnisse, den Ruf erworben hat, allzu weit und allzu voreilig vorgeprescht zu sein? Insgesamt läßt sich feststellen, daß in der Bundesrepublik die Bereitschaft zum Dissens, zur Austragung von Interessengegensätzen und Konflikten in freier Diskussion und ebenso die Toleranz gegenüber Randgruppen erheblich zugenommen haben. In dieser Hinsicht sind die vergangenen Jahrzehnte der parlamentarisch-demokratischen Entwicklung unzweifelhaft erfolgreich gewesen. Andcrerseits zeigen sich gegenwärtig wieder vermehrt Tendenzen zu einer Polarisierung, verbunden mit der Neigung, an die Stelle der Selbstverantwortlichkeit der Bürger die behördlich verordnete Regulierung zu setzen. Die Grenzen und die Fragilität des heute bestehenden liberaldemokratischen Konsensus bekunden sich hierin nur zu deutlich. Dem neuen Konservativismus gelingt es vielfach ohne große Schwierigkeiten, an das Selbstwertgefühl der Deutschen, die das in den vergangenen Jahrzehnten Erreichte nicht aufs Spiel gesetzt sehen wollen, zu appellieren und es für politische Strategien zu mobilisieren, die auf die schroffe Ablehnung aller von der herrschenden Meinung abweichenden Werthaltungen und politischen Positionen hinauslaufen. Das Empfinden der Westdeutschen, »wieder wer zu sein«, ist noch immer überaus eng mit den Erfahrungen, Erwartungen und Wünschen einer überwiegend an den Zielen des Wohlstands und der sozialen Sicherheit orientierten Periode der Vergangenheit verbunden und deshalb mehr in die Vergangenheit als in die Zukunft gerichtet; ein starkes Element untergründiger Sorge um die mühsam erworbene Respektabilität schwingt dabei mit. Insofern gleicht die heute vielbeschworene Normalität der Deutschen der Bundesrepublik dünnem Eise, unter dessen Oberfläche noch immer erhebliche antiliberale Tendenzen fortleben.

Besonders die überaus emotionale Weise, in der die Mehrheit der deutschen Bevölkerung auf das Problem des Terrorismus reagiert hat, ist alles andere als beruhigend. Die Tendenz, die Bekämpfung der abstrusen Ideen der RAF und ihrer Mitläufer nicht der aufklärenden rationalen Information und Diskussion zu überlassen, sondern die Bürger durch Steuerung des Zugangs zu den entsprechenden Informationen gleichsam demokratisch zu bevormunden, läßt nichts Gutes erwarten. Das Vertrauen darauf, daß eine in sich gefestigte demokratische Gesellschaft von den ideologischen Attacken extremer Randgruppen nicht ernstlich gefährdet werden kann, sofern ein realer demokratischer Konsensus besteht, ist offenbar in weiten Kreisen noch immer nicht erwachsen. In den gleichen Zusammenhang gehören die Neigungen, die Auseinandersetzung mit extremen Randgruppen, vor allem auf der Linken, mit allen verfügbaren legalistischen Mitteln zu führen und diesen nach Möglichkeit den Weg in staatlich kontrollierte Berufe zu verlegen, statt auf die natürliche Absorptionskraft der bestehenden Ordnung zu setzen. Bei Anwendung der Praxis der politischen Loyalitätsprüfung der Beamtenanwärter hätten Lothar Bucher, einst Sozialist und enger Gefolgsmann Lasalles, nicht Bismarcks Privatsekretär und der ehemalige Sozialist Miquel nicht preußischer Finanzminister und Architekt der Politik der »Sammlung« werden können. Trotz aller Perfektion unserer sozialen Institutionen und der ersichtlichen Stabilität unseres politischen Systems haben wir immer noch nicht jenes Maß ruhiger Gelassenheit gegenüber extremen politischen Meinungen entwickelt, wie es älteren, gewachsenen Demokratien trotz oft unvergleichlich schwierigerer gesellschaftlicher Probleme eigen ist.

Dies zeigt gerade der Vergleich mit Großbritannien. Die englische Gesellschaft ist gegenwärtig weit schwereren Belastungen ausgesetzt als die Bundesrepublik, aber in der Verarbeitung dieser Belastungen ist sie dieser immer noch weit voraus. Es wäre unsinnig, wollte man den Westdeutschen das Recht absprechen, auch im Verhältnis zu benachbarten Nationen wieder selbstbewußt und mit berechtigtem Stolz auf die eigenen Leistungen aufzutreten. Doch wird man fragen müssen, ob die auffällige Selbstzufriedenheit der Deutschen wirklich so krisenimmun ist, wie man oft gemeint hat. Die schroffen und die vielfach äußerst illiberalen Reaktionen auf abweichende Meinungen oder Tendenzen, wie sie im Zusammenhang der Auseinandersetzung mit der studentischen Linken sichtbar sind, geben zu einiger Besorgnis Anlaß. Gleiches gilt allerdings auch für die gereizten Reaktionen der Intelligenz auf die Artikulierung besitzbürgerlicher Instinkte durch Teile der deutschen Öffentlichkeit. Ebenso bedenklich sind die jüngst wieder vermehrt auftretenden Tendenzen, den Meinungen und Aktivitäten marginaler Gruppen der Gesellschaft, sei es linker, sei es »grüner« Observanz, mit einer Mischung von Dogmatismus und administrativem Patriarchalismus gegenüberzutreten, statt auf die Absorptionskraft des demokratischen Konsensus zu vertrauen. Noch sind wir um einiges von einem wirklichen demokratischen Konsensus entfernt, der nicht nur auf materiellen – und daher den Wechselfällen der Zeit unterworfenen –, sondern auch auf gesicherten ideellen Grundlagen beruht.

Wandlungen der nationalen Identität der Deutschen
(1983)

Jede Erörterung der Probleme der nationalen Identität der Deutschen hat von der Tatsache auszugehen, daß sich das politische Bewußtsein der Bürger der Bundesrepublik Deutschland im wesentlichen im Windschatten der großen nationalen Fragen ausgebildet hat. Dies mag auf den ersten Blick als eine einigermaßen verwegene These erscheinen, namentlich dann, wenn man berücksichtigt, daß die Spaltung Deutschlands in zwei unterschiedliche, einander diametral gegenüberstehende Systeme, mit anderen Worten der Verlust der staatlichen Einheit der Deutschen, an der Wiege des neuen Staates gestanden hat. Die großen Entscheidungen der Nachkriegsjahre, die über das Schicksal der deutschen Nation auf lange hinaus entschieden und den Rahmen für die Entwicklung der Bundesrepublik Deutschland abgegeben haben, sind jedoch sämtlich nahezu ohne Zutun der Deutschen in den westlichen Teilen Deutschlands, ja der Deutschen überhaupt, gefällt worden. Sie erfolgten, unter den gegebenen Umständen fast natürlicherweise, über ihre Köpfe hinweg und wurden zwar weithin unter Protest, aber doch als zumindest einstweilen unveränderlich hingenommen. Noch unter dem Eindruck des Zweiten Weltkrieges und seiner Folgen herrschte die Neigung vor, sich mit dem Gegebenen abzufinden. Eine pragmatische Grundhaltung bestimmte die Einstellung weiter Bevölkerungskreise, und Politiker, die sich dieser Entwicklung mit großem Engagement entgegenstellten, fanden sich am Ende zu relativer Einflußlosigkeit verurteilt.

Trotz aller Auseinandersetzungen über die Spaltung bzw. die Einheit Deutschlands besaßen die nationalen Fragen für das politische Bewußtsein der Bürger der Bundesrepublik Deutschland in ihren Anfangsjahren nicht eigentlich formative Kraft; dazu standen sie zu sehr unter dem Einfluß übermächti ger, fremdbestimmter Entwicklungen. Die Bereitschaft der Deutschen in den westlichen Zonen – den Bewohnern der Ostzone wurde eine solche Option bekanntlich gar nicht eröffnet –, das eigene wirtschaftliche und politische System jenem der westlichen Demokratien anzugleichen, wurde weitgehend durch die Umstände diktiert. Die Option zugunsten einer Westintegration unter Verzicht auf eine Wiederherstellung der Einheit Deutschlands auf dem Wege einer Neutralisierung Mitteleuropas, wie sie von seiten der UdSSR wiederholt als Lösung der Deutschen Frage mehr vorgegaukelt als real angeboten wurde, stand mit der am Bismarckschen Nationalstaate und dann der Weimarer Republik orientierten nationalen Tradition zumindest auf den ersten Blick in schroffem Widerspruch, wurde aber von der großen Mehrheit der Bürger gleichwohl gutgeheißen, weil anders die Sicherstellung einer freiheitlichen politischen Ordnung und einer gedeihlichen Wirtschaft nicht zu erhoffen war. Allerdings spielte die Erwartung, daß die Wiederherstellung eines einheitlichen deutschen Staates mit aktiver Hilfe der Westmächte erreicht werden könne, anfänglich noch eine nicht unbedeutende Rolle. Die Auseinandersetzungen über die Frage der Westintegration, die in den frühen fünfziger Jahren zeitweilig äußerst zugespitzt geführt worden waren, blieben ohne Widerhall; sie gerieten vielmehr überraschend schnell in Vergessenheit. Gustav Heinemann, einer der Vorkämpfer einer Politik der Dissoziation vom Westen zugunsten einer Politik relativer Neutralität zwischen den Machtblöcken, wurde ein Jahrzehnt später unangefochten zum Bundespräsidenten gewählt.

Die Bundesrepublik Deutschland definierte sich bei ihrer Begründung bekanntlich als ein Teilstaat der deutschen Nation, und im Grundgesetz wurde ausdrücklich festgelegt, daß dieser nur provisorischen Charakter haben solle bis zu dem Tag, an dem sich das ganze deutsche Volk in freier Selbstbestimmung zu einem einheitlichen Staat zusammenfinden würde. Doch war der deutsche Wiedervereinigungsanspruch von Anfang an auf einen abstrakten Begriff der Nation gegründet, der über die konkreten Probleme des politischen Alltags der Deutschen weitgehend hinwegsah.[1] Die Generation der

Väter des Grundgesetzes stand subjektiv und objektiv in der Tradition der demokratischen Republik von Weimar oder, genauer besehen, des 1871 von Bismarck in einer Revolution von oben geschaffenen kleindeutschen Nationalstaates. Ebenso verstand und versteht sich die Bundesrepublik rechtlich bis heute als Rechtsnachfolgerin des Deutschen Reiches, obschon man sich sehr gut eine andere alternative Option hätte vorstellen können, etwa zugunsten einer expliziten Lossagung von den undemokratischen Traditionen der jüngeren deutschen Vergangenheit.

Bereitwillige Fortschreibung der nationalen Tradition

Der Sache nach erfolgte die Identifikation der werdenden Bundesrepublik Deutschland mit der klassischen nationalen Tradition seit Bismarck, obschon diese durch die Gewaltherrschaft Hitlers einigermaßen korrumpiert war, ziemlich unreflektiert, gleichsam in bloßer Fortschreibung von überkommenen Positionen. Hinsichtlich der Bejahung der nationalstaatlichen Tradition gab es unter der ersten Generation der Politiker der Bundesrepublik nur graduelle Unterschiede. Vielleicht am stärksten bestimmt von einer betont nationalen Einstellung war Kurt Schumacher, der Führer der Sozialdemokratie, der die gesamtdeutsche nationale Rolle der Partei und darüber hinaus der deutschen Politik zur Leitlinie seiner gesamten Strategie gemacht hat. Aber auch CDU und CSU blieben nur wenig hinter einer solchen Einstellung zurück. Die vergleichsweise kühle Attitüde des Rheinländers und Pragmatikers Konrad Adenauer in diesen Fragen war im Grunde eine Ausnahme. Auch die FDP war, ungeachtet der führenden Rolle von Theodor Heuss, überwiegend nationalliberal im Sinne des Weimarer Parteienspektrums ausgerichtet, und daneben gab es ja noch ausgesprochen rechtsgerichtete Splitterparteien wie die Deutsche Partei und die NPD, die zeitweilig immerhin nicht unbeträchtliche Wahlerfolge erzielten. Es ist jedoch charakteristisch, daß diese Spielarten eines traditionellen Nationalismus in der Folge weitgehend abstarben oder doch zumindest ihre prägende Kraft auf das politische Bewußtsein weitgehend einbüßten. In der Tagespolitik gewannen statt dessen pragmatische Einstellungen zu den Fragen der deutschen Nation immer mehr an Boden; überdies begann die große Mehrheit der Bürger der Bundesrepublik Deutschland ihren eigenen Standort zunehmend ungeschichtlich zu definieren.

Ungeachtet des dezidierten Eintretens der offiziellen Politik für die Wiedervereinigung aller Deutschen zogen es die Deutschen der Bundesrepublik in ihrer übergroßen Mehrheit in den fünfziger und sechziger Jahren vor, den Problemen der eigenen nationalen Tradition auszuweichen. Sie gaben bereitwillig der Versuchung nach, vor der Frage nach der nationalen Identität der Deutschen gleichsam wegzutauchen. Die jüngste Vergangenheit wurde angesichts der traumatischen Erfahrungen aus der Zeit des Nationalsozialismus weitgehend tabuisiert. Zwar wurde die Diskussion über die deutsche Nation und deren Rolle in der Vorgeschichte und Geschichte der nationalsozialistischen Gewaltherrschaft von den zuständigen Fachleuten, in erster Linie den Politologen und Historikern, intensiv geführt, aber bereits von den Politikern wurden diese Dinge nur mit einiger Zurückhaltung artikuliert. Die breitere Öffentlichkeit hingegen tendierte dazu, teilweise unter dem Einfluß der unheilvollen Auswirkungen der sogenannten Entnazifizierung, diese zumindest partiell zu verdrängen.

Die Ausblendung der geschichtlichen Dimension aus dem Selbstverständnis der Bürger der Bundesrepublik Deutschland ist in den fünfziger und sechziger Jahren sehr ausgeprägt gewesen. Dies wurde freilich auch durch weitere Faktoren begünstigt, unter anderem durch das Vordringen empirisch-pragmatischer soziologischer Denkweisen, die teilweise einer Reduzierung von Sozialwissenschaft in eine Wissenschaft der Sozialtechnologie das Wort redeten, während die historische Dimension weitgehend als entbehrlich erachtet wurde. Auch die nach Jahren größter Entbehrungen verständliche Ausbreitung von rein an materiellem Gütererwerb orientierten Denkweisen tat das Ihre hinzu. Dies hatte weitreichende Auswirkungen, die teilweise erst in unserer Gegenwart voll erkennbar geworden sind. Angesichts der nur mit geschlossenem

Visier und in gebrochener Form vollzogenen Auseinandersetzung mit der eigenen Vergangenheit lebten unter der Oberfläche eines pragmatischen, das bestehende parlamentarische System bejahenden Konsensus vielfach äußerst traditionalistische, teilweise ausgeprägt obrigkeitsstaatliche Traditionen fort, die erst in unserer Gegenwart nach und nach verblassen.

Ungleich wichtiger ist es, daß es teilweise zu einem Abriß der Kommunikation zwischen den Generationen kam, ein Tatbestand, der es verständlich macht, warum gerade die Bundesrepublik Deutschland so stark mit jugendlichen Protestbewegungen unterschiedlicher Art zu tun hat. In diesem Zusammenhang ist es besonders bedeutsam, daß die jüngere Generation eine bemerkenswert unhistorische Einstellung zu den Problemen deutscher Staatlichkeit und deutscher Nationalität entwikkelte. Friedrich H. Tenbruck hat diesen Sachverhalt höchst eindrucksvoll beschrieben: »Eine stumme Elterngeneration schwieg nicht bloß über die erlebte Vergangenheit, sondern wich allen Fragen politischer und geschichtlicher Verortung aus... So mußte später eine Generation heranwachsen, die die Staatsangehörigkeit ›deutsch‹ als Notiz einer Verwaltungseinheit zur Kenntnis nahm, mit der sie sich weder identifizieren konnte noch wollte. Durch Europabegeisterung, durch Distanzierung von als deutsch bekannten Eigenheiten, durch Kultivierung anderer Identitäten suchte sie sich von der deutschen Geschichte frei zu machen, das Anerkenntnis ihres Endes in der Vätergeneration zu erzwingen und sich selbst als einen geschichtslosen Neuanfang zu begreifen.«[2]

Anfänglich hat man diesen Trend überwiegend nur unter dem Gesichtspunkt für bedenklich gehalten, daß dadurch das Wiedervereinigungsgebot des Grundgesetzes allmählich seine ideelle Grundlage verlieren könne. Namentlich die offizielle Bildungspolitik hat demgemäß lange versucht, durch eine geeignete Gestaltung der Curricula das Bewußtsein der nationalen Einheit wachzuhalten. Tatsächlich aber lief dies auf eine Verkürzung der Frage nach der nationalen Identität der Deutschen auf das Postulat der Wiedervereinigung hinaus, die als solche einerseits aufgrund historischen Rechtes, andererseits des demokratischen Selbstbestimmungsrechtes über allen

Zweifel erhaben war. Da jedoch die Chancen für eine baldige Realisierung des Postulats der Wiedervereinigung aller Deutschen in Einheit und Freiheit immer geringer wurden, konnte es nicht ausbleiben, daß die Idee der nationalen Einheit aller Deutschen zunehmend ihre Konkretheit einbüßte. Gerade weil eine konkrete Wiedervereinigungspolitik unter den gegebenen Umständen unmöglich war oder doch zumindest unmöglich schien, entbehrte das Nationalbewußtsein der Bürger der Bundesrepublik Deutschland eines konkreten Bezugs auf staatliche Realität und außenpolitisches Handeln; Ansatzpunkte am Gegenwärtigen wurden schon deshalb nicht gesucht, weil dies den Wiedervereinigungsanspruch zu kompromittieren schien.[3]

Die zeitweilige Abkehr von den Fragen der deutschen Nation, wie man sie namentlich unter den jüngeren Generationen beobachten konnte, ist allerdings keineswegs nur nachteilig gewesen. Sie erleichterte eine rückhaltlose Öffnung der Gesellschaft der Bundesrepublik Deutschland gegenüber den liberalen und demokratischen Traditionen des Westens und damit eine Dynamisierung der sozialen Beziehungen, die wiederum dem wirtschaftlichen Wiederaufstieg zugute gekommen ist. Dies verstärkte freilich die Tendenz der Bürger der Bundesrepublik Deutschland, sich in ihren politischen Einstellungen in erster Linie an ihren konkreten Lebensverhältnissen zu orientieren. Die Probleme des Wiederaufbaus und des wirtschaftlichen Wiederaufstiegs standen dabei beherrschend im Vordergrund. Insbesondere die Erfahrung des stetigen wirtschaftlichen Wachstums seit dem Anfang der fünfziger Jahre hat für die Entwicklung des politischen Selbstverständnisses der Deutschen, der Bürger in der Bundesrepublik Deutschland, eine prägende Wirkung gehabt.

Es ist nicht zuviel gesagt, wenn man feststellt, daß die Legitimierung des politischen Systems, das hier weitgehend in Anlehnung und in Nachahmung westeuropäischer politischer Traditionen entstand, bis heute wesentlich auf den großen wirtschaftlichen Erfolgen des Systems der sozialen Marktwirtschaft beruht. Nicht nur erlaubte das im großen und ganzen kontinuierliche Wirtschaftswachstum jener Jahre eine vergleichsweise bruchlose und konfliktarme Integration von marginalen Gruppen der Gesellschaft, allen voran der großen Zahl der Flüchtlinge aus dem Osten; darüber hinaus war es möglich, den Verteilungskämpfen ihre Schärfe zu nehmen und schrittweise traditionelle Klassengegensätze zu überwinden und die Idee einer Gesellschaft wesentlicher Chancengleichheit und sozialer Sicherheit für alle gesellschaftlichen Gruppen zur Grundlage der sozialen Ordnung zu machen. Nirgends in Europa gelang es so weitgehend wie in der Bundesrepublik Deutschland, klassenspezifische Verhaltensstrukturen abzubauen und statt dessen partnerschaftliche Formen sozialen Verhaltens zu entwickeln. Dies könnte im Zuge einer Verschärfung der Verteilungskämpfe als Folge des härter gewordenen wirtschaftlichen Klimas wieder verlorengehen. Der Stolz auf das in drei Jahrzehnten Erreichte, auf die großen Aufbauleistungen seit Kriegsende, spielt im Selbstverständnis der Bürger der Bundesrepublik, gleich welcher sozialen Schicht diese angehören, eine entscheidende Rolle. Es ist dieses Moment, das den Kern des politischen Selbstbewußtseins der Deutschen in der Bundesrepublik ausmacht. Es dürfte kaum zuviel gesagt sein, wenn man davon ausgeht, daß dies ein wichtiges Substitut für ein traditionelles Nationalbewußtsein bildet, mit anderen Worten ein wesentliches Element der ›nationalen Identität‹ der Bürger der Bundesrepublik Deutschland unter Einschluß West-Berlins.

Der brüchige politische Konsens

Die politische Polarisierung der Weltsysteme während der Ära des ›Kalten Krieges‹ verschärfte die Tendenz der Deutschen in der Bundesrepublik, die eigene politische Ordnung in erster Linie unter dem Gesichtspunkt ihrer wirtschaftlichen Leistungsfähigkeit zu sehen und insofern als positive Entgegensetzung zu den kommunistischen Systemen in Osteuropa zu betrachten. Namentlich die DDR wurde, wie Rainer Lepsius dies jüngst treffend formuliert hat, mehr und mehr zu einer »negativen Vergleichsgesellschaft« für die Bundesrepublik Deutschland, ein Umstand, der namentlich angesichts des außerordentlichen

Wohlstandsgefälles zwischen beiden Systemen »affirmativ und systemstabilisierend« gewirkt hat.[4] Wohlstand stärker noch als Freiheit wurde zu einem wesentlichen Faktor des Legitimitätseinverständnisses der Bürger, und vielfach verknüpfte sich dies mit der selbstverständlichen Hinnahme der Leistungen des Sozialstaats für den einzelnen Bürger. Dagegen stand es mit einer eigenständigen werthaften Begründung der freiheitlich-demokratischen Ordnung der Bundesrepublik Deutschland vergleichsweise nicht so gut. Martin Greiffenhagen hat diesen Sachverhalt jüngst ziemlich radikal angesprochen: »Die westdeutsche Demokratie hat keine kräftigen traditionalen Wurzeln, ihr Naturrechtsdogma wurde 1949 einer Tradition heterogenster Staatsbegründungen aufgesetzt. Sie hat sich gegenüber der Versuchung nicht durchsetzen können, im Status quo Halt zu finden.«[5]

Vielleicht geht es ein wenig zu weit zu sagen, daß die Legitimitätsgeltung der politischen Ordnung in der Bundesrepublik heute in erster Linie an konservative Bewahrungsinstinkte anknüpft. Aber unter den Bürgern der Bundesrepublik Deutschland besteht eine überaus starke Neigung, die gegebenen politisch-gesellschaftlichen Verhältnisse festzuschreiben, das parlamentarische System nicht in erster Linie als demokratisches Rahmenwerk für eine kontinuierliche Fortentwicklung der gesellschaftlichen Verhältnisse anzusehen, sondern das Verfassungssystem mit der gesellschaftlichen Ordnung gleichsam in eins zu setzen. Unzweifelhaft beruht das politische und soziale System der Bundesrepublik Deutschland heute auf einem bemerkenswert breiten Konsensus; nur vergleichsweise marginale Gruppen stehen diesem grundsätzlich feindlich gegenüber. Aber namentlich ausländischen Beobachtern fällt auf, daß dieser Konsensus von der großen Mehrheit der Bevölkerung immer noch als äußerst fragil und ständig gefährdet empfunden wird und deshalb als mit allen Mitteln zu verteidigen gilt, gegebenenfalls auch mit solchen, die mit den liberalen Grundsätzen der demokratischen Ordnung im Widerspruch stehen. Gordon Smith hat es geradezu als das Paradox der bundesrepublikanischen Verhältnisse bezeichnet, daß es diesem grundlegend liberalen Staat am liberalen Geist fehle, das heißt, an jenem Maß von Selbstsicherheit, die Randgruppen, die das System selbst in Frage stellen, gelassen toleriert oder doch behutsam nach dem Grundsatz der Verhältnismäßigkeit der Mittel auf deren Herausforderung reagiert.[6]

Allerdings ist es in dieser Hinsicht in den letzten Jahren besser geworden. Die politisch Verantwortlichen sind sich nur zu sehr des Umstandes bewußt, daß Überreaktionen gegen extreme Randgruppen die Erreichung der eigenen Ziele gefährden. Doch wird dadurch der schon beschriebene Sachverhalt nicht widerlegt, daß der politische Konsensus in der Bundesrepublik lange auf einer vergleichsweise schmalen Grundlage, und zwar überwiegend pragmatischer beziehungsweise materieller Natur beruht hat. Wirtschaftlicher Erfolg und die Entgegensetzung zu den kommunistischen Systemen des Ostens spielten im politischen Selbstverständnis der Bürger bis in die Gegenwart hinein eine vergleichsweise übermächtige Rolle, während die Abgrenzung zur unmittelbaren Vergangenheit des nationalsozialistischen Herrschaftssystems rasch an Bedeutung verlor. Daneben war die Anlehnung an die Schutzmacht des Westens, die Vereinigten Staaten – und in zweiter Linie die westlichen Staaten als solche –, auch psychologisch ein Faktum von erheblichem Gewicht. Andererseits haben die Abwendung von den nationalistischen Traditionen der deutschen Vergangenheit und im gleichen Atemzug das relative Zurücktreten der Idee der Nation als eines Grundelementes des Zusammenlebens politischer Großgruppen, bei gleichzeitiger Akzentuierung der wirtschaftlichen Aufbauleistung der Deutschen, die politische Stabilisierung der Bundesrepublik Deutschland erheblich erleichtert.

Die Bankrotterklärung der überkommenen nationalistischen Ideologien war eine klärende Tat, die den Weg freimachte für eine erneuerte deutsche Politik im Rahmen der europäischen Völkergemeinschaft. Karl Jaspers hat 1960 mit der ihm eigenen Radikalität des Denkens einen solchen Weg explizit gewiesen: »Die Geschichte des deutschen Nationalstaates ist zu Ende. Was wir als große Nation uns und der Welt leisten können, ist die Einsicht in die Weltsituation heute: daß der Nationalstaatsgedanke heute das Unheil Europas und auch aller Kontinente ist. Während der Nationalstaatsgedanke die heute übermächtig zerstörende Kraft der Erde ist, können wir beginnen, ihn an der Wurzel zu durchschauen und aufzuheben.«[7]

In der Konsequenz solcher Auffassungen haben viele Deutsche sich seit dem Ende der fünfziger Jahre mit großem Enthusiasmus der Idee eines vereinigten Europas zugewandt, als einer Art von »Ersatz für die verlorengegangene Einheit der Nation« (Ralf Dahrendorf). Die Idee einer Substituierung der nationalen Idee durch die europäische Idee, die in den fünfziger und sechziger Jahren zumindest in wesentlichen Teilen der meinungsbildenden Gruppen in der Bundesrepublik Deutschland an Boden gewann[8], erwies sich jedoch in einer Welt revitalisierter Nationalismen, innerhalb wie außerhalb Europas, schon bald als Utopie. Überdies war sie im Grunde nicht so uneigennützig, wie man dies seinerzeit vielfach annahm; nur auf dem Umwege über eine Europäisierung der deutschen Frage war und ist eine Lösung des deutsch-deutschen Verhältnisses auf Dauer möglich. Hinzu kam, daß die Schaffung einer europäischen Wirtschaftsgemeinschaft namentlich der dynamischen, notgedrungen grundlegend modernisierten deutschen Industrie günstige Absatzmärkte eröffnete, die die wirtschaftlichen Vorleistungen der Bundesrepublik Deutschland, vor allem auf dem Gebiet der Agrarpolitik, auf lange Sicht mehr als wettmachten. Peter Bender hat darüber hinaus jüngst mit einigem Recht darauf hingewiesen, daß dieses Bekenntnis zu Europa eigentlich nur das halbe Europa – nämlich die westeuropäischen Staaten – gemeint, dagegen die mittelosteuropäischen Völker beiseite gelassen habe. Heute ist diese Europabegeisterung weitgehend verflogen, obschon die Deutschen weiterhin, und dies mit guten Gründen, eine Lösung der heute drängenden Probleme nur auf dem Wege einer engen Zusammenarbeit der europäischen Völker für denkbar halten. Als Stütze des eigenen politischen Selbstverständnisses hat die europäische Idee auch insofern an Überzeugungskraft verloren, als unsere wichtigsten europäischen Partner, namentlich Großbritannien und Italien, heute eine Phase schwerer innerer Krisen durchlaufen, die das erreichte Maß an Zusammenarbeit im Rahmen der EG zunehmend großen Belastungen aussetzt.

Angesichts aller dieser Entwicklungen ist in der Bundesrepublik seit einigen Jahren die Forderung laut geworden, daß die Deutschen wieder zu einer eigenen nationalen Identität zurückfinden müßten. Ein erneuertes deutsches Nationalbewußtsein, das sich freilich in erster Linie an den demokratischen Traditionen der deutschen Geschichte orientieren müsse, so hat kürzlich Sven Papcke gemeint, liege auch im wohlverstandenen Interesse der anderen europäischen Nationen. Auch Martin Greiffenhagen spricht davon, daß, nachdem »der Europatraum inzwischen verflogen« sei, die Bundesrepublik Deutschland in die Schwierigkeit gebracht worden sei, »nun doch eine eigene politische Identität zu suchen oder aufzubauen«.[9]

Die Suche nach einem neuen Fundament

Es ist wohl nicht zuviel gesagt, wenn man feststellt, daß sich in der Bundesrepublik Deutschland in den letzten Jahren zunehmend Unbehagen an den bisherigen, primär pragmatischen Begründungen der politischen und gesellschaftlichen Ordnung der Bundesrepublik als eines Transplantats des westlichen liberaldemokratischen Gesellschaftsmodells nach Mitteleuropa ausgebreitet hat. Ein erster Vorbote dieser sich stillschweigend vollziehenden Entwicklung, die gleichwohl einer tiefgreifenden Veränderung der Fundamente des politischen Konsensus gleichkommt, der die bundesrepublikanische Gesellschaft in den ersten zwei Jahrzehnten ihres Bestehens getragen hat, trat in der ›Studentenrevolution‹ der späten sechziger und frühen siebziger Jahre zutage. Die materiellen Auswirkungen dieser Bewegung, die sich in erster Linie die Universitäten als ›weiche‹ und noch dazu unter dem Gesichtspunkt der Publizität privilegierte Kampfplätze aussuchte, sind, im nachhinein betrachtet, sehr gering gewesen; allenfalls die ›Demokratisierung‹ der Hochschulen, die am Ende auf eine weitgehende Entmachtung der traditionellen Selbstverwaltungsinstitutionen zugunsten der staatlichen Wissenschaftsbürokratien hinausgelaufen ist, hat nachhaltige Folgen gehabt, wenn auch bekanntermaßen zwiespältiger Natur. Wenn die Gesellschaft der

Bundesrepublik auf die Herausforderungen der studentischen Linken, die nicht zufällig mit einer Anti-Vietnam-Kampagne und einer Kampagne gegen das von den deutschen Illustrierten seinerzeit so behätschelte Schah-Regime begann, so überaus scharf reagierte, so hatte dies tiefliegende Ursachen. Für die ältere Generation war jede politische Agitation, die sich gegen die amerikanische Schutzmacht – beziehungsweise in den Augen der studentischen Linken gesehen: gegen den ›amerikanischen Imperialismus‹ – richtete, untragbar, da die amerikanische militärische Präsenz eng mit den eigenen Sicherheitsbedürfnissen angesichts der Bedrohung aus dem Osten verknüpft war. Im Hintergrund standen dabei elementare Befürchtungen und Ängste, die sich aus der in mancher Hinsicht besonders gefährdeten Lage der Bundesrepublik herleiten, aber zugleich eine gesellschaftliche Dimension besitzen.

In spezifischem Sinne handelte es sich um einen Generationenkonflikt besonderer Art. Eine neue Alterskohorte war in die politische Arena eingetreten, für die Hitler und die Herrschaft des Nationalsozialismus nicht mehr unmittelbar erlebte Wirklichkeit gewesen war und für die der Wiederaufbau nach 1945 mit seinen außerordentlichen Entbehrungen und Härten nur eine, noch dazu blasse, historische Erinnerung darstellte. Der pragmatische Konsensus der fünfziger und sechziger Jahre, mit seinen, wie wir gesehen haben, vergleichsweise unpolitischen Zügen besaß für diese Generation keine moralische Kraft. Das von Selbstzufriedenheit nicht immer freie Empfinden des »Wir sind wieder wer«[10] der Älteren wurde von den nachgeborenen Generationen, die in eine Wohlstandsgesellschaft hineingeboren worden waren, nicht geteilt. Die Empfindungen des Stolzes der älteren Generation auf die wirtschaftlichen Leistungen der westdeutschen Gesellschaft in den letzten beiden Jahrzehnten vermochten sie ihrerseits nicht nachzuvollziehen; sie waren vielmehr geneigt, diese als schnöden Materialismus mißzuverstehen.

In der Ausgangssituation nach 1945 waren der Einsatz für den Wiederaufbau einer neuen Wirtschaftsordnung und das Streben nach wirtschaftlichem Erfolg eng verknüpft mit dem Ideal der Wiedergewinnung eines, wenn auch zunächst nur bescheidenen Maßes von Freiheit für den einzelnen wie für die Deutschen in ihrer Gesamtheit. Mit steigendem Wohlstand wurde dieser den Zeitgenossen durchaus bewußte enge Nexus zwischen wirtschaftlicher Leistung und freiheitlichen Idealen dann zunehmend verschüttet oder doch einseitig verknüpft mit der Entgegensetzung zu dem sich entwickelnden kommunistischen System jenseits des Eisernen Vorhangs. Der heranwachsenden Generation fehlte weithin ein tieferes Verständnis für diese Zusammenhänge; die ältere Generation vermochte sich deren rebellische Neigungen hingegen vielfach nur als Streben nach besserer materieller Sicherung zu erklären, in gröblichem Mißverständnis der Motive der Protestbewegung. Hier wurde sichtbar, daß es zu einem teilweisen Abriß der Kommunikation zwischen den Generationen gekommen war, angesichts der Scheu der Deutschen nach 1945, sich rückhaltlos Rechenschaft über die jüngere Vergangenheit und ihren eigenen Anteil an dieser zu geben und mit den Jüngeren offen darüber zu sprechen.

Die eigentümliche Geschichtslosigkeit des geistigen Klimas der sechziger Jahre, unbeschadet einer florierenden Geschichtswissenschaft, gehört in diesem Zusammenhang hervorgehoben zu werden. Die ältere Generation war angesichts der bitteren Erfahrungen mit den verschiedensten Formen ideologischer Politik, namentlich des Nationalsozialismus und den Nationalismen verschiedener Spielart, vielfach desillusioniert und zu bloß pragmatischen Einstellungen geneigt. Sie war demgemäß weniger als sonst imstande, den heranwachsenden Generationen moralische Führung zu geben. Mangels alternativer Wertideale kam es zum überraschenden Aufblühen eines romantischen Neo-Marxismus, dem eigentlich der Wille zur Tat fehlte und der im Grunde nur eine moralische Protesthaltung war. Tragende neue Ideale, die die persönliche Identitätsfindung ermöglichten, waren in der auf wirtschaftlichem Gebiete so erfolgreichen Bundesrepublik Deutschland rar und die nationalen Ideale im engeren Sinne entweder tabuisiert oder in eine Art ›Warteschleife‹ verschoben.

Die jüngere Generation, oder doch jedenfalls die Studentenschaft, die als besonders sensibilisierte, seismographische Veränderungen gesamtgesellschaftlicher Art zu einem gewissen Grade antizipierende Gruppe der Gesellschaft gelten kann, definierte sich in vagen Begriffen in einer diametralen Entgegensetzung zum bestehenden System, so wie man dieses selbst oder in der Präsentation der eigenen ›Väter‹ wahrnahm. Ursprünglich antiautoritär im besten Sinne des Wortes eingestellt und zugleich in subjektiv aufrichtiger Weise das Schicksal der Völker der Dritten Welt zu ihrem eigenen Anliegen erklärend, geriet die studentische Protestbewegung freilich bald in den Sog handfesterer politischer Interessen, namentlich der DKP und anderer neo-stalinistischer Gruppierungen. Die nationalen Fragen spielten dabei bemerkenswerterweise zunächst kaum eine Rolle; die studentische Linke teilte die schroffe Entgegensetzung zum System des bürokratischen Sozialismus in der DDR und im Ostblock mit den Älteren, war aber ansonsten an den Fragen der nationalen Einheit der Deutschen relativ uninteressiert.

Die studentische Protestbewegung verlief sich freilich schon bald nahezu folgenlos im Sande; das Aufflammen einer zahlenmäßig winzigen terroristischen Bewegung als eines extrem radikalen Ablegers dieses Protestmilieus war eigentlich nur ein Phänomen, das deren Machtlosigkeit negativ bestätigte. Aber die Öffentlichkeit der Bundesrepublik war gründlich aufgeschreckt. Das Bedürfnis nach einer neuen moralischen Fundamentierung der Politik und des gesellschaftlichen Systems wurde nunmehr in allen Lagern als zunehmend akut empfunden. Auf politischem Felde war Willy Brandts Parole ›Mehr Demokratie wagen‹ ebenso eine Teilantwort wie die Einleitung der neuen ›Ostpolitik‹, die mehr Realismus und mehr Aufrichtigkeit in die Debatte um die Frage der deutschen Nation bringen sollte und tatsächlich auch gebracht hat. Bislang hatte man die Frage der nationalen Identität der Deutschen gleichsam vor sich hergeschoben und war peinlich darauf bedacht gewesen, eine Identifizierung der Deutschen der Bundesrepublik mit ihrem Staat in spezifisch nationalem Sinne besser nicht entstehen zu lassen.

Im Zuge der neuen ›Ostpolitik‹, die erstarrte Positionen zugunsten einer pragmatischen Einstellung zur Frage der nationalen Einheit der Deutschen räumte, kam es zu einer realistischeren Einschätzung auch der Probleme der nationalen Identität der Deutschen. Die Politik der Ostverträge lebte freilich gutenteils noch von der Erwartung, daß die Herstellung besserer Beziehungen zur DDR, einschließlich größerer Freizügigkeit für die Menschen beider Staaten, unmittelbar Bewegung in die deutsche Frage zu bringen in der Lage sei, gemäß der auf Egon Bahr zurückgehenden Parole vom ›Wandel durch Annäherung‹. In dieser Hinsicht sind freilich Enttäuschungen nicht ausgeblieben; die vielfach erhoffte Liberalisierung des Systems der DDR ist nicht eingetreten, deren Abgrenzungsstrategie hat sich in mancher Hinsicht noch weiter verschärft. Die Zunahme des Besucherstroms in die DDR – und in bescheidenem Maße auch in die Bundesrepublik – hat keine nachhaltigen Wirkungen auf das öffentliche Bewußtsein gehabt, zumindest nicht in der Bundesrepublik Deutschland. Andererseits ist an die Stelle des Fortschreibens überkommener Rechtspositionen, die in der politischen Alltagswirklichkeit zunehmend weniger Rückhalt besaßen und deshalb den jüngeren Generationen nicht eigentlich überzeugend vermittelt werden konnten, weitgehend Aufrichtigkeit getreten, und dies konnte einer Stärkung des nationalen Bewußtseins der Deutschen nur förderlich sein.

In den letzten Jahren ist demnach die Diskussion über die nationale Identität der Deutschen aus einer Phase weitgehend steriler Repetierung traditionaler Positionen, mochte diese auch durchaus in subjektiver Aufrichtigkeit erfolgt sein, in eine Phase kritischer Reflexion eingetreten. Dabei wird nüchterner als bisher der Tatbestand der Teilung Deutschlands in zwei Staaten berücksichtigt. Vor allem aber stellt sich nun die Frage, in welchem Verhältnis die Identifikation der Bürger der Bundesrepublik mit ihrem seit mehr als drei Jahrzehnten bestehenden Staate zu ihrer Identifikation als Deutsche steht, nun, nachdem man nicht mehr ohne weiteres davon ausgehen kann, daß die Bundesrepublik, wie dies Kurt Schumacher noch sagen konnte, »nur der Weg und das Mittel zum ganzen, zum einigen Deutschland«[11] sei. Zugleich wird immer stärker betont, daß auch die Bundesrepublik Deutschland eines Staatsbewußtseins nicht bloß provisorischer Art bedürfe.

Demgemäß ist seit einigen Jahren in allen politischen Lagern, nicht nur der Rechten, sondern gerade auch der Linken, ein Bemühen um eine neue historische Selbstvergewisserung erwacht, das freilich nicht selten angesichts der offenbaren Aussichtslosigkeit der Lage der Deutschen als einer vorerst unabsehbar geteilten, noch dazu beständig aufs neue gegeneinander engagierten Nation vielfach mit Ratlosigkeit einhergeht. Martin Walser beispielsweise schrieb vor kurzem in bemerkenswerter Pointierung eines grundlegenden Sachverhalts: »Ich glaube nicht, daß man als Deutscher meines Jahrgangs ein ungestörtes Verhältnis zur Realität haben kann. Unsere nationale Realität selbst ist gestört... Diese Nation, als gespaltene, ist eine andauernde Quelle der Vertrauensvernichtung... Jeder sozusagen natürliche Identifikationsprozeß – der möchte ja jeden Tag vor sich gehen und zu immer größeren Zugehörigkeitsempfindungen führen – wird andauernd durch den anderen Teil der Nation gestört.«[12] Er führt dies zusätzlich auf »die Entfernung von unserer Geschichte« zurück. Diese Beispiele lassen sich leicht vermehren. In allen politischen Lagern ist der Ruf nach einer neuen historischen Bestimmung des eigenen Standorts laut geworden. Selbst bei den ›Alternativen‹, die man in mancher Hinsicht als späte Erben der Studentenrevolution betrachten kann, finden sich Neigungen, sich – in radikaler Entgegensetzung zur bestehenden Konsumgesellschaft – mit der gesamtdeutschen Tradition zu identifizieren. Dies erfolgt partiell aus pazifistischen Neigungen heraus, hauptsächlich aber in dem Bedürfnis, ein historisches Widerlager gegen die aus ihrer Sicht materialistisch degenerierte Gesellschaft der Bundesrepublik zu gewinnen.

In bürgerlichen und insbesondere in konservativen Kreisen resultiert der Wunsch nach einer historischen Neubesinnung unter Rückgriff auf die positiven, über die Krisen der jüngeren Vergangenheit hinaus lebendig und respektabel gebliebenen Bestände deutscher Geschichte aus einem Bedürfnis nach Stabilisierung des Erreichten. Die Liberalisierung der deutschen Gesellschaft nach westlichem Vorbild gilt zwar als unbezweifeltes Gut, hinter das zurückzugehen niemand ernstlich ins Auge faßt, aber vielerorts wird das Wissen darum, nach 1945 – den angelsächsischen Vorbildern folgend – den Anschluß an die westeuropäische Entwicklung gewonnen zu haben, nicht mehr als ausreichend empfunden. Unmerklich hat die Bundesrepublik Deutschland ein eigenes Selbstbewußtsein entwickelt, das sich bisweilen den englischen und französischen Partnern durchaus überlegen fühlt. Neuerlich haben David Calleo in den USA und David Blackbourn und Geoff Eley in Großbritannien die These vom deutschen Sonderweg im 19. Jahrhundert als einseitige Deutung hingestellt und statt dessen die relative Normalität der deutschen Geschichte während des Kaiserreiches betont.[13] Dies hat einen ganz erstaunlichen Widerhall in der öffentlichen oder doch in der veröffentlichten Meinung gefunden; es dürfte nicht zuviel gesagt sein, wenn man darin eine Reaktion auf die Übermacht der deutschen revisionistischen Historiographie sieht, die insbesondere die illiberalen Züge der jüngeren deutschen Vergangenheit herausgestellt hat.

Für lange Zeit erschien die normative Zugehörigkeit der bundesrepublikanischen Gesellschaft zum westeuropäisch-amerikanischen Modell gesellschaftlicher Ordnung den Deutschen als werthafte Orientierung ausreichend zu sein; die Kraft westeuropäischer Vorbilder war groß genug, um auch für das eigene Selbstverständnis leitend zu sein. Der große materielle Erfolg der sozialen Marktwirtschaft und die erfolgreiche Emanzipation der Bundesrepublik im Kreise der westlichen und dann auch der östlichen Staaten, zugleich aber die klare Abgrenzung zu den sozialistischen Staatswirtschaften Osteuropas taten ein übriges, um an der Richtigkeit dieser Entscheidungen keine Zweifel aufkommen zu lassen. Heute, so scheint es, hat sich dies geändert. Ersichtlich genügen den Bürgern in der Bundesrepublik Deutschland dergleichen pragmatische Gesichtspunkte nicht mehr, und dies auch deshalb, weil manche der Voraussetzungen, unter denen diese große Integrationswirkungen entfalteten, nicht mehr im gleichen Maße gegeben sind. Hier finden sich einige der Wurzeln für das neuerwachte Interesse an Geschichte, an der Rolle Preußens in der deutschen Geschichte und an einer Geschichtsschreibung, die nicht das Scheitern von 1933, sondern die Erfolge der Nachkriegsperiode zum Leitpunkt ihrer Darstellungen wählt.

Im übrigen kann die Möglichkeit nicht ausgeschlossen werden, daß in der gegenwärtigen Situation autoritäre Ordnungsmodelle wieder Auftrieb gewinnen könnten. Die so überraschend aufgeflammte Begeisterung für Preußen darf als ein Symptom dafür gewertet werden, daß die bisher vorherrschende Berufung auf westliche Vorbilder als unzureichend empfunden wird und daß konservative Orientierungsmuster wieder gute Chancen haben. Als Vorbild für Sparsamkeit, Pflichtbewußtsein und Ordnung, zugleich aber von Bereitschaft zu fragloser Unterordnung könnte das historische Modell Preußen überaus gut in eine politische Landschaft passen, in der Staat und Bürger den Gürtel erheblich enger schnallen müssen. Demgegenüber sollte nicht in Vergessenheit geraten, daß die entschlossene Hinwendung der Deutschen zu westeuropäischen demokratischen und liberalen Traditionen, im Bruch mit wesentlichen Elementen der eigenen Vergangenheit, den Wiederaufstieg im Kreise der westlichen Nationen zuallererst möglich gemacht hat.

Es ist im übrigen nicht zufällig, daß der Ruf nach einer neuen Identität der Deutschen in der Bundesrepublik gerade in dem Augenblick verstärkt aufgetreten ist, in welchem die wirtschaftliche Entwicklung in eine Periode relativer Stagnation eingetreten ist und es daher nicht mehr erlaubt, Wohlstand und wirtschaftlichen Erfolg als Surrogat einer politischen Großgruppenidentität zu beschwören. Die Besorgnis ist nicht von der Hand zu weisen, daß die Legitimitätsgrundlagen der bestehenden Ordnung erheblichen Belastungen ausgesetzt sein könnten, sofern sich die wirtschaftliche Situation auf Dauer verschlechtern und den Stolz der Deutschen auf ihre wirtschaftliche Leistung als Legitimitätsquelle neutralisieren oder gar in ihr Gegenteil verkehren würde.

Allein, grundsätzlich ist das neuerdings wiedererwachte Bestreben nach einer kritischen Aneignung der eigenen Vergangenheit mit ihren positiven, aber auch ihren negativen Zügen zu begrüßen. Dies zeigt in gewisser Weise, daß die Bundesrepublik Deutschland aus den Kinderschuhen heraus ist und im Begriff steht, sich ihrer selbst als politischer Einheit von permanent-identischem Charakter bewußt zu werden. Die Entwicklung einer politischen Identität, die sich der eigenen Herkunft bewußt ist, zugleich aber auch auf eigene Leistungen, nicht zuletzt auf den Aufbau einer demokratischen Ordnung stolz ist, kann nur positiv gesehen werden. Freilich steht es nicht einfach in unserem Belieben, uns bestimmte Traditionsbestände der deutschen beziehungsweise preußischen Geschichte als in uns noch nachklingend und lebendig anzueignen und andere als überholt oder verfehlt zu verstoßen. Ebensowenig wird es möglich sein, die Bundesrepublik ausschließlich als Erbe der vergleichsweise schwach ausgebildeten demokratischen Traditionen der deutschen Geschichte zu verstehen oder umgekehrt einer einseitigen Wiederbelebung von ›positiven‹ Elementen der preußisch-deutschen Geschichte das Wort zu reden im Sinne eines erneuerten, konservativ gefärbten Nationalbewußtseins. Die eigene Nationalgeschichte als solche enthält nicht schon den Schlüssel zu Problemen der nationalen Identität der Deutschen; sie kann bestenfalls die Wege hin zu einem neuen Verständnis ihrer Rolle in der heutigen Welt weisen.

Bundesrepublikanisches oder gesamtdeutsches Nationalbewußtsein?

In jedem Falle wird man davon ausgehen müssen, daß die politische und gesellschaftliche Realität der Bundesrepublik als wesentlicher Bezugspunkt eines wirklichen, nicht bloß aufgrund historischen Rechts und juristischer Erwägungen fortgeschriebenen Verständnisses der deutschen Nation als solcher zu dienen hat. Wie steht es indes mit unserem gesamtdeutschen Bewußtsein? Ist dieses schon zu einer bloßen historischen Reminiszenz geworden, die unser alltägliches politisches Verhalten nicht mehr berührt? Dieser Schluß würde entschieden zu weit gehen, obschon die Entwicklung der letzten Jahrzehnte in diese Richtung gegangen ist; denn man sollte die langfristigen historischen Traditionen, die das Bewußtsein einer politischen Gemeinsamkeit aller Deutschen haben entstehen lassen, in ihrer Wirkungskraft nicht unterschätzen. Besondere historische Konstellationen und bisweilen auch die bewußte Manipulation von Regierungen mögen dazu führen, diese zeitweilig unter die Oberfläche des politischen Bewußtseins zu drängen oder in ihrer Richtung abzufälschen, aber in veränderten Verhältnissen können sie gleichwohl durchaus eruptiv wieder zutage treten.

Nationales Bewußtsein als Ausdruck der politischen Identität von Großgruppen läßt sich nicht beliebig erzeugen, sondern ist vielmehr stets das Produkt langfristiger und noch dazu äußerst komplexer Prozesse politischer Bewußtseinsveränderung. Umgekehrt gibt es keine wirklich objektiven Kriterien dafür, was Nationalität konstituiert, es sei denn, man hält sich an rein formale Gesichtspunkte wie jene des Staatsbürgerrechts, welches eine eindeutige juristische Abgrenzung der Angehörigen der eigenen Staatsordnung gegenüber anderen zu leisten bemüht ist. Es sind vielmehr eine große Zahl von Momenten, die für sich oder in ihrer Gesamtheit beziehungsweise in den verschiedensten Kombinationen eine Nation begründen können, zum Beispiel Sprache, ethnische Eigenart, kulturelles Erbe, religiöse Grundhaltungen oder die Zugehörigkeit zu bestimmten religiösen Gemeinschaften, vor allem über lange gemeinsam durchlebte geschichtliche Perioden hinweg. Keines dieser Momente ist unbedingt erforderlich und alle werden sie zudem vom subjektiven Moment der Entscheidung des einzelnen für oder gegen die subjektive Zurechnung zu einer bestimmten politischen Großgruppe überlagert. Es ist nicht zuletzt die Idee der demokratischen Selbstbestimmung, die – wie unvollkommen diese auch immer praktiziert werden mag – der Idee der Nationalität im 19. Jahrhundert ihre große, geschichtsprägende Macht verliehen hat.

Aus all dem ergibt sich zunächst, wie Hans Rothfels schon vor drei Jahrzehnten einmal gesagt hat, daß es historisch »kein Recht auf Nationalität« gibt; umgekehrt folgt daraus, daß Nationalität durchaus verlorengehen kann. Andererseits können nationale Identitäten nicht einfach kurzfristig durch politische Manipulationen geschaffen oder verändert werden. Vielleicht nirgends sonst in unserer schnelläufigen Zeit tritt die Tatsache deutlicher hervor, daß Geschichtsbilder mächtig sind, und dies um so mehr, je mehr die gegenwärtige Generation versucht, die Vergangenheit zu verdrängen oder zu vergessen. Was bedeutet dies konkret für die Frage der nationalen Identität der Deutschen? Zunächst, daß die Bemühungen der DDR, ihr Staatsvolk zu einer sozialistischen Klassennation umzuformen, die zugleich die ›guten‹ Traditionsbestände der deutschen Geschichte in sich aufgenommen hat (und der Katalog dieser Bestände ist in den letzten Jahren immer weiter gefaßt worden), nicht sonderlich aussichtsreich sind. Obschon dort ein weitgehendes staatliches Meinungsmonopol besteht, läßt die Nähe der Bundesrepublik Deutschland und die Möglichkeit des beständigen Vergleichs mit dieser eine solche Abgrenzung nicht zu. Davon abgesehen ist der relative materielle und ideelle Mißerfolg des Systems der DDR für jedermann mit Händen zu greifen; die gesamtdeutschen Ideale sind demgemäß für den einzelnen der breiten Massen, aller Meinungsmanipulation zum Trotz, immer noch überaus positiv besetzt.

Aus der Sicht der Bundesrepublik Deutschland wird man umgekehrt nicht ohne weiteres davon ausgehen können, daß die Idee der Einheit der deutschen Nation ein ein für allemal gegebenes Datum darstellt. Bisher stützte sie sich in erster Linie auf die Fortschreibung der vor dem Jahre 1937 bestehenden Verhältnisse und letzten Endes auf die im Jahre 1871 begründeten Kontinuitäten deutscher Staatlichkeit, also die ehemals bestehende staatliche Tradition. Nach über dreißig Jahren Bestand der Bundesrepublik als einem, wenngleich dem wichtigsten Teilstaat der deutschen Nation ist es freilich fraglich geworden, ob das kleindeutsche Reich Bismarcks weiterhin uneingeschränkt als Referenzmodell unseres Nationsverständnisses tauglich ist.[14] Völkerrechtlich ist dieser Anspruch gut begründet; im Selbstverständnis einer sich demokratisch verstehenden Nation gewinnen jedoch eher jene langfristigeren Perspektiven an Gewicht, die sich nicht in erster Linie an der Kontinuität der verschiedenen Staatsbildungen auf deutschem Boden, sondern vielmehr an den Traditionsbeständen der deutschen Kulturnation orientieren.

Die Betonung der völkerrechtlichen Aspekte der deutschen Frage wird der deutschen Politik natürlich in erster Linie durch die Notwendigkeit auferlegt, den Status West-Berlins als einer freien Stadt inmitten der dem sowjetischen Machtblock angehörenden DDR zu behaupten. Die Bundesrepublik Deutschland hat allen Grund, an den im Potsdamer Abkommen und den übrigen Vereinbarungen bezüglich Berlins getroffenen Abmachungen festzuhalten. Aber im politischen Bewußtsein der Deutschen, gleichviel ob diese in der Bundesrepublik oder in der DDR leben, ist natürlich die Tatsache viel entscheidender, daß die Bürger West-Berlins unter demokratischen Verhältnissen leben und sich in freier Selbstbestimmung als Teil der Bundesrepublik Deutschland fühlen, mag ihnen dies auch verfassungstechnisch durch alliierte Vorbehalte immer noch versagt bleiben. Deshalb vor allem stellt die Berlin-Frage eine Sprengkraft erster Ordnung für die DDR dar, nicht wegen der in Berlin immer noch konkreten interalliierten Vereinbarungen, die einen Rest gesamtdeutscher Rechtstraditionen in sich enthalten. Nicht in erster Linie als Vorort eines wiedervereinten Deutschland, sondern als Einbruchstelle westlicher demokratischer Ideale und Lebensformen in eine staatssozialistische Ordnung ist West-Berlin nach wie vor von Bedeutung. Auch die Existenz Berlins als einer lebendigen Erinnerung an die deutsche Vergangenheit eines einheitlichen Deutschen Reiches kann jedoch nicht darüber hinwegtäuschen, daß sich die Verhältnisse geändert haben und der nationalen Identität der Deutschen neue Orientierungspunkte zugewachsen sind.

Wenn nicht alles täuscht, so ist die Geschichte der deutschen Frage heute in ihre Normallage zurückgekehrt, in der sie sich über Jahrhunderte hinweg befand, nämlich der Existenz einer deutschen Kulturnation in der Mitte Europas, die in mehrere deutsche Staatsnationen gespalten ist. Alles spricht dafür, daß die Phase des konsolidierten nationalen Gesamtstaates von 1871–1933 eine Episode in der deutschen Geschichte gewesen ist und daß wir wieder, freilich auf höherer Ebene, den Zustand erreicht haben, der in Deutschland nach 1815 bestand, nämlich einer Mehrheit deutscher Staaten mit gemeinsamer kulturnationaler Zugehörigkeit. Was die Republik Österreich angeht, so haben wir dies heute endgültig akzeptiert; trotz unbezweifelbarer Gemeinsamkeiten hinsichtlich von Sprache, Kultur und Religion ist die Eigenständigkeit Österreichs als einer souveränen Staatsnation nunmehr unbestritten. Und mit dem Abschluß der Ostverträge hat die Bundesrepublik Deutschland die Tatsache hingenommen, wenn auch nicht sanktioniert, daß es einstweilen zwei Staaten auf deutschem Boden gibt, freilich in der inzwischen teilweise enttäuschten Erwartung, dadurch ein höheres Maß an Gemeinsamkeit und Begegnung zwischen den Deutschen in der Bundesrepublik und der DDR erreichen zu können.

Gegenwärtig wird darüber hinaus mit einigem Recht die Frage diskutiert, ob die Spaltung Deutschlands in zwei (bzw. mehrere) Staatsnationen nicht auf Dauer auch zur Entwicklung radikal unterschiedlicher Formen deutschen nationalen Bewußtseins führen wird. Es besteht einiger Anlaß zu der Vermutung, daß es in der Bundesrepublik Deutschland auf längere Sicht zur Ausbildung eines starken staatsnationalen Bewußtseins kommen wird, das sich ganz überwiegend an den gesellschaftlichen Realitäten orientiert, wie sie sich hier seit 1949 entwickelt haben. Kurt Sontheimer hat schon vor einigen Jahren auf den Tatbestand hingewiesen, daß in der Bundesrepublik der Gedanke der einen deutschen, in einem gemeinsamen Staate organisierten beziehungsweise zu organisierenden Nation zunehmend an Kraft verloren habe: »Es gibt zwar noch starke historische Erinnerungen an die frühere nationale Einheit, aber die prägende Kraft des Zusammenlebens unter einem Staat, welches eine Nation täglich erneuert, fehlt und führt dazu, daß die deutsche Nation nicht mehr existiert... Man könnte zwar sagen, daß es zwei verschiedene Staaten deutscher Nation auf dem Territorium des verkleinerten deutschen Reiches gibt, aber Nation als Politikum würde in diesem Zusammenhang nichts anderes bedeuten als einen Hinweis auf die gemeinsame historische Herkunft der beiden Staatsvölker aus einem nationalen Gesamtzusammenhang.«[15] Noch weiter in dieser Richtung ist jüngst Rainer Lepsius gegangen. Er meint, daß die Bundesrepublik Deutschland als eine sich demokratisch selbstlegitimierende Staatsnation des Rückbezugs auf den überkommenen, immer schon unbestimmten Begriff der deutschen, in einem eigenen Staate organisierten Nation nicht mehr bedürfe und daß darüber hinaus »eine Betonung von Kriterien der Kulturnation... für die Abstützung der Legitimität der politischen Ordnung der Bundesrepublik«[16] nicht erforderlich sei.

Der Umstand, daß in der Bundesrepublik Deutschland zum erstenmal in der deutschen Geschichte das demokratische Selbstbestimmungsrecht durchgängig zum Bauprinzip der politischen Ordnung gemacht worden ist, was man auch für die Weimarer Republik nicht uneingeschränkt sagen kann, ist in der Tat ein Faktum, das größte Bedeutung besitzt und eine materielle Legitimierung der politischen Ordnung an vorgeblich objektiven nationalen Kriterien zurücktreten läßt. Die Geltung der bestehenden Ordnung beziehungsweise das in demokratischen Wahlen immer wieder erneuerte Legitimitätseinverständnis der Bürger knüpft sich in erster Linie an das Bestehende. Die Staatsordnung, das wirtschaftliche System und das gegenüber den westlichen Traditionen uneingeschränkt offene Kulturleben in der Bundesrepublik sind unzweifelhaft so prägende Momente, daß es sehr wohl vorstellbar ist, daß sich daran ein politisches Bewußtsein von großer Intensität entwikkeln könnte, für welches die nationalstaatliche Tradition der Deutschen seit 1871 von zunehmend geringerer Bedeutung sein würde.

Die Bundesrepublik als Repräsentant der Kulturnation

Gleichwohl ist zu bezweifeln, daß es auf lange Sicht zur Entwicklung eines ausschließlich an den gesellschaftlichen Verhältnissen in der Bundesrepublik Deutschland orientierten politischen Bewußtseins kommen wird, das sich von der überkommenen kulturnationalen Tradition weitgehend ablöst, wie Rainer Lepsius dies vermutet. Die gegenwärtige Rückwendung zu einer historischen Vergewisserung unseres politischen und geistigen Standorts, die man auf breiter Front beobachten kann, nicht allein im konservativen Lager, deutet vielmehr in die entgegengesetzte Richtung. Eine grundlegendere Fundamentierung des politischen und gesellschaftlichen Systems der Bundesrepublik Deutschland, die nicht mehr so übergewichtig wie bisher auf Wirtschaftserfolg und Wohlstand ausgerichtet ist, ist überfällig; sie wird keineswegs nur von der jüngeren Generation gefordert. Ebenso genügt der jungen Generation nicht mehr der Hinweis auf die Misere der osteuropäischen staatssozialistischen Systeme, wenn sie offenbare Mängel des bestehenden Wirtschaftssystems angreift. Umgekehrt erwarten die Älteren von einer stärkeren Einbindung der heranwachsenden Generationen in gemeinsame politische und geistige Traditionen eine Stabilisierung der Verhältnisse, die nicht zuletzt auch durch die radikalen Proteste der ›Alternativkultur‹ in Zweifel gezogen werden. Insgesamt beobachten wir heute in allen gesellschaftlichen Lagern eine gewisse Desillusionierung von der Konsumgesellschaft und ihren Zwängen, unter denen wir heute leben, eine größere Bereitschaft zu Kontemplation und zur Bejahung von Emotionalität und in Verbindung damit den Wunsch nach einer neuen, mehr moralischen Fundierung der bestehenden politischen Kultur.

Im Zuge dieser Entwicklung ist zu erwarten, daß es in stärkerem Maße als bisher zu einem Rückgriff auf die geistigen und kulturellen Traditionen der deutschen Nation kommen wird, allerdings in charakteristischer Verbindung mit den Lebensformen der modernen Welt. Kultur ist in unserer Gegenwart weniger national verortet, als sie es jemals war; sie ist ein internationales Phänomen geworden. Kunst, Musik, Literatur sprengen sämtlich die traditionellen nationalen Grenzziehungen. In den großen kulturellen Zentren des Westens wie London, New York, Paris, Rom und Berlin – um nur einige zu nennen – und auch kulturellen Zentren von vergleichsweise geringerer Reichweite wie München, Düsseldorf oder Köln, ist Kultur zunehmend international geprägt. Zwar kann man immer noch sagen, daß es Formen kultureller Hervorbringung gibt, die die spezifische Eigenart der jeweiligen Nationalkultur, der der betreffende Künstler oder Autor angehört, in exemplarischer Weise widerspiegeln, aber auch dies kann heute nur in der Auseinandersetzung mit vergleichbaren kulturellen Tendenzen der westlichen Welt in ihrer Gesamtheit erfolgreich vollzogen werden.

Andererseits muß einschränkend angemerkt werden, daß dic unterschiedlichen Bildungssysteme in den Ländern des Westens und die Unterschiedlichkeit des von ihnen ›verwalteten‹ und selektiv an kommende Generationen weitervermittelten sogenannten Kulturerbes immer noch dazu beitragen, daß sich die Nationalkulturen signifikant unterscheiden. Insofern ist und bleibt Nationalkultur mit der jeweiligen politischen Kultur mehr oder minder eng verknüpft. Das französische Bildungssystem beispielsweise akzentuiert die Hervorbringung formaler intellektueller Höchstleistungen; es ist spezifisch intellektuell geprägt. Das britische Bildungssystem ist dagegen immer noch überwiegend auf die Ausbildung von Führungseliten ausgerichtet, namentlich wenn man an die Public Schools und die Spitzenuniversitäten denkt. Ansonsten ist es vor allem auch um die Vermittlung von Toleranz und fairem Sozialverhalten bemüht. Soweit man überhaupt noch von einer einheitlichen deutschen Nationalkultur sprechen kann, geht diese heute aus einer Pluralität von Bildungssystemen hervor, die einander teilweise schroff entgegengesetzt sind, und dies sowohl in den Zielen, die sie verfolgen, wie in den Kulturwerten, die sie tradieren. Darin liegen Nachteile, aber auch spezifische Chancen, bringt doch diese Situation größere Pluralität und größeren Reichtum an kulturellen Gestaltungen hervor.

Der strategische Vorteil der Bundesrepublik Deutschland gegenüber der DDR liegt nicht so sehr darin, daß ihr Kulturleben jenem der DDR prinzipiell überlegen sei, worüber man verschiedener Meinung sein kann, oder daß sie, was unzweifelhaft der Fall ist, sich stärker im Einklang mit den großen Traditionen deutschen Geistes und deutscher Kultur befindet, als es die in bürokratischem Kleingeist erstarrende DDR je wird fertigbringen können, sondern weil sie zugleich weltoffen ist, das heißt, die unterschiedlichsten geistigen und kulturellen Gestaltungen, die in anderen politischen Kulturen hervorgebracht wurden, gleichermaßen aufzugreifen und zu integrieren in der Lage ist. Darauf vor allem beruht ihre Anziehungskraft über die Grenzen der Bundesrepublik Deutschland hinaus für alle jene, die sich der deutschen Kulturtradition zurechnen, aber deswegen gleichwohl nicht rückwärtsgewandter Deutschtümelei geziehen werden möchten.

Die Symbiose von deutschen Traditionen und westlichen Lebensidealen ist in der Bundesrepublik Deutschland in einem immerhin bemerkenswerten Maße gelungen, mag man auch diese immer noch ein wenig stark von materiellen Idealen durchtränkt empfinden. Dies ist es, was man heute als Realität der deutschen Kulturnation ansehen kann. Dies bedeutet möglicherweise für die politischen Ordnungen auf deutschem Boden unmittelbar nicht allzuviel. Bis zu einem gewissen Grade wird man Rainer Lepsius darin zustimmen müssen, daß sich aus der Idee der Kulturnation der Deutschen »keine Handlungsorientierungen... für die Gestaltung der politischen Ordnung der Deutschen« ergeben. Der Sache nach fällt jedoch der Bundesrepublik Deutschland allein schon kraft der Tatsache, daß ihr die große Mehrzahl aller der Menschen angehören, die sich subjektiv der deutschen Kulturnation zurechnen, namentlich gegenüber der DDR, eine Sonderstellung zu.

Der Bundesrepublik kommt ferner zugute, daß sie dank ihrer freiheitlichen Grundordnung ein unvergleichlich günstigeres Entfaltungsfeld für künstlerische, literarische und wissenschaftliche Hervorbringungen bietet als die DDR, deren schwerfällige bürokratische Führungselite eigentlich nur ausgewählte und bereits international als bewährt geltende Formen kultureller Hervorbringung uneingeschränkt fördert, während sie zumindest zunächst einmal vor allen Neuerungen zurückschreckt. Nicht zufällig ist die Bundesrepublik der wichtigste Umschlagplatz für DDR-Literatur beziehungsweise für in der DDR entstandene Literatur geworden, und dies wäre vermutlich auch dann der Fall, wenn nicht die Kulturpolitik der DDR viele Autoren zwingen würde, ihre Produkte in der Bundesrepublik zu veröffentlichen oder gar in die Bundesrepublik überzuwechseln, obschon sie dadurch dem Milieu entfremdet werden, dem sie gutenteils ihre kreative Kraft verdanken. Auch auf wissenschaftlichem Gebiet hat sich die DDR bislang in keiner Weise davon freimachen können, daß das wichtigste Referenzsystem für die Bemessung der Leistungen der eigenen Wissenschaft immer noch die Wissenschaft der Bundesrepublik Deutschland darstellt. Es ist nicht zu erwarten, daß sich daran in nächster Zeit viel ändern wird. Umgekehrt sind die Ausstrahlungen, die von der Bundesrepublik Deutschland auf

Kultur und Wissenschaft in der DDR ausgehen, immer noch außerordentlich stark.

Hier, wie auch sonst, beobachten wir eine asymmetrische Struktur der Beziehungen zwischen der Bundesrepublik und der DDR; diese verlaufen eindeutig zugunsten der Bundesrepublik, zum einen wegen der unvergleichlich günstigeren Bedingungen für die Entfaltung von Kultur und Wissenschaft in einer (relativ) freien Gesellschaft, zum anderen wegen der weit größeren Zugangsmöglichkeiten zu den Kulturzentren und zur Wissenschaft der westlichen Welt überhaupt. Diese – zu Teilen durchaus unverdiente, weil gleichsam durch die Konstellation der Dinge selbst verursachte – hegemoniale Position der Staatsnation der Bundesrepublik Deutschland gegenüber dem nur dem Anspruch, aber nicht der Sache nach realisierten Anspruch der DDR, ein ›sozialistischer Staat deutscher Nation‹ innerhalb des Geltungsbereichs der deutschen Kulturnation zu sein, hat nun allerdings erhebliche Konsequenzen auch für die beiderseitigen Legitimitätsgrundlagen.

Während die DDR nach wie vor die größten Schwierigkeiten hat, ihre selbstgewählte oder vielmehr verordnete Rolle als sozialistische Klassennation mit dem auch von ihr nicht beiseite zu schiebenden deutschen Kulturerbe zu versöhnen, sieht die Bundesrepublik Deutschland sich uneingeschränkt als Erbe der gesamtdeutschen Kulturtradition an, nicht selten mit einer gewissen Naivität, die die Österreich und der deutschsprachigen Schweiz zuzurechnenden Kulturleistungen gerne unbesehen ebenfalls für sich vereinnahmt. Allerdings tauchen auch hier bei näherem Hinsehen Probleme auf, wie etwa der Distanzierung von solchen Traditionselementen, die der Grundentscheidung zugunsten einer demokratischen Verfassungsordnung westlichen Typs zuwiderlaufen, oder hinsichtlich der Wiederaufnahme solcher Kulturtraditionen, die früher am linken Rande des breiten Feldes der Nationalkultur lagen, heute aber als Vorläufer demokratischen Denkens zu gelten haben; am Problem der mißglückten Rezeption Heinrich Heines ließe sich dies näher demonstrieren. In der Frage, welchen Platz Preußen in der Vorgeschichte der Bundesrepublik einzunehmen verdient, steckt eine Menge Sprengstoff gleicher Art.

Ungeachtet dieser nicht zu leugnenden Schwächen der Position der Bundesrepublik entfaltet diese eine erhebliche Ausstrahlung, die nicht so sehr der Legitimierung des demokratischen Systems in den Augen ihrer Bürger als vielmehr aus der Sicht ihrer Nachbarn zugute kommt. Die Anziehungskraft des politischen Systems der Bundesrepublik in den Augen ihrer Bürger, aber auch der Bürger der DDR, dürfte nicht zuletzt darin begründet sein, daß sie nicht nur wirtschaftlich, sondern auch kulturell Anschluß an den Westen gefunden hat. Mit anderen Worten, ihre Stärke beruht gerade darauf, daß sich hier eine international geprägte Kultur hat entwickeln können, die dennoch von Deutschen gestaltet wird. Eine Rückkehr zu einer spezifisch deutschen Kulturnation wäre demgemäß fatal, denn der internationale Charakter der Kultur der Bundesrepublik stärkt indirekt auch das Ansehen und die Legitimitätsgeltung der bestehenden politischen Kultur im Innen- ebenso wie im Außenverhältnis. Dies würde im übrigen um so mehr der Fall sein, je weniger diese den Anspruch erhebt, für die deutsche Nation in ihrer Gesamtheit oder auch nur für die Deutschen in der DDR – und dies ist ja ein Unterschied – verbindlich zu sein.

Analoges, so scheint uns, gilt auch für die politischen Beziehungen zwischen den beiden deutschen Staaten. Der in den Ostverträgen verbriefte Verzicht darauf, das bestehende politische System mit gewaltsamen Mitteln welcher Art auch immer auf das Territorium der DDR oder gar darüber hinaus ausdehnen zu wollen, hat unzweifelhaft die Geltung des politischen Systems der Bundesrepublik für die außerhalb ihrer Grenzen lebenden Deutschen erheblich gefördert. Paradoxerweise läßt sich sagen, daß die Idee der wesentlichen Einheit der deutschen Nation als einer durch eine gemeinsame Kultur und eine lange gemeinsame Geschichte geformten und sich auch subjektiv als solche begreifenden Großgruppe, durch die Aufgabe der Forderung nach einer direkten Realisierung der Wiedervereinigung der Nation via einer einfachen Angliederung des Territoriums der DDR an die Bundesrepublik Deutschland gestärkt worden ist. Aus der Sicht der Bundesrepublik Deutschland würde es in der Tat genügen, wenn der Bevölkerung der DDR das freie Selbstbestimmungsrecht gewährt würde, während der

Frage, ob diese dann weiterhin als selbständige Staatsnation fortbestehen oder sich dem föderativen System der Bundesrepublik Deutschland eingliedern würde, nachrangige Bedeutung zukommen würde.

Alle diese Erwägungen sind freilich ganz und gar hypothetischer Natur, da vorerst jedenfalls keinerlei Bewegung in den deutsch-deutschen Beziehungen zu erwarten ist. Es ist nicht ausgeschlossen, daß auf mittlere Frist die sowjetische Vorherrschaft über Ostmitteleuropa zerbröckeln wird, aber wegen der friedensgefährdenden Auswirkungen, die ein solcher Prozeß haben könnte, ist es noch nicht einmal sicher, ob man sich dergleichen im Westen überhaupt wünschen sollte. Unter solchen Umständen könnte die deutsche Frage möglicherweise neu aufgeworfen werden. Jedoch würden die Deutschen beider Staaten auch dann mit der Tatsache zu rechnen haben, daß die Wiederherstellung eines deutschen Staates in den 1945 de facto etablierten Grenzen aus gesamteuropäischer Sicht nicht unbedenklich wäre, es sei denn, sie erfolge im Rahmen einer generellen Neuordnung Europas, die mit der weitgehenden Ablösung ehemaliger nationaler Souveränitäten zugunsten gemeinsamer Institutionen einherginge. Und selbst dann würde die Spannung zwischen der deutschen Kulturnation und der deutschen Staatsnation beziehungsweise den deutschen Staatsnationen paradoxerweise nicht aufgehoben, sondern nur, allerdings entscheidend, gemildert sein, es sei denn, man würde davon Abstand nehmen, Österreich und die deutschsprachige Schweiz der deutschen Kulturnation zuzurechnen.

Auch unter solchen Umständen würde die Frage nach der nationalen Identität der Deutschen nicht mit absoluter Eindeutigkeit bestimmbar sein, sondern jene Vieldeutigkeit behalten, die sie in der Geschichte seit den Anfängen des Heiligen Römischen Reiches deutscher Nation immer gehabt hat. Doch weisen die Zeichen der Zeit ohnehin nicht in diese Richtung. Im Gegenteil, alles spricht dafür, daß es auf absehbare Zeit eine Mehrzahl von Staaten deutscher Nation – oder, wie man der Eindeutigkeit halber besser sagen sollte: deutscher Kulturnation – in der Mitte Europas geben wird. Unter diesen wird der Bundesrepublik Deutschland weniger dank eigenen Verdienstes als vielmehr der Schwerkraft der Staatenkonstellation in Europa auf wirtschaftlichem und auf kulturellem Gebiet, und zunehmend auch in politischer Hinsicht, mehr noch als heute eine führende Rolle zufallen. Diese sinnvoll und mit Augenmaß zu erfüllen wird die Aufgabe der Zukunft sein. Dann wird der Streit über die Frage der nationalen Identität der Deutschen nicht zu Ende sein, aber wenigstens wäre sichergestellt, daß es darüber nicht zu neuen Kriegen oder gewaltsamen Konflikten großen Ausmaßes kommt wie so oft in den letzten beiden Jahrhunderten.

Anmerkungen

1 Vgl. dazu die interessante Beobachtung des jüngst verstorbenen Bonner Staatsrechtlers Ulrich Scheuner: »Indem das Ziel auf die Wiedergewinnung einer staatlichen Einheit gerichtet wurde, mußte die staatliche Form der Bundesrepublik, wie dies in zahlreichen Bekundungen seit dem Parlamentarischen Rat geschehen ist, als ›Provisorium‹ erscheinen und geriet daher in die Gefahr, im Bewußtsein ihrer Bürger nicht den Wert und das Gewicht wirklicher Staatlichkeit zu erlangen. Dies ist in der Tat mit langer Nachwirkung der Fall gewesen.«

2 Friedrich H. Tenbruck, Alltagsnormen und Lebensgefühle in der Bundesrepublik, in: Richard Löwenthal/Hans-Peter Schwarz, Die zweite Republik. 25 Jahre Bundesrepublik – eine Bilanz, Stuttgart 1974, S. 292.

3 Vgl. dazu auch Jörg Gabbe, Parteien und Nation. Zur Rolle des Nationalbewußtseins für die politischen Grundorientierungen der Parteien in der Anfangsphase der Bundesrepublik, Meisenheim am Glan 1976, S. 98f.

4 Rainer Lepsius, Die Teilung Deutschlands und die deutsche Nation, in: Lothar Albertin/Werner Link (Hrsg.), Politische Parteien auf dem Weg zur parlamentarischen Demokratie in Deutschland, Düsseldorf 1981, S. 419ff.

5 Martin Greiffenhagen, Die Aktualität Preußens. Fragen an die Bundesrepublik, Frankfurt 1981, S. 111.

6 Gordon Smith, Democracy in Western Germany. Parties and Politics in the Federal Republic, London 1979, S. 210.

7 Karl Jaspers, Freiheit und Wiedervereinigung, München 1960, S. 53.

8 Vgl. auch Gilbert Ziebura, Europaidee und Supranationalität in der deutschen Außenpolitik, in: Hans Steffen, Gesellschaft in der Bundesrepublik, Analysen II, Göttingen 1971.

9 Martin Greiffenhagen, Die Aktualität Preußens, a. a. O., S. 137.

10 Vgl. dazu Wolfgang J. Mommsen, »Wir sind wieder wer«. Wandlungen im politischen Selbstverständnis der Deutschen, in: Jürgen Habermas, (Hrsg.), Stichworte zur ›Geistigen Situation der Zeit‹. I. Band, Frankfurt 1979. Vgl. im vorliegenden Band S. 27–53.

11 Vgl. Gabbe, a. a. O., S. 97.

12 Händedruck mit Gespenstern, in: Habermas, Stichworte zur ›Geistigen Situation der Zeit‹, a. a. O., S. 44.

13 David P. Calleo, Legende und Wirklichkeit der deutschen Gefahr, Bonn 1980; David Blackbourn/Geoff Eley, Mythen deutscher Geschichtsschreibung. Die gescheiterte bürgerliche Revolution von 1848, Frankfurt/Berlin 1980.

14 Vgl. dazu Wolfgang J. Mommsen, Nation und Nationalbewußtsein in der Gegenwart, in: Politik und Kultur, 1. Jg., 1974, H. 1, S. 16ff.

15 Kurt Sontheimer, Deutschland zwischen Demokratie und Antidemokratie. Studien zum politischen Bewußtsein der Deutschen, München 1971, S. 214.

16 Rainer Lepsius, Die Teilung Deutschlands und die deutsche Nation, in: Albertin/Link, a. a. O., S. 444ff.

Der Geist von 1914: Das Programm eines politischen »Sonderwegs« der Deutschen (1989)

Der Erste Weltkrieg steht am Beginn einer Epoche der europäischen Geschichte, die mehr als nahezu jede andere, vergleichbar allenfalls jener des 30jährigen Krieges, unvorstellbares Leid und Zerstörung über die Menschheit gebracht hat. Im August 1914 fanden sich die Angehörigen der jungen Generation in allen kriegführenden Nationen voller nationaler Begeisterung freiwillig zum Waffendienst für das eigene Vaterland bereit, wenn auch durchgängig in der Annahme, daß es sich um einen Verteidigungskrieg handele. Die Aufwallung nationaler Gesinnung in allen kriegführenden Nationen Anfang August 1914 – der »Geist von 1914« – war vielleicht nicht ganz so einhellig, wie man vielfach gemeint hat; aber unzweifelhaft war der Krieg zunächst auch in den breiten Schichten der Bevölkerung populär. Insbesondere große Teile der Führungsschichten der europäischen Völker begrüßten den Kriegsausbruch nach einer langen Periode »atemberaubenden Drucks« internationaler Spannungen und gesellschaftlicher Krisen als einen Akt der Erlösung, »wie einen Feuerbrand, in welchem die turmhoch aufgehäufte innere Verworrenheit in Flammen aufging«, wie der Historiker Karl Alexander von Müller stellvertretend für eine ganze Generation in seinen Erinnerungen berichtet.[1] Bei den deutschen Führungseliten hinterließ das Erlebnis der nationalen Geschlossenheit der Nation bei Kriegsausbruch einen tiefen Eindruck. »Zum erstenmal in seiner Geschichte sahen sie den geeinten Kern des deutschen Volkes um einen einzigen Mittelpunkt, zu einem Organismus, wie die Geschichte noch keinen gesehen hatte, windesschnell und ruhig ineinandergreifend, gleich einem riesigen Räderwerk und doch beseelt von Opfergeist, Heldenmut, Verantwortung bis ins kleinste, ein Volk von 70 Millionen, das wirklich ein einziges Heer geworden ist«.[2] Diesen »Geist von 1914«, der in vieler

Hinsicht einem religiösen Aufbruch glich, verkörperte, wie sie vermeinten, die deutsche Staatsidee in ihrer reinsten, innersten Gestalt, im Gegensatz zu jener der anderen europäischen Nationen.

Auch in den anderen europäischen Nationen gab es vergleichbare Tendenzen. Die union sacré in Frankreich war ebenso von der Begeisterung der breiten Massen für die eigenen nationalen Ideale getragen wie nationale Entrüstung der Briten über die Verletzung der elementaren Rechte der belgischen Nation durch Deutschland. Jedoch wurde die nationale Begeisterung des August 1914 vor allem in Deutschland getragen nicht nur von Vaterlandsliebe, sondern indirekt auch von nationalistischen Überzeugungen und militaristischer Gesinnung, insbesondere aber von einem spezifischen Sendungsbewußtsein, das sich als den eigentlichen Kern der Ideologie des »deutschen Sonderwegs« ausmachen läßt, die für mehr als ein Jahrhundert den Gang der deutschen Geschichte maßgeblich bestimmt hat.

Als analytische Kategorie zur Bestimmung der Besonderheiten der deutschen Geschichte geht das Paradigma vom »deutschen Sonderweg«, rechts von dem materialistischen Utilitarismus der westlichen demokratischen Systeme und links von der Autokratie des zaristischen Rußland, auf die geistige Auseinandersetzung zwischen den politischen Überzeugungen des Westens und der Mittelmächte zurück. Die erste systematische Analyse der Besonderheiten der deutschen politischen Kultur aus dem Blickwinkel eines Defizits an liberalen Errungenschaften findet sich bereits in Thorsten Veblens »Theory of Business Enterprise« vom Jahre 1915; hier wie auch sonst in der zeitgenössischen angelsächsischen Literatur findet sich in zahlreichen Variationen die These, daß das deutsche politische System angesichts des Fortbestands zahlreicher autoritärer Elemente, insbesondere des Fehlens einer effektiven demokratischen Kontrolle der Exekutive und des Überhangs an aristokratischen und monarchischen Traditionen, die zu einer Verfremdung des bürgerlichen Geistes geführt hätten, den Erfordernissen der modernen industriellen Gesellschaft ungenügend angepaßt sei und demgemäß auf die bestehenden Probleme in der internationalen Arena mit Aggression und »Militarismus« zu reagieren pflege.

In der jüngeren historischen und politologischen Forschung ist das Paradigma vom »deutschen Sonderweg«, genauer eines besonderen deutschen Entwicklungspfades, der sich von jenem, den die westlichen Gesellschaften durchlaufen hätten, substantiell unterscheide, weithin aufgenommen und zum Ausgangspunkt einer Rekonstruktion der jüngeren deutschen Geschichte in kritischer Absicht genommen worden. Die Verwerfungen zwischen der wirtschaftlichen und der politischen Entwicklung des deutschen Kaiserreiches wurden in letzter Instanz als die wesentliche Ursache dafür angesehen, daß dieses auf eine schiefe Ebene geraten sei, an deren Ende der Aufstieg des Nationalsozialismus zur Macht und die deutsche Katastrophe gestanden habe. Anders gesagt, die deutsche Gesellschaft habe es versäumt, die politischen Verhältnisse rechtzeitig den sich rapide verändernden sozio-ökonomischen Verhältnissen anzupassen, statt dessen habe man an einem weithin antiquierten politischen System festgehalten, durch welches die aus vorindustrieller Zeit stammenden Führungseliten lange über die Phase hinaus, in der sie die politischen Führungspositionen kraft eigenen Rechts beanspruchen konnten, an der Macht gehalten wurden. Die mangelnde Liberalisierung der deutschen Gesellschaft und die überbordenden Tendenzen zu einem lautstarken, aggressiven integralistischen Nationalismus seien die eigentlichen Ursachen des deutschen Dilemmas gewesen.

Gegen diese Deutung ist seit einiger Zeit, zunächst von englischer Seite – hier sind insbesondere Geoff Eley und David Blackbourn zu nennen – Einspruch erhoben worden, in erster Linie mit dem Argument, daß das Paradigma vom »deutschen Sonderweg« die englische Entwicklung von einer aristokratischen Oligarchie zum bürgerlichen Staat demokratischen Zuschnitts ganz unangemessen idealisiert habe; auch der englische Entwicklungsweg sei weder konfliktfrei noch in friedlichen Formen verlaufen, und an Relikten älterer sozialer Formationen habe es auch dort nicht gefehlt. Wesentliche Modifikationen an dem vor allem von der jüngeren deutschen sozialgeschichtlichen Forschung vorgetragenen Erklärungsmodell wurden in der Tat notwendig; auch im deutschen Fall kann nicht uneingeschränkt von einer Feudalisierung des Bürgertums infolge der Rückständigkeit des politischen Systems gesprochen werden; und auf sozio-ökonomischem Gebiet zumindest setzte sich die bürgerliche Ordnung auch im Rahmen eines obrigkeitlich verformten Staates ohne wesentliche Einschränkungen durch.

Angesichts der solcherart sich abzeichnenden Notwendigkeit einer Differenzierung des Paradigmas vom »deutschen Sonderweg«, dem man die spezifischen Züge des englischen Entwicklungspfads zur modernen Industriegesellschaft demokratischen Typs gegenüberstellte, kam etwa Thomas Nipperdey zu dem Schluß, daß es in der europäischen Geschichte »viele Sonderwege« gegeben habe, von denen der deutsche nur einer gewesen sei, während von anderer Seite die Berechtigung dieser Argumentation schlechthin bestritten wurde. Allein, es ist unübersehbar, daß die These vom »deutschen Sonderweg« nicht bloß eine Erfindung von linken Intellektuellen ist, sondern daß es tatsächlich so etwas wie einen besonderen deutschen Entwicklungspfad gegeben hat, der sich von den Entwicklungspfaden der westeuropäischen Gesellschaften vor allem dadurch unterschied, daß hier dem Staate und der den Staat tragenden hohen Staatsbeamtenschaft von vornherein besonderes Gewicht zugemessen wurde; dieses, wie Max Weber sich ausdrückte, bürokratische Regime zeichnete sich aus durch die enge Verbundenheit der hohen Beamtenschaft mit dem Bildungsbürgertum, etwas, das die autoritären Züge des politischen Systems abmilderte; andererseits agierte die Bürokratie gleichsam wie ein Schutzschild für die Aristokratie und die monarchische Hofgesellschaft, und demgemäß wurden Verfassungsreformen zumeist bereits im Ansatz erstickt, weil sie *de facto* nicht nur die Machtstellung der traditionellen Eliten, sondern auch jene der Beamtenschaft beeinträchtigt haben würden. Ideologisch stützte sich dieses System nicht zuletzt auf die aus dem deutschen Idealismus stammende Staatstheorie ab, die dem Staate und der diesem vornehmlich dienenden Beamtenschaft – bei Hegel wurde dieser nicht zufällig der »allgemeine Stand« genannt – eine herausragende Stellung zuwies, die jener der »Gesellschaft« ausdrücklich vorgeordnet war. Im Grundsatz war die vorgeblich oder tatsächlich allein dem Allgemeinwohl verpflichtete Herrschaft des »allgemeinen Standes« schon bei Hegel mit dem Prinzip einer parlamentarischen Regierung unvereinbar, weil diese vor allem die materiellen Interessen der Gesellschaft, und vornehmlich der oberen Schichten, ungebremst und ungefiltert zum Staatszweck erhebe. Im Grundsatz hat sich diese Auffassung in der deutschen politischen Tradition während des gesamten 19. Jahrhunderts erhalten; in mancher Hinsicht erfuhr sie sogar noch eine Verschärfung im Zuge der sich herausbildenden Klassengegensätze.

Die Wirkkraft dieser ideologischen Denkschemata in der politischen Kultur des Kaiserreichs ist schlechterdings unübersehbar. Nirgends aber kamen diese deutlicher und schärfer zum Ausdruck als in der Debatte über den »Geist von 1914«, der seitens der deutschen Führungseliten allgemein als Ausdruck einer spezifisch deutschen Staatsgesinnung verstanden wurde, die sich von jener der westlichen Demokratien grundsätzlich unterscheide. Mehr noch, die nationale Aufbruchstimmung des August 1914 wurde als Wiedergewinn des eigenen deutschen Weges gedeutet, und die deutsche Intelligentsia, insbesondere die Akademikerschaft, sah ihre vornehmlichste Kriegsaufgabe darin, eben diese Aufbruchstimmung und das, was diese politisch und moralisch beinhalte, auf Dauer zu stellen und zur Grundlage einer geistig-sittlichen Erneuerung des deutschen Volkes zu machen. Dies gab den Anstoß zur Entwicklung jenes ideologischen Gedankengebäudes, welches von den Zeitgenossen, Formulierungen von Johann Plenge, Ernst Troeltsch und dem schwedischen Politikwissenschaftler Johann Rudolf Kjellén aufgreifend, als »Die Ideen von 1914« bezeichnet wurde.[3]

Den wesentlichen Anstoß zur Entwicklung der »Ideen von 1914« hat, wie bereits erwähnt, das Erlebnis des 4. August 1914 gegeben, welches in dieser Weise von den deutschen Führungseliten nicht für möglich gehalten worden war. Hinzu kam freilich das Bedürfnis, der Kritik an der Politik und Kriegführung des Deutschen Reiches und am deutschen politischen System überhaupt, wie sie schon bald nach Kriegsausbruch im westlichen Ausland laut wurde, argumentativ entgegenzutreten. Am bekanntesten, zugleich am bedenklichsten war in dieser Hinsicht der sog. »Aufruf der 93 an die Kulturwelt«, mit dem führende Vertreter der deutschen Wissenschaft von rechts bis hin zur linken Mitte der angeblichen »literarischen Einkreisung« durch die westliche Publizistik und Wissenschaft entgegenzutreten suchten.[4] Freilich lagen die Wurzeln dieser Bemühungen tiefer; sie gründeten sich in einem Verständnis der deutschen politischen Identität und der deutschen Nationalgeschichte, das obrigkeitlich verformt und in seinem Kern antidemokratisch ausgerichtet war.

Die deutschen Publizisten und Wissenschaftler, die sich nach Kriegsausbruch an die »literarische Front« warfen, um ihren Teil zu den gemeinsamen Kriegsanstrengungen der Nation beizutragen, waren von der Überlegenheit der eigenen Kultur über die anderen europäischen Kulturen tief überzeugt und geneigt, nicht nur deren Eigenständigkeit mit allen Mitteln zu verteidigen, sondern deren Prinzipien den anderen europäischen Völkern gegebenenfalls mit Gewalt zu oktroyieren. Dies trug in nicht geringem Maße dazu bei, daß insbesondere in Deutschland, allerdings auch bei den anderen kriegführenden Nationen, von Beginn des Ersten Weltkrieges an keinerlei Bereitschaft bestand, das Blutvergießen auf dem Verhandlungswege zu einem Ende zu bringen. Ein Siegfriede mußte es sein, und dieserhalb wurden in den folgenden vier Jahren Millionen von jungen Menschen aus zahlreichen Ländern der Welt auf den Schlachtfeldern Europas geopfert, oft aufgrund militärischer Planungen, die von vornherein den voraussichtlichen Verlust von Hunderttausenden von Menschenleben in ihr Kalkül einbezogen. Vor allem der mörderische Stellungskrieg im Westen und die immer neuen Versuche, durch rücksichtslose Opferung von Menschen die festgelaufenen Fronten wieder in Bewegung zu bringen, haben in der Kriegführung selbst des Zweiten Weltkrieges nahezu keine Parallele.

Mehr noch, die »Ideen von 1914«, die unter dem Eindruck der Einmütigkeit entstanden, mit der die Deutschen sich ungeachtet der scharfen politischen und sozialen Gegensätze im August 1914 zum Waffendienst für die Nation bereitgefunden hatten, haben den Boden bereitet für den Aufstieg des extremen Nationalismus und späterhin des Nationalsozialismus.

Von Anfang an war der Erste Weltkrieg nicht nur ein Krieg um Machterhalt oder Machtsteigerung der europäischen Nationen, vornehmlich des Deutschen Reiches, sondern auch ein Krieg der politischen Systeme und der diese bestimmenden geistigen Traditionen. In den westeuropäischen Nationen griff – ungeachtet des Bündnisses mit dem autoritären Zarenreich, das die ostmitteleuropäischen Nationalitäten seit längerem einem Prozeß der Russifizierung unterworfen hatte – die Überzeugung um sich, daß der Krieg in erster Linie zur Durchsetzung des nationalen Selbstbestimmungsrechts der Völker geführt werde, das im Falle des neutralen Belgien so gröblich verletzt worden war. Hingegen waren die meinungsführenden Schichten im Deutschen Reich zutiefst überzeugt, daß es in diesem Kriege nicht nur um die Verteidigung der deutschen politischen Ordnung, sondern auch um die Behauptung und die Stärkung der deutsch bestimmten Kultur in Mitteleuropa als solcher gehe. Selbst Friedrich Meinecke, der persönlich eher gemäßigten Auffassungen zuneigte, meinte damals: »Während unmittelbar und greifbar in diesen gewaltigen Tagen unsere Kultur ganz in den Dienst des Staates gepreßt wird, dient im Reich des Unsichtbaren heute unser Staat, unsere Machtpolitik, unser Krieg den höchsten Gütern unserer nationalen Kultur.«[5] Dabei waren unzweifelhaft unterschwellig Minderwertigkeitskomplexe gegenüber den vergleichsweise fortgeschritteneren westlichen Gesellschaften, namentlich jener Großbritanniens, im Spiel.

Vielleicht wurde gerade deshalb mit großem publizistischen Aufwand die Ideologie der »Ideen von 1914« geboren. Sie suchte den umfassenden Nachweis dafür zu führen, daß die deutsche politische Ordnung jener des Westens keineswegs nachstehe. Vielmehr sei das halbkonstitutionelle deutsche politische System, das dem Staate und der die Staatsfunktionen wahrnehmenden hohen Beamtenschaft ein hohes Maß an politischer Macht zugestand, während das Parlament und die Parteien auf ein bloßes Mitspracherecht ohne eine echte Beteiligung an den politischen Entscheidungen beschränkt blieben, den westlichen Demokratien haushoch überlegen. Nicht der westlichen individualistischen Kultur, die maßgeblich durch die »Ideen von 1789« bestimmt worden sei, sondern der deutschen politischen Ordnung, die durch ein Gleichgewicht von Ordnung und Freiheit geprägt sei, gehöre die Zukunft. In der kommenden Periode der Geschichte werde die besondere Befähigung der Deutschen zur Organisation im Rahmen einer Staatsordnung, die die freiwillige Unterordnung aller Bürger unter den Staat als der die gemeinsame politische Zukunft der Nation verbürgenden Ordnung, im Gegensatz zur Willkür des in den westlichen Demokratien allmächtigen Individuums in den Vordergrund stelle, eine entscheidende Rolle zu spielen haben, und vor allem über diese Frage werde der Krieg geführt.

Dabei spielten, aller idealistischen Sprachspiele ungeachtet, gesellschaftliche Interessen eine nicht unerhebliche Rolle. Im Grunde wurde erwartet, daß durch die Stabilisierung und ideologische Verklärung des bestehenden halbkonstitutionellen Systems, das angeblich besonders dazu befähigt sei, die großen sozialen Probleme zu lösen, die Arbeiterschaft gleichsam an ihrem untergeordneten Platz im gesellschaftlichen System gehalten werden könne. Alois Riehl beispielsweise sprach diesen Gesichtspunkt in einer Kriegsrede vom 23. Oktober 1914 über »1813 – Fichte – 1914« unverblümt an: »Parteien wird es wieder geben und soll es geben; die Gesundheit des staatlichen Lebens verlangt solche Mannigfaltigkeit. Fort aber mit den Klassenkämpfen! [...] Wir wollen England besiegen, nicht Englands Beispiel nachahmen. Zu deutlich hat uns sein Beispiel gezeigt, wohin es führt, wenn ein Staat ausschließlich kommerzielle und industrielle Ziele verfolgt. Wir wollen den Staat nicht auf Erwerb und Erzeugung materieller Güter allein stellen. Das Mutterland der sozialen Gesetzgebung muß auch das Land der sozialen Fortschritte, der sozialen Reformen bleiben.«[6] Im Grunde verbarg sich hinter solchen Argumentationen das ältere Modell eines gesellschaftlichen Systems, das vor den vollen Konsequenzen der industriellen Entwicklung zurückschreckte und vom Staate erwartete, daß er kraft bürokratischer Intervention die Klassengegensätze mediatisiere, die sich in industriellen Gesellschaften in erster Linie in Form des Emanzipationskampfs der Arbeiterschaft zu artikulieren pflegen. Statt sich des westlichen Modells der freien Austragung der Interessenkonflikte der verschiedenen sozialen Schichten und Gruppen im Rahmen einer demokratischen Ordnung zu verschreiben, erhoffte man von der deutschen Variante des obrigkeitlich verformten Verfassungsstaats eine administrative Form der Konfliktregelung von oben. Insoweit stand die Idee der »deutschen Freiheit« in der Tat in einem scharfen Gegensatz zu der Idee der pluralistischen Industriegesellschaft, wie sie sich in den westlichen Demokratien bereits ausgebildet hatte. Max Weber zum Beispiel sah hinter solchen wohlmeinenden Bestrebungen eine fatale Neigung, allein von der Bürokratie eine Lösung der drängenden politischen und gesellschaftspolitischen Probleme der Gegenwart zu erwarten. »[...] hinter den sogenannten ›deutschen Ideen von 1914‹, hinter dem, was die Literaten euphemistisch den ›Sozialismus der Zukunft‹ nennen, hinter dem Schlagwort von der ›Organisation‹, der ›Genossenschaftswirtschaft‹« verberge sich in Wahrheit der »nüchterne Tatbestand der universellen Bürokratisierung«, und er fügte hinzu, daß die verbreitete Leidenschaft für die Bürokratisierung mit den nationalen Interessen Deutschlands in keiner Weise verträglich sei.[7]

Freilich war Max Weber, der, wie er gelegentlich gesagt hat, »die vielen Phrasen der Ideen von 1914 gründlich satt« hatte,[8] in dieser Hinsicht ein einsamer Rufer in der Wüste. Die große Mehrheit der Intellektuellen, auch Max Webers Bruder Alfred, ließ sich unter den Bedingungen des Krieges von der Ideologie des besonderen deutschen Weges einfangen und fühlte sich veranlaßt, öffentlich über »die deutsche Sendung« zu philosophieren. Georg Simmel, der den Kriegsausbruch selbst als eine Art von Befreiung aus dem geistigen Nihilismus empfand, in den die deutsche Kultur in den letzten Jahrzehnten verstrickt gewesen sei, meinte sogar, dem nationalen Aufbruch vom August 1914 die Qualität einer historischen Wende zuzumessen, aus der ein erneuertes Deutschland hervorgehen werde. Vor allem werde die in den letzten Jahrzehnten vorherrschende Gesinnung des »Mammonismus«, der verbreiteten Hingabe an bloß materialistische Werte, die in der Hochschätzung des Geldes als solchem ihren symbolischen Ausdruck gefunden habe, einem neuen Bewußtsein der Gemeinschaft Platz machen. Der Sache nach gehe es heute um die »Vollendung von 1870«, der Schaffung des Nationalstaats auf einer höheren, vergleichsweise sublimeren Ebene, ein Prozeß, der einhergehen müsse mit der Ausbildung des Ideals eines neuen Menschen, der nicht in erster Linie materiellen Zielen nacheifere, sondern in der Ganzheit der Nation aufgehe.[9] Mehr noch als viele vergleichbare Äußerungen der Zeit gab diese Rede einem emotionalen Irrationalismus Ausdruck, der im Kriege die Lösung der eigenen Lebensprobleme schlechthin suchte und erwartete, daß die nationale Begeisterung jener Tage und Wochen *quand même* in eine neue, bessere Zukunft führen müsse.

Die »Ideen von 1914«, die im Dunstkreis der nationalistischen Begeisterungswelle bei Kriegsausbruch entstanden und diese auf Dauer zu stellen suchten, wurden als Ausdruck einer neuen, einer deutschen Revolution gefeiert, mit der, ähnlich wie einhundertfünfundzwanzig Jahre zuvor mit der Französischen Revolution, eine neue Epoche der Geschichte beginnen werde, jedoch eine Epoche, die in ihrem geistigen Gehalt und ihrer politischen Kultur das genaue Gegenteil jener darstelle. Während die Ideen von 1789, nämlich Freiheit, Gleichheit und Brüderlichkeit, in Wahrheit »echte und rechte Händlerideale seien, die nichts anderes bezweckten, als den Individuen bestimmte Vorteile zu verschaffen«[10], gehe es der »deutschen Revolution« von 1914 um den »Zusammenschluß aller staatlichen Kräfte gegenüber der Revolution der zerstörerischen Befreiung im 18. Jahrhundert«[11]. Der Sache nach lief dies auf eine Idealisierung der überkommenen halbautoritären Staatsordnung im Kaiserreich hinaus. Diese sei, wie man argumentierte, weit eher in der Lage, die Probleme der Zukunft auf der Grundlage eines »nationalen Sozialismus« ständestaatlicher Spielart zu lösen als die demokratischen Ordnungen des Westens, die, wie man meinte, ausschließlich von materialistischen Lebensidealen beherrscht würden.

Am schärfsten hat dies damals Werner Sombart in einem überaus einflußreichen Buch »Händler und Helden. Patriotische Besinnungen« formuliert. Die Engländer seien längst eine ausschließlich materiellen Lebensinhalten frönende Krämernation geworden, deren Leben sich auf durchaus unkriegerische Dinge, vor allem Sport und Komfort, drehe. Dagegen hatten sich unter der deutschen Nation die ursprünglichen großen kriegerischen Qualitäten erhalten; kurz, die Deutschen seien eine Nation von Helden, die sich an den großen Vorbildern der deutschen Geschichte seit den Freiheitskriegen orientiere. Krämergeist versus Heldengesinnung, dies war die Formel, auf die Sombart das Verhältnis der westlichen demokratischen Kultur und der deutschen, wie wir es heute sehen würden, autoritär verformten, politischen Kultur brachte. Demgemäß begrüßte Sombart den Ersten Weltkrieg in aller Form als eine große Kraftanstrengung der gesamten Nation, die zur Regeneration eben jener heldischen Qualitäten der deutschen Nation beitragen werde: »Der Krieg, der die Vollendung der heldischen Weltanschauung bildet, der aus ihr hervorwächst, ist notwendig, damit diese heldische Anschauung selber nicht den Mächten des Bösen, nicht dem kriechenden Händlergeiste zum Raube werde.«[12] Sombart verband damit zugleich einen beschwörenden Appell an seine Landsleute, daß dieser Krieg, gleichviel wie hoch der Preis an Menschenleben und materiellen Gütern auch immer sein möge, unter allen Umständen bis zu einem siegreichen Ende durchgefochten werden müsse, um den von der deutschen Nation verkörperten Lebensidealen die Zukunft zu sichern.

Der höchst aggressive, das Lebensrecht und die Lebensformen anderer Nationen grundsätzlich in Frage stellende »Geist von 1914« erfuhr zugleich eine religiöse Überhöhung. Der Ausbruch des Krieges wurde vielerseits als ein Segen für das deutsche Volk bezeichnet, der dieses aus einer Periode beschaulicher Existenz, intellektueller Leere und bloßen materiellen Lebensgenusses herausgerissen und ihr neue große gemeinschaftliche Ideale vor Augen gestellt habe, für die es zu leben wieder wert sei. Die »Ideen von 1914« repräsentierten, so glaubte man, den Vorläufer einer neuen Gesellschaftsordnung, welche bestimmt sei, die westliche, angeblich materialistische Demokratie mit ihrem, wie man meinte, hoffnungslos überzogenen

Individualismus abzulösen. Dies wurde vielerorts als eine Art von Sendung des deutschen Volkes angesehen, die nicht zuletzt auch eine religiöse Qualität besaß. Werner Sombart verstieg sich gar zu der These, daß das deutsche Volk kraft seiner besonderen moralischen und politischen Qualitäten in unserem Jahrhundert zum vornehmlichsten Vertreter »des Gottesgedankens auf Erden« geworden sei; nach den Griechen und den Juden seien die Deutschen »das auserwählte Volk« Gottes »dieser Jahrhunderte«.[13] Demgemäß sollten die Deutschen, ungeachtet des Hasses und der Kritik, mit der sie von den anderen europäischen Völkern verfolgt würden, »stolz, erhobenen Hauptes, in dem sicheren Gefühl, das Gottesvolk zu sein [...]«, in diesem Kriege »durch die Welt gehen«.[14] In ähnlicher Weise wurde der Erste Weltkrieg von zahllosen Kanzeln herab als eine aus christlicher Sicht gerechtfertigte Sache bezeichnet.

Auch bei Denkern, die sich nicht in gleichem Maße diesen ebenso vagen wie suggestiven und dennoch äußerst publikumswirksamen Idealen verschrieben, war die Neigung groß, die deutsche politische Ordnung zu idealisieren und sie der westlichen demokratischen Ordnung gegenüber als zukunftsträchtiger zu erklären. Selbst Ernst Troeltsch, der schon damals um eine Überbrückung der Kluft zwischen den deutschen und der westeuropäischen politischen und geistigen Traditionen bemüht war, die, wie er richtig meinte, aus den gleichen christlichen und humanistischen Wurzeln herausgewachsen seien, neigte 1915 noch dazu, die »deutsche politische Freiheit«, die eine vom Willen des Parlaments letztendlich unabhängige Machtstellung des »zentralen Regierungswillens« und damit die unkontrollierte Beamtenherrschaft beinhaltete, seinerseits zu bejahen.[15] Und noch 1917 argumentierte Friedrich Naumann: »Das ist oder das wird unser nationaler Glaube«, nämlich das deutsche Volk als »das erste revolutionslose Großvolk des organisierten Lebensspielraums«, das kraft seiner organisatorischen Begabung und seiner am nationalen Staate orientierten Disziplin in der Lage sein werde, die sozialen und demographischen Probleme der zweiten Hälfte des 20. Jahrhunderts zu meistern.[16]

Davon abgesehen aber hat die Ideologie der »Ideen von

1914« den Nährboden für die Entstehung radikaler nationalistischer Strömungen abgegeben, die während des Krieges immer stärker an Boden gewannen. In ihrem Kern waren die »Ideen von 1914«, wie sie von zahlreichen Professoren, Journalisten und Literaten in eine regelrechte Ideologie umgeschmiedet wurden, gekennzeichnet nicht nur von nationalistischer Überhebung, die die eigene Nation und ihre geistigen und politischen Traditionen gegenüber jener anderer rivalisierenden Nationen völlig kritiklos in den Himmel hob, sondern zugleich von der Bereitschaft, die eigenen Ideale anderen Völkern mit den Mitteln der Gewalt aufzuzwingen. Demgemäß wurde aus der Sicht dieser Ideologen denn auch aus dem angeblichen »Verteidigungskrieg« von 1914 gleichsam zwangsläufig ein »Eroberungskrieg«, der die machtpolitischen Voraussetzungen für die Durchsetzung dieser neuen geistigen und politischen Ordnung in ganz Europa schaffen sollte. Demgemäß scheute sich beispielsweise Johann Plenge nicht, Wilhelm II. – freilich in krasser Verzeichnung der tatsächlichen Verhältnisse – mit Napoleon I. und dessen Versuchen seit 1797, die hegemoniale Herrschaft des post-revolutionären Frankreich auf ganz Europa auszudehnen, unmittelbar in Vergleich zu setzen: »Zum zweitenmal zieht ein Kaiser durch die Welt als Führer eines Volkes mit dem ungeheueren weltbestürmenden Kraftgefühl der allerhöchsten Einheit [des deutschen Volkes, d. Vf.].«[17] Die hier besonders schroff hervortretende Auffassung, daß die Welt »am deutschen Wesen genesen« möge und daß dafür der Krieg allemal ein gerechtes Instrument darstelle, lieferte die ideologische Rechtfertigung für weitausgreifende annexionistische Bestrebungen, die schon bald die Realität gänzlich hinter sich zurückließen. Sie fanden einen Höhepunkt in der Anfang 1917 entstandenen Sammlungsbewegung der »Deutschen Vaterlandspartei«, die in nahezu fanatischer Form für einen Siegfrieden, koste es was es wolle, agitierte, und die zeitweilig breite Schichten der deutschen Bevölkerung in ihren Bann zu ziehen vermocht hat.

Im Rückblick ist es schwer verständlich, wieso dieses Syndrom von halbdurchdachten, emotionalen Argumenten zugunsten der bestehenden deutschen politischen Ordnung und ihrer geistigen Wurzeln in einer auf Hegel, Fichte und Adam Müller zurückgeführten organischen Staatsidee ständestaatlichen Zuschnitts in der deutschen Bildungsschicht des Kaiserreichs so großen Anhang hat finden können. Sie erfaßte nicht nur jene Gruppen der Bildungsschicht, die ohnehin für »rechte Ideologien« aufgeschlossen waren, sondern auch einen guten Teil jener, die ansonsten nicht mit dem Strom schwammen und für eine Politik des Ausgleichs und der behutsamen Öffnung gegenüber den unteren Schichten eintraten, wie beispielsweise Friedrich Meinecke, Ernst Troeltsch und, wie eben dargelegt wurde, selbst Friedrich Naumann. Max Weber hat die »Ideen von 1914« einigermaßen verächtlich unverantwortliches Literatengeschwätz genannt. »Geistreiche Personen«, so meinte er im August 1916 in seiner Rede »An der Schwelle des Dritten Kriegsjahres«, »haben sich zusammengetan und die ›Ideen von 1914‹ erfunden, aber niemand weiß, welches der Inhalt dieser ›Ideen‹ war. Großartiger waren sie, großartiger als jene von 1870, die nur wie ein Rausch waren gegen die majestätische Erhebung des deutschen Volkes zum jetzigen Kampf um seine ganze Existenz. Sich im Kriege zusammenzuschließen und zu organisieren, ist nichts Besonderes; dazu braucht man keine neuen Ideen [...] Entscheidend werden die Ideen von 1917 sein, wenn der Friede kommt.«[18] Entscheidend waren, nach Max Weber, die inneren Reformen, die sicherstellen würden, daß die »heimkehrenden Krieger« gleiches Recht für alle Staatsbürger vorfinden würden, ebenso wie dies eben die Engländer mit ihrem Representation Act vom Frühjahr 1918 taten, in dem die letzten Reste plutokratischer Wahlbeschränkungen fielen. Jedoch wird man nicht umhin kommen festzustellen, daß die Idealisierung der halbkonstitutionellen deutschen Staatsordnung mit ihrem bürokratischen Machtzentrum dazu beigetragen hat, eben diese Reformen zu verhindern. Insofern fügt sich dies ein in die lange Geschichte der Ideologie des »besonderen deutschen Weges«, die aus der Tatsache der relativen Rückständigkeit des deutschen politischen Systems eine Tugend hat machen wollen und damit die Antriebe für eine Anpassung der politischen an die gesellschaftliche Ordnung immer wieder entscheidend abgeschwächt hat.

Infolgedessen wurden die bescheidenen Möglichkeiten, den Ersten Weltkrieg auf dem Verhandlungswege doch noch zu einem erträglichen Ende zu bringen, gänzlich verspielt. Statt dessen wurde der Erste Weltkrieg zu einem Krieg *à outrance*, wie man damals sagte, der nach endlosem Blutvergießen nur noch die vollständige Niederlage des einen oder des anderen Lagers zuließ, zu Lasten vor allem der darbenden breiten Massen der Bevölkerung einschließlich der Arbeiterschaft. Jedoch wuchsen auch im westlichen Lager die Neigungen, nur einen solchen Frieden schließen zu wollen, der es erlauben würde, dem deutschen Volk weitgehend solche Friedensbedingungen aufdiktieren zu können, die auf eine langfristige Ausschaltung des Deutschen Reiches als Machtfaktor in Europa und der Welt abzielten. Nationale Überhebung war, dies ist nicht zu übersehen, auf allen Seiten vorhanden; in Frankreich und Großbritannien traten sie nach Kriegsende besonders deutlich hervor, als die Staatsmänner es unter dem Druck der nationalistischen Strömungen in ihren Ländern nicht vermochten, auf der Pariser Friedenskonferenz jene dauerhafte Friedensordnung in Europa zuwege zu bringen, von der bislang so viel die Rede gewesen war. Nur mühsam wurde das Europäische Haus, das im Krieg weithin zerstört worden war, neu wieder aufgerichtet, aber so recht war keines der Völker bereit, sich in dem neu geschaffenen Gebäude häuslich einzurichten und mit dem Erreichten zufrieden zu sein; vielmehr drängten auch in den neuen Nationen nationalistische und imperialistische Tendenzen von Anfang an darauf hin, die eigene Machtstellung auf Kosten anderer zu steigern bzw. die eigenen Nachbarn nicht wieder politisch auf die Beine kommen zu lassen, während die Verlierer von bitteren nationalistischen Ressentiments gegen die neue demokratische Ordnung erfüllt waren, um so mehr, als ihnen eine gleichberechtigte Mitwirkung im neugeschaffenen Völkerbund einstweilen versagt blieb. Der Aufstieg des italienischen Faschismus zur Macht nur kurz nach dem Ende des Ersten Weltkriegs, nach oben getragen von einer Flutwelle irredentistischer Bestrebungen und einem äußerst brutalen Antisozialismus, war ein Vorbote noch größeren Unheils.

Nirgendwo aber wirkte der Geist der Unversöhnlichkeit und

der nationalen Überhebung, der in den »Ideen von 1914« seine deutlichste Ausprägung erhalten hatte, stärker nach als in Deutschland selbst. Die Fähigkeit, den Dingen nüchtern ins Auge zu schauen und auf den Boden der neuen Tatsachen eine realistische Politik des Augenmaßes zu betreiben, war hier von Anfang an durch das Fortdauern jener durchaus illusionären Bestrebungen, wie sie in den »Ideen von 1914« erstmals scharf hervorgetreten waren, schwerstens beeinträchtigt.

Die »Neue Rechte«, wie sie sich bereits während des Ersten Weltkriegs in der »Vaterlandspartei« eine schlagkräftige Organisation zu verschaffen vermochte, kreierte am Ende des Ersten Weltkriegs, nicht zuletzt um ihre eigenen krassen Fehleinschätzungen der politischen und militärischen Möglichkeiten des Deutschen Reiches im nachhinein mit einem propagandistischen Schleier zu verdecken, die sogenannte Dolchstoßlegende, derzufolge die sozialistische Arbeiterschaft dem siegreichen deutschen Heer in einem kritischen Augenblick in den Rücken gefallen sei. Eben dies hat bekanntlich in der Folge entscheidend dazu beigetragen, die neu gegründete demokratische Republik von Weimar politisch zu diskreditieren.

Die andauernden Kampagnen der äußersten Rechten gegen die Parteien der demokratischen Mitte und insbesondere gegen die Sozialdemokratie, denen man die Verantwortung für die Niederlage und das System von Versailles zuschob, orientierten sich an dem Modell einer »deutschen Freiheit« autoritären Zuschnitts, wie sie im Kaiserreich bestanden hatte, und den illusionären Hoffnungen, auf solcher Basis eine konfliktfreie politische Ordnung schaffen zu können, in der die Privilegien und Herrschaftsinteressen der traditionellen Eliten auf Dauer abgesichert werden könnten.

Im Dunstkreis dieser ideologischen Strömungen gewann die auf die Propagandisten des »Geistes von 1914« zurückgehende Idee der »Volksgemeinschaft« als einer antimodernistischen Alternative zur gefürchteten Idee einer sozialistischen Ordnung immer stärkere Anziehungskraft. Die lachenden Erben dieser nationalistischen Agitation, die sich in einer erbitterten Bekämpfung des verhaßten »Systems« von Weimar erschöpfte, waren am Ende die Nationalsozialisten. Sie waren die eigentlichen Gewinner in diesem ideologischen Krieg gegen die demokratische Republik von Weimar, die aus der Sicht der traditionellen Rechten alle jene negativen Züge besaß, die man vor und nach 1914 den angeblich von materialistischem Geiste beherrschten westlichen Demokratien zugeschrieben hatte.

Am 21. März 1934, dem sog. »Tag von Potsdam«, an dem Hitler und Hindenburg erstmals öffentlich einander die Hände schüttelten und die konservativen Eliten und die nationalsozialistische »Bewegung« ihren Frieden miteinander schlossen, erklärte der Pfarrer der traditionsreichen Garnisonskirche in Potsdam in seiner Festpredigt, daß dieses Ereignis einer »Wiedergeburt des ›Geistes von 1914‹« gleichkomme.[19] Die Absolutsetzung der deutschen Nation, die Verteufelung aller jener Gruppen der Gesellschaft, die sich dem Diktat eines rassistischen Systems nicht zu fügen bereit waren, und die Glorifizierung des Krieges erreichten mit dem »Tag von Potsdam« einen neuen Höhepunkt. Es war nur eine Frage der Zeit, wann Hitler den schon lange geplanten großen europäischen Krieg vom Zaune brechen werde, der dem deutschen Volk neuen Lebensraum im Osten verschaffen, vor allem aber die Herrschaft der germanischen Herrenrasse in Europa auf Dauer stellen würde.

Von nun an war der Fortbestand des Europäischen Hauses unmittelbar in Frage gestellt; die extremen politischen Kräfte, die 1914 erstmals massiv in Erscheinung getreten waren, hatten eine neue, noch ungleich zerstörerischere Qualität angenommen. Nur fünf Jahre später, am 1. September 1939, kam es dann zum Ausbruch des Zweiten Weltkriegs, der nicht allein aus der Sicht Adolf Hitlers, sondern auch vieler seiner Gefolgsleute aus den alten wilhelminischen Eliten, in einer erneuten, noch ungleich gewaltigeren Kraftanstrengung des »geeinten« deutschen Volkes und mit noch ungehemmterer Brutalität das Rad der Geschichte wieder zurückdrehen und die Niederlage im Ersten Weltkriege nachträglich ungeschehen machen sollte. Man könnte auch sagen, daß die geschichtliche Entwicklung der deutschen Nation wieder auf das Gleis des »deutschen Sonderwegs« zurückgebracht werden sollte. Jedenfalls aber hat die Ideologie des »deutschen Sonderwegs« wesentlich dazu beigetragen, daß die Machtergreifung des Nationalsozialismus und seine parasitäre Ausbreitung über die ganze überkommene politische Kultur der Deutschen allererst möglich geworden ist.

Anmerkungen

1 Karl Alexander von Müller, Mars und Venus. Erinnerungen 1914–1916, Stuttgart 1954, S. 18f.
2 Ebd., S. 144.
3 Für die Rolle der Hochschullehrer bei der Formierung der »Ideen von 1914« siehe Klaus Schwabe, Wissenschaft und Kriegsmoral. Die deutschen Hochschullehrer und die politischen Grundlagen des Ersten Weltkrieges, Göttingen 1969, S. 19–45. Eine meisterhafte Analyse der Rolle der Philosophen findet sich bei Hermann Lübbe, Politische Philosophie in Deutschland. Studien zu ihrer Geschichte, Stuttgart 1963, S. 173–238. Für die Rolle der Soziologen siehe Hans Jonas, Die Klassiker der Soziologie und der Erste Weltkrieg. Erlanger Antrittsvorlesung vom 2. 8. 1988 (Manuskript).
4 Vgl. Schwabe, S. 22f.
5 1. Kriegsheft der Süddeutschen Monatshefte, »Nationale Kundgebung der deutschen und österreichischen Historiker«, 1914, S. 800.
6 Deutsche Reden in schwerer Zeit, Berlin 1914, S. 206f.
7 MWG I/15, S. 462.
8 Ebd., S. 777f.
9 Deutschlands innere Wandlung. Rede am 7. November 1914, Straßburg 1914, S. 9, S. 11, und passim.
10 So die Frankfurter Zeitung in einem kritischen Artikel über die »Ideen von 1914« vom 24. Dezember 1914; abgedruckt bei Johann Plenge, 1789 und 1914. Die symbolischen Jahre in der Geschichte des politischen Geistes, Berlin 1916, S. 171–175.
11 Ebenda, S. 15.
12 Werner Sombart, Händler und Helden. Patriotische Besinnungen, München und Leipzig 1915, S. 92.
13 Ebenda, S. 142.
14 Ebenda, S. 143.
15 Ernst Troeltsch, Die deutsche Freiheit, Berlin 1915, S. 28.
16 Friedrich Naumann, Die Freiheit in Deutschland, Manuskript aus dem Jahre 1917, in: Werke, herausgegeben von Theodor Schieder, Opladen 1963ff., Bd. 2, S. 455, 460.
17 Johann Plenge, 1789 und 1914, S. 15.
18 MWG I/15, S. 660 (Bericht des Fränkischen Kuriers).

19 Ich verdanke diesen Hinweis Herrn Jeffrey Verhey, der an der Universität Berkeley gegenwärtig eine Dissertation über »›The Spirit of 1914‹. Public Opinion and Integral Nationalism in Germany during World War I« vorbereitet.

Die Vergangenheit, die nicht vergehen will

Auseinandersetzung oder Schlußstrich? (1987)

Ich möchte eingangs mit Dank an Herrn Habermas vermerken, daß das Thema dieses kleinen Beitrags auf ihn zurückgeht, mit nur geringfügigen Modifikationen meinerseits. Es scheint mir Grundprobleme des »Umgangs der Deutschen mit ihrer Geschichte« in optimaler Weise anzusprechen. Es handelt von der Mächtigkeit der Vergangenheit über die Lebenden, auch und gerade dann, wenn diese es vorziehen, ihre eigene Vergangenheit zu vergessen oder zu versuchen, sich aus ihr gleichsam fortzustehlen. Es spricht die Frage an, ob und in welchem Sinne es möglich, ja sogar geboten sein kann, einen Schlußstrich unter die Vergangenheit zu ziehen, sei es, um uns von deren Last zu befreien, sei es, um nüchtern und unbefangen einen neuen Weg einschlagen zu können.

Diese Probleme bestehen für uns Deutsche nicht erst in unserer Gegenwart, sondern sie sind in besonderem Maße Bestandteil unserer eigenen, durch Diskontinuitäten und Umbrüche ausgezeichneten Geschichte. Die Deutschen hatten immer schon Schwierigkeiten, mit ihrer Geschichte zurechtzukommen, jedenfalls seitdem sie sich, dem Zeitgeist des 19. Jahrhunderts entsprechend, der Überzeugung verschrieben hatten, daß die vollendete Entfaltung der deutschen Kultur und der Eigenart der Deutschen nur in einem machtvollen Nationalstaat erreichbar sein werde. Selbst der von Bismarck begründete »unvollendete Nationalstaat«, den manche der Zeitgenossen, wie der Historiker Heinrich von Sybel, »als aller irdischen Güter höchstes« priesen, blieb hinter den Idealen der Einheitsbewegung um einiges zurück.

Nicht nur, daß er nur einen Teil derjenigen umfaßte, die sich als Deutsche betrachteten. Mehr noch, in ihm gab es Deutsche minderen Rechts, wie anfangs der katholische Volksteil und späterhin die Sozialdemokraten. Umgekehrt wurden die Polen wie auch Dänen und Lothringer einer rigorosen Politik der Germanisierung unterworfen, weil, wie man glaubte, der homogene, geschlossene nationale Machtstaat das Ziel der Geschichte darstelle.

Das deutsche Kaiserreich war ein Zwitterprodukt einer konservativen Revolution von oben und den Bemühungen der bürgerlichen Schichten um die Schaffung nationaler Einheit in rechtlich gesicherter Freiheit. In den Jahren nach 1871 und dann definitiv seit der Tendenzwende von 1879 zog es die große Mehrheit der Deutschen vor, einen Schlußstrich unter die Auseinandersetzungen der vergangenen Jahrzehnte zu ziehen, die eine freiheitliche und liberale Lösung der deutschen Frage zum Ziele gehabt hatten, und sich in dem *status quo* eines halbkonstitutionellen Systems häuslich einzurichten, zumal den bürgerlichen Schichten in wirtschaftlichen Fragen weitgehend freie Hand gelassen wurde. Es kam zu einer Umstilisierung der deutschen Geschichte, die die bestehenden Verhältnisse als den gleichsam natürlichen Endpunkt einer langen preußisch-deutschen Entwicklung deutete, im Sinne der borussischen Geschichtslegende. Die deutsche Geschichte wurde gleichermaßen weitgehend reduziert auf eine angeblich geradlinige Entwicklung von Friedrich dem Großen (dessen universalistische Ausrichtung als Aufklärer und Philosoph freilich nicht recht in dieses Schema paßte) zu Otto von Bismarck, unter weitgehender Ausblendung der älteren Traditionen, die an dem deutschen Nationalcharakter gerade die reiche Pluralität seiner politischen und kulturellen Gestaltungen gerühmt hatten. Friedrich Meinecke gab dieser Geschichtsdeutung in seinem außerordentlich einflußreichen Buch *Vom Weltbürgertum zum Nationalstaat*, das eben noch vor Ausbruch des Ersten Weltkriegs erschienen war, die geistesgeschichtliche Sanktionierung; im Wilhelminischen Deutschland habe der »Geist von Weimar«, so meinte er, seine Symbiose mit der Idee des deutschen nationalen Staates gefunden.

Dieser »Schlußstrich« unter die umkämpfte Vorgeschichte des Kaiserreichs samt der wiederholten Anläufe zu einer liberalen Gestaltung der politischen und sozialen Verhältnisse kam einer teilweisen Ausblendung der geistigen und politischen

Auseinandersetzungen über den richtigen Weg der Deutschen inmitten der europäischen Völkergemeinschaft aus der deutschen Geschichte gleich. Die Deutschen waren am Ende stolz, einen eigenständigen »Sonderweg« zwischen westlicher, angeblich materialistischer Demokratie und östlicher Autokratie gefunden zu haben. Minderheitsmeinungen und rivalisierende Geschichtsbilder hatten dieser herrschenden, behördlich gestützten und geförderten Meinung gegenüber wenig Chancen, etwas auszurichten, zumal sie vielfach, wie das sozialdemokratische Geschichtsdenken, sich des hegemonialen Einflusses der herrschenden nationalgeschichtlichen Lehre nicht zu entziehen vermochten, ja vielfach gar nicht entziehen wollten.

Am Ende holte die Geschichte die Deutschen freilich gleichsam wieder ein. Die Verengung des historischen Horizonts in den späteren Jahrzehnten des Kaiserreichs auf eine einseitig auf den nationalen Machtstaat ausgerichtete Sichtweise, unter weitgehender Vernachlässigung der europäischen Dimension deutscher nationaler Existenz, wie sie bis 1867 jedermann geläufig gewesen war, trug wesentlich dazu bei, daß sich die führenden Schichten der Nation, um eine Definition Joseph Schumpeters zu variieren, einem objektlosen imperialistischen Expansionismus verschrieben, der dann in den Ersten Weltkrieg einmündete. Und das Versäumnis, rechtzeitig demokratische Reformen im Innern in Angriff zu nehmen, führte dazu, daß der Erste Weltkrieg in Zusammenbruch und Revolution endete.

Nach 1918 wiederholte sich das Debakel von 1871 gleichsam mit umgekehrten Vorzeichen. Die Deutschen zeigten sich nicht willens und fähig, die eigene Lage mit jener Nüchternheit und Unbefangenheit zu sehen, wie sie in Krisensituationen der Geschichte gemeinhin nötig ist. Sie weigerten sich, die Realität der militärischen Niederlage anzuerkennen und daraus die entsprechenden Folgerungen zu ziehen. Im Gegenteil, die Schuld an der Niederlage wurde der politischen Linken zugeschoben. Nicht das militärische und politische Fehlverhalten der Führungsschichten des alten Regimes, sondern die Revolution habe die Niederlage verschuldet, so hieß es, in krasser Verkehrung des tatsächlichen Ablaufs. Ganz ebenso betrachteten weite bürgerliche Kreise die demokratische Verfassung von Weimar als gleichsam von den Siegermächten oktroyierte Ordnung. Max Weber hatte schon 1917 die Sorge gehabt, daß eben dies passieren könnte: »...im Inland wird es künftig heißen: ›Das Ausland hat uns die Demokratie aufgezwungen‹. Es ist eine elende Geschichte«.[1] Genauso ist es dann auch gekommen.

Die Deutschen der Weimarer Republik scheuten sich, der eigenen jüngeren Vergangenheit mit offenem Visier entgegenzutreten und waren schon deshalb nicht in der Lage, kritisch mit den Fehlern der Zeit des Kaiserreichs abzurechnen und daraus die entsprechenden politischen Folgerungen zu ziehen. Selbst die Sozialdemokraten meinten, in falsch verstandener nationaler Solidarität von einer offenen und entschiedenen Distanzierung von der Politik der vorangegangenen kaiserlichen Regierung Abstand nehmen zu müssen. Dies zeigte sich insbesondere in der Behandlung der Kriegsschuldfrage. Die Bekämpfung der sogenannten Kriegsschuldlüge wurde von einer ganzen Generation deutscher Historiker gleichsam als eine nationale Pflicht betrachtet, und auch die republikanischen Regierungen, nicht zuletzt Gustav Stresemann selbst, hielten es für nötig, erforderlicherweise eine wirklich unbefangene, scharf mit der kaiserlichen Regierung ins Gericht gehende Untersuchung der Vorgänge nach Möglichkeit hintanzuhalten. Subjektiv waren die Deutschen in ihrer großen Mehrheit davon überzeugt, am Ausbruch des Ersten Weltkriegs keinerlei Schuld zu tragen. Eine Mischung aus nationaler Gesinnung und Residuen obrigkeitlichen Denkens hinderte sie daran, wirklich genauer hinzuschauen.

Es paßt dazu, daß es nicht zu einer Revision des bisherigen Geschichtsbildes von neugewonnenen demokratischen Grundsätzen aus kam. Vielmehr wurde das geistige Klima der Weimarer Republik beherrscht von einer Idealisierung des deutschen Kaiserreichs. Aus den 20er Jahren stammt die große, ledergebundene Ausgabe der Werke Otto von Bismarcks, stammt die große Mehrheit der die historische Rolle des Reichsgründers verklärenden Biographien. Eine kleine Minderheit von Intellektuellen, wie beispielsweise Ernst Troeltsch, Gustav Radbruch, Hermann Kantorowicz und unter den Historikern Ernst Ziekursch und der noch junge Eckart Kehr, wandten sich gegen dieses herrschende Geschichtsbild wilhelminischer Observanz, in dem Bemühen, einer geistigen Einwurzelung der demokratischen Neuordnung den Boden zu bereiten, doch blieb ihr Wirken am Ende nahezu ohne jeden Erfolg. Troeltsch' Plädoyer für einen Brückenschlag zwischen der deutschen geistigen Tradition und dem westeuropäischen Denken blieb fast ohne Nachfolge; den Bestrebungen von konservativer Seite, so beispielsweise des jungen Hans Rothfels, mit den osteuropäischen Nachbarn ein besseres nachbarliches Verhältnis zu begründen, war kaum mehr Erfolg beschieden: Polenfeindschaft blieb eine der Konstanten der außenpolitischen Orientierung der öffentlichen Meinung, als ob es die Polenbegeisterung des deutschen Liberalismus nie gegeben hätte. Karl Alexander von Müller traf den Zeitgeist viel genauer, wenn er 1926 meinte, daß es eine schwere Verfehlung der Nation gewesen sei, Bismarck 1890 einfach gehen zu lassen; mit Deutschland würde es erst dann wieder aufwärts gehen, wenn ein neuer »Führer« vom Range Bismarcks an seine Spitze trete.

Unter diesen Umständen hatte der demokratische Neubeginn von Weimar von Anbeginn nur geringe Überlebenschancen. Er war überschattet nicht so sehr von der Vergangenheit selbst, aber von dem Bild, das sich die Deutschen in ihrer übergroßen Mehrheit von dieser Vergangenheit machten und an dem sie mit bemerkenswerter Hartnäckigkeit festhielten. Demgemäß konnte es einen Schlußstrich unter die autoritären und imperialen Traditionen des Kaiserreichs, der es ermöglicht hätte, auf neuen Grundlagen zu bauen, nicht geben. Vielmehr wurden alle Mängel der Gegenwart dem »Diktat« von Versailles und der Linken zugeschoben.

Ganz im Gegenteil, damit war der Boden bereitet für den Versuch der Nationalsozialisten, das Rad der Geschichte noch einmal wieder zurückzudrehen und erneut zu versuchen, die Hegemoniestellung der Deutschen in Europa und darüber hinaus mit militärischen Gewaltmitteln zu erzwingen, nun freilich mit ungleich gigantischeren Maßstäben und mit einem in der neueren Geschichte bislang unbekannten Maß von Brutalität, das jede Rücksichtnahme auf das Lebensrecht anderer Nationen als sentimental verwarf.

Die fehlende Bereitschaft, ja Unfähigkeit der Deutschen, eine wirkliche Auseinandersetzung mit ihrer eigenen Vergangenheit zu wagen und sich statt dessen mit einer vordergründigen Idealisierung des Kaiserreichs zu begnügen, endete dergestalt in einer Katastrophe weltweiten Ausmaßes. Gewiß waren die Nationalsozialisten nicht einfach nur die Vollstrecker wilhelminischer machtpolitischer Träume, die sich in der kurzen Periode der Weimarer Zeit erhalten, ja teilweise gesteigert hatten; aber sie hatten ihre eigene Politik auf das verbreitete Wunschdenken und den fehlenden Sinn für die europäischen Bedingungen der Existenz des deutschen Nationalstaats ebenso aufbauen können wie auf die antiliberalen Stimmungen und den vulgären Antimarxismus in breiten Schichten der Bevölkerung.

Der Zusammenbruch des nationalsozialistischen Herrschaftssystems im Zuge der militärischen Niederlage 1945 beließ den Deutschen nicht die Möglichkeit, sich über die eigene Geschichte weiterhin Illusionen zu machen. In gewisser Hinsicht kamen die Ereignisse von 1945 einem tatsächlichen Schlußstrich nahe, insofern wenigstens als sie zu einer intensiven Auseinandersetzung über die eigene Vergangenheit Anlaß gaben. Der demokratische Neubau in den westlichen Zonen des ehemaligen Reiches setzte nicht nur eine Distanzierung von der eben zu Ende gegangenen nationalsozialistischen Gewaltherrschaft voraus, sondern auch eine Neuorientierung, die mit der Tradition des »deutschen Sonderwegs« brach und sich westlichen gesellschaftlichen und verfassungspolitischen Idealen entschlossen öffnete. Dieser Prozeß hat sich freilich weit langsamer und zögerlicher vollzogen, als es im nachhinein der Fall zu sein scheint. Im Anfang mußte weitgehend auf das demokratische Restpotential zurückgegriffen werden, wie es sich aus der Spätzeit der Weimarer Republik erhalten hatte; die übergroße Mehrzahl der Gründerväter der Bundesrepublik war schon in der Weimarer Zeit politisch aktiv gewesen, zumeist auf der linken Seite des damals weit ausgezogenen politischen Spektrums, und griff 1948 auf ihre damaligen Erfahrungen zurück.

Erst allmählich kam eine gründliche Auseinandersetzung mit

der jüngeren deutschen Geschichte in Gang, die sich bewußt das Ziel setzte, die Residuen autoritärer und nationalistischer Einstellungen geistig zu überwinden und dergestalt die Grundlagen für eine neue demokratische Ordnung zu legen. Doch wird man sagen müssen, daß diese entschlossene revisionistische Strömung, die sich am Vorbild der westeuropäischen Entwicklung zur modernen demokratischen Gesellschaft orientierte, diese zuweilen beträchtlich idealisierend, erst seit Ende der 50er Jahre wirklich auf breiter Front zum Tragen kam; bis dahin hatten sich, vielfach unter dem Deckmantel politischen Detachements, konservative Einstellungen in vielfältigster Weise erhalten, wie sich etwa am Beispiel der seit 1959 geführten erbitterten Debatte über den Charakter des deutschen Kaiserreichs nachweisen ließe.

Der Einlebung dieser neuen Denkweisen kam zugute, daß sich die breiten Massen der Bevölkerung nach 1945 überwiegend in einen geistigen Zustand relativer Geschichtslosigkeit geflüchtet hatten. Nur die traumatische Verdrängung der jüngsten Vergangenheit, in die man in vielfältiger Weise verflochten gewesen war, zuweilen nicht ohne eigene schuldhafte Verstrikkung, ermöglichte es ihnen, mit den drängenden Problemen des Tages fertig zu werden; eine pragmatische Einstellung gegenüber den politischen Fragen, die von unmittelbaren Problemen des physischen Überlebens überschattet waren, war die Regel. Später kam eine entschiedene Frontstellung gegen das kommunistische System hinzu, das sich unter sowjetischer Herrschaft in der sogenannten »Ostzone« entwickelte; unter diesen Umständen schien es um so mehr geboten zu sein, sich westlichen politischen Idealen anzupassen. Hermann Heimpel sprach damals vom »Verlust der Geschichte« als einer für diese Generation der Deutschen typischen Grundhaltung; und dies wurde dann durch andere Faktoren, wie das Vordringen eines rein szientistischen gesellschaftlichen Denkens, noch verstärkt. Infolgedessen kam es, abseits des Wissenschafts- und Bildungsbetriebs, zu einem teilweisen Abriß des Kommunikationsprozesses zwischen den Generationen.

Schon seit einigen Jahren wird in der Bundesrepublik über die Geschichtsmüdigkeit und die mangelnde Sozialisation der jüngeren Generation lebhaft Klage geführt. Dies hat jüngsthin zu dem verbreiteten Bestreben Anlaß gegeben, durch eine Belebung des geschichtlichen Denkens und Wissens den Deutschen wieder zu einer eigenen nationalen Identität zu verhelfen, die sie verloren hatten oder doch verloren zu haben schienen.

Ganz abgesehen davon hat sich die Situation grundlegend verändert. Im Zuge der Schwächung des Ansehens der szientistischen Disziplinen, die einem Prozeß der Modernisierung mit mehr oder minder technokratischen Mitteln das Wort geredet hatten, aber auch der teilweisen Diskreditierung des romantischen Neo-Marxismus der 60er und frühen 70er Jahre, ist es auf breiter Front zu einer Neubelebung des Interesses an der Vergangenheit gekommen. Je verhüllter sich uns die Zukunft darstellt, und je weniger sich die herrschenden Ideologien und Lehrmeinungen als generell dazu fähig erweisen, eindeutige Handlungsanweisungen für die Probleme unserer Gegenwart zu geben, desto stärker besteht die Neigung, in der Rückwendung auf die Vergangenheit sich des eigenen geistigen Standorts und der eigenen Wertposition neu zu vergewissern. Dies gilt auch für die deutsche Geschichte. Das Trauma, das eine ältere Generation von Deutschen lange veranlaßte, über die eigene jüngste Geschichte und damit vielfach über Geschichte überhaupt zu schweigen, ist heute gebrochen. Ebenso sind die Tabus schwächer geworden, die viele veranlaßten, über bestimmte Aspekte der deutschen politischen Tradition, so beispielsweise über antisemitische Tendenzen, überhaupt nicht zu reden.

Die sich wieder öffnende Büchse der Pandora birgt freilich viel, was man sich nicht ohne weiteres wünschen würde. Manche, die in den vergangenen Jahrzehnten nichts hinzugelernt haben, beginnen wieder zu reden wie eh und je. Andere wünschen nichts sehnlicher, als die große Cäsura der deutschen Geschichte von 1933–1945, wenn nicht vergessen zu machen, so doch in ihrer Bedeutung herabzumindern. Wenn sich denn schon für die jüngere deutsche Geschichte nicht Normalität beanspruchen läßt, so möchte man doch die Exzeptionalität der Herrschaft des Nationalsozialismus erneut so stark wie möglich herausgearbeitet sehen, allein schon der möglichen politischen Konsequenzen wegen. Eben dieser, vielfach von politischer Seite offen akzentuierte Wunsch hat manchen Forschungskontroversen über das Wesen des Nationalsozialismus bzw. der deutschen Variante des Faschismus ihre besondere Schärfe verliehen.

Insbesondere aus dem Lager der Politik kommt verbreitet der Wunsch, es möge doch endlich ein Schlußstrich unter diese schrecklichen Dinge gezogen werden, für die die gegenwärtig bestimmenden Generationen der Deutschen in der Bundesrepublik ohnehin nicht mehr verantwortlich gemacht werden könnten. Und zuweilen heißt es gar, daß nur die »Altgewordenen« unter den Historikern, »die von ihrem Altwerden nichts wissen wollen«, weiterhin deutsche Geschichte unter dem idealen teleologischen Zielpunkt von 1945 schrieben, während es doch darum gehe, für eine Generation zu schreiben, der Hitler nichts Besonderes mehr bedeute; heute müsse es darauf ankommen, über diesen Zielpunkt hinauszudringen und Geschichte als Vorgeschichte der Bundesrepublik zu schreiben, um den Deutschen, genauer besehen den Bürgern der Bundesrepublik, wieder zu einer historisch gesicherten Identität ihrer selbst zu verhelfen. Auf der Suche nach der Identität der Deutschen unserer Tage, so wird anderwärts empfohlen, liege es nahe, jene Kontinuitäten deutscher Geschichte, die die Deutschen nach 1945 als verderblich erkannt und entschlossen abgebrochen haben, gegen andere Kontinuitäten auszuwechseln, deren wir uns nicht (oder doch jedenfalls nicht in einem besonderen Maße) zu schämen haben, sondern die vielmehr zur Neubegründung eines besonderen Nationalstolzes der Deutschen tauglich sein könnten, wie beispielsweise die erstaunlichen wirtschaftlichen Leistungen des späten Kaiserreichs oder die »positiven«, auf selbstlosen Dienst an Staat und Gesellschaft ausgerichteten historischen Hervorbringungen Preußens oder die positiven Leistungen der deutschen Wissenschaft in der Zeit des Wilhelminismus. Nicht zufällig ist es neuerdings wieder populär geworden, die Frage zu stellen, ob das Kaiserreich autoritär gewesen sei, um die Antwort herauszulocken, daß unsere Urgroßväter und Großväter zwar entschieden autoritär, aber eigentlich doch gar nicht so schlimm gewesen seien. »Gerechtigkeit für die Großväter und Urgroßväter«, so lautet die Parole. Allerorten ist der Ruf nach Harmonisierung, nach einem Friedensschluß mit der deutschen Vergangenheit auf einer mittleren Linie wohlwollender Versöhnlichkeit zu vernehmen. Die alte, konservative Lehre, daß eigentlich nur die Mittellage des Deutschen Reiches inmitten rivalisierender Mächte für die vergleichsweise autoritätsorientierte Ausrichtung der deutschen Geschichte und deren schließliche Abweichung vom Normalwege verantwortlich gewesen sei, feiert wieder Urständ, und es fehlt in diesem Zusammenhang nicht an dem Hinweis, daß die Deutschen nun einmal nichts dafür könnten, daß sie in der Mitte Europas geboren seien.

Es ist gewiß richtig, daß die revisionistische Kritik an den autoritären und polizeistaatlichen Zügen der deutschen Geschichte des 19. und frühen 20. Jahrhunderts bisweilen um einiges über das Ziel hinausgeschossen ist. Ebensowenig ist zu bestreiten, daß der vergleichsweise autoritäre Charakter des deutschen Typs der Modernisierung, verglichen mit der tatsächlichen und nicht bloß der idealiter postulierten Entwicklung der westlichen demokratischen Staatenwelt (von jener Süd- und Südosteuropas einmal ganz abgesehen) in relativ milderem Licht erscheint als dies bisher in den einschlägigen Darstellungen der Fall war. Desgleichen wird man nicht behaupten können, daß der »deutsche Sonderweg« zwangsläufig oder auch nur mit hinreichender Wahrscheinlichkeit in der nationalsozialistischen Gewaltherrschaft der Jahre 1933–1945 enden mußte. Aber ebensowenig wird es angehen, diese Periode als eine exzeptionelle Phase der Entwicklung gleichsam wieder aus der deutschen Geschichte hinauszukomplimentieren, als einer Sonderentwicklung, der wir uns nicht eigentlich mehr zu schämen brauchen, und andere Anknüpfungspunkte für die Vorgeschichte der Bundesrepublik zu suchen, (die sich dann vielleicht am ehesten im späten Kaiserreich finden ließen).

Wir selbst mögen es vielleicht ganz bequem oder sogar gut finden, wenn in solcher Weise ein Schlußstrich dieser Art unter die Ära des Nationalsozialismus gezogen würde, der es uns erlauben würde, nicht länger immer wieder mit diesen irritierenden Dingen befaßt werden zu müssen. Aber die anderen Völker werden uns dies gewiß niemals abnehmen. Ganz abgesehen davon wäre eine solche geistige Haltung, so praktisch sie sich im Sinne der Kreation einer neuen deutschen Identität auch ausnehmen würde, zutiefst unglaubwürdig. Nur in beständiger Auseinandersetzung mit den unterschiedlichen, einander in schärfster Weise widerstrebenden Traditionen der deutschen Geschichte läßt sich ein überzeugendes Geschichtsbild begründen und späteren Generationen weitergeben. Wir sollten es im übrigen dabei bewenden lassen, daß eine freiheitliche Ordnung im westlichen Deutschland nur im Bruch mit wesentlichen Elementen der deutschen Tradition und freier Aneignung westeuropäischer und amerikanischer Vorbilder möglich gewesen ist. Die Vorgeschichte der Bundesrepublik als eines deutschen Teilstaats ist in sehr wesentlicher Hinsicht europäischer Natur; die Option für eine entschiedene Westorientierung der Politik der Bundesrepublik, die, wie wir heute wissen, durch die internationalen Verhältnisse keineswegs einfach determiniert war, bedeutete auch den geistigen Anschluß an die politischen und geistigen Traditionen des Westens, unter Hintansetzung mancher Elemente der deutschen Geschichte im engeren Sinne. Dies sollten gerade jene zur Kenntnis nehmen, die sich in der politischen Nachfolge Konrad Adenauers fühlen. Die Anerkennung dieses Tatbestandes der europäischen Dimension der Entscheidungen seit 1947 bedeutet freilich nicht notwendig einen totalen Bruch mit der deutschen Tradition, allein schon deshalb, weil die deutsche Geschichte immer schon in einem höheren Maße als jene anderer Nationen auch europäische Geschichte gewesen ist, aber auch wegen der Mannigfaltigkeit der politischen Gestaltungen und Traditionen auf deutschem Boden seit dem 18. Jahrhundert. Statt dem heute vorwaltenden Bedürfnis nach Harmonisierung unseres geschichtlichen Erbes nachzugeben, sollten wir uns daher der Pluralität der politischen und kulturellen Gestaltungen im Schoße der deutschen Nation im Verlaufe der letzten Jahrhunderte in besonderem Maße bewußt bleiben. Zugleich aber sollten wir die Einbettung der deutschen Entwicklungen in die europäischen und in die welthistorischen Entwicklungen in stärkerem Maße betonen, als dies jüngsthin wieder der Fall ist, in einer Art von historischer Nabelschau, die der heutigen Rolle der Bundesrepublik in der westlichen Welt nicht länger angemessen ist und eigentlich noch nie angemessen war.

Anmerkung

1 Zitiert bei W. J. Mommsen, Max Weber und die deutsche Politik, 2. Auflage, Tübingen 1974, S. 280.

Die Deutschen und ihre Nation

Geschichtsschreibung und politisches Bewußtsein in der Bundesrepublik [1] (1987)

In der unmittelbaren Nachkriegszeit bestand in weiten Teilen der deutschen Öffentlichkeit die Tendenz, vor der eigenen Geschichte, die mit bedrückenden Momenten kollektiver Schuld und vielfach gar persönlicher Verstrickung verknüpft war, gleichsam wegzutauchen. Jedenfalls war die unmittelbare Vergangenheit etwas, über das man lieber nicht sprach und mit der man sich nur begrenzt auseinanderzusetzen bereit war. Es kam darüber, wie u. a. Friedrich Tenbruck festgestellt hat, zu einem teilweisen Abriß des historischen Bewußtseins. Die natürliche Kommunikation zwischen den Generationen über die eigene Geschichte schien gestört, und das Gespräch zwischen Vätern, Söhnen und Enkeln über das gemeinsame historische Erbe wurde in nur unvollkommener Weise geführt.[2] Namentlich die jüngste Geschichte erschien weithin tabuisiert – ungeachtet der Tatsache, daß die historische Forschung, aber auch die Publizistik sich dieser Fragen durchaus mit großer Intensität annahm. Sie erreichte, so scheint es, nur die professionell an diesen Fragen Interessierten und teilweise die Politiker, hingegen nur begrenzt das allgemeine Publikum; das neigte vielmehr dazu, über die Ereignisse insbesondere der jüngsten Geschichte zu schweigen und diese, wo immer möglich, aus der allgemeinen deutschen Geschichte auszugrenzen.

In den ersten Jahren nach 1945 bestand auch unter den Historikern vielfach die Tendenz, Themen, die unmittelbar tagespolitische Bedeutung besaßen, tunlichst zu meiden und die Fragen der deutschen Geschichte vornehmlich vor universalhistorischem Hintergrund anzugehen; Jakob Burckhardt, Alexis de Tocqueville und Leopold von Ranke erschienen als die großen Vorbilder einer Geschichtsschreibung, die sich von tagespolitischen Engagements möglichst frei hielt. Ansonsten beherrschten konservative und liberal-konservative Positionen, die schon in der Weimarer Zeit formuliert worden waren, das Feld. Hans Rothfels' Interpretationen Bismarcks als eines europäischen Staatsmanns, der mit den nationalistischen Massenströmungen seiner Zeit nichts gemein gehabt habe, waren außerordentlich einflußreich. Daneben standen Gerhard Ritters Bemühungen, aus dem Schiffbruch der deutschen Geschichte soviel wie nur möglich zu retten und sie gegenüber der westlichen Kritik an den historischen Traditionen Deutschlands zu verteidigen.

Eigentlich erst seit dem Ende der fünfziger Jahre, mit der Neueröffnung der Debatte über die Verursachung des Ersten Weltkriegs durch Fritz Fischer, begann die professionelle Historie mit einer wirklich kritischen Aufarbeitung der jüngeren und jüngsten deutschen Vergangenheit in der teilweise offen deklarierten Absicht, gleichsam den ideologischen Schutt wegzuräumen, der einem festen Einleben demokratischer Traditionen in der Bundesrepublik im Wege stand, zugleich aber auch in dem Bemühen, wieder Anschluß an die historische Forschung in den westlichen Ländern zu gewinnen. Für jene Minderheit der Deutschen, die sich aktiv mit der eigenen Vergangenheit und deren Fehlentwicklungen auseinandersetzte, hatte nicht nur die Weimarer Zeit, sondern gerade auch die Geschichte der Ära Bismarcks und insbesondere die der Ära Wilhelms II. viel von dem Glanz verloren, den diese für die große Mehrheit der älteren, auch nach 1945 noch weitgehend meinungsführenden Generation besessen und trotz der bitteren Erfahrungen von Weimar nie gänzlich verloren hatte. Für sie galt es als ausgemacht, daß nur eine gründliche Revision des deutschen Geschichtsbildes, die schonungslos die autoritären Züge des Kaiserreichs und die antidemokratische Mentalität der Führungsschichten in der Weimarer Zeit offenlegte, das Feld für eine neue, nicht bloß pragmatisch akzeptierte, sondern innerlich vom freien Konsens ihrer Bürger getragene demokratische Ordnung freimachen könne. Der bewußte Anschluß an die liberalen und demokratischen Traditionen des Westens war für diese Generation eine grundlegende moralische Verpflichtung.

Auf historiographischem Felde fand diese Überzeugung ihren Niederschlag gerade in der Kritik an der Ideologie des sogenannten »deutschen Sonderweges« zwischen westlicher, angeblich materialistischer Demokratie und östlicher Autokratie, wie sie sich in der Vergangenheit in vielfältigen Formen artikuliert hatte. Immer schon hatte die Ideologie des »deutschen Sonderweges« das Rückgrat jener antiliberalen und antidemokratischen Positionen gebildet, die eine grundlegende Anpassung der politischen Ordnung an die sich rapide verändernden wirtschaftlichen und gesellschaftlichen Verhältnisse nach westeuropäischem Muster verhindert hatten. Ihre endgültige Überwindung erschien einer breiten Gruppe von liberalen Historikern sowohl innerhalb wie außerhalb Deutschlands als eine vordringliche Aufgabe kritischer historischer Forschung. Im Zuge dieser Bemühungen kam es schrittweise zu einer radikalen Revision des traditionellen deutschen Geschichtsbildes, angefangen mit einer Aufarbeitung der Geschichte des Nationalsozialismus und einer grundlegenden Bestandsaufnahme der Ursachen des Niedergangs der Weimarer Republik, um dann fortzuschreiten mit der Suche nach den antidemokratischen und autoritären Traditionen im deutschen politischen Denken, die zu der nationalen Katastrophe von 1933 und dem Zusammenbruch des Dritten Reiches geführt hatten.

In der historischen Forschung gewannen diese »revisionistischen« Bestrebungen seit den späten fünfziger Jahren zunehmend stärkeren Einfluß. Sie vermochten zeitweilig sogar eine Hegemonialstellung innerhalb der deutschen Geschichtswissenschaft zu erobern. Dies trifft freilich nicht im gleichen Maße für ihre Verankerung innerhalb des institutionellen Wissenschaftssystems zu; hier dominierte weiterhin eine im allgemeinen schweigende Mehrheit stärker traditionalistisch orientierter Historiker. Seit einigen Jahren ist die dominante Stellung dieser betont »revisionistischen« Richtung in der deutschen Historikerschaft im öffentlichen Bewußtsein – wenn schon nicht innerhalb des akademischen Systems selbst – jedoch wieder zunehmend unter Beschuß geraten. Eine Tendenzwende bahnte sich an. Sie war zum Teil innerwissenschaftlich begründet, hatten doch die Revisionisten in dem Bemühen, die antidemokratischen Elemente der deutschen Tradition rein herauszupräparieren, stellenweise ihre Kritik zu weit getrieben. Aber die Entwicklung entsprach zugleich einem neuerwachten Bedürfnis in der Öffentlichkeit nach einer geschichtlichen Verortung des gegenwärtigen Bewußtseins, welche sich nicht mehr nur in negativer Kritik erschöpfen, sondern die positiven Elemente der geschichtlichen Tradition der Deutschen angemessen herausstellen sollte.[3] Einer mittlerweile populär gewordenen Redeweise gemäß wurde der Ruf nach einer neuen nationalen Identität der Deutschen bzw. der Bürger der Bundesrepublik laut, die auf historischer Grundlage gewonnen werden müsse.[4] Thomas Nipperdey machte sich zum Sprecher dieser neuen Tendenzen, wenn er, insbesondere gegen Hans-Ulrich Wehler gewandt, forderte, daß die Geschichtswissenschaft der Bundesrepublik davon abgehen müsse, einseitig die Kontinuitäten der deutschen Geschichte zu betonen, die zum Jahre 1933 hinführten; sie sollte sich statt dessen anderen Kontinuitäten, die die gegenwärtige Wirklichkeit der Bundesrepublik zum Gegenstand haben, gleichermaßen, wenn nicht gar vorzugsweise zuwenden.[5] Darüber hinaus hat insbesondere Michael Stürmer geltend gemacht, daß es von unmittelbarer politischer Bedeutung sei, daß sich in der Bundesrepublik wieder ein einheitliches, konsensfähiges Geschichtsbild herausbilde. Nur Staaten, die über ein geschlossenes und klares Geschichtsbild verfügten, seien für ihre Bündnispartner politisch berechenbar und könnten demgemäß als zuverlässige Bundesgenossen betrachtet werden; eben das gelte für die Bundesrepublik in eminentem Maße.[6]

Inzwischen hat, nach einer langen Krise des »historischen Bewußtseins«, die beispielsweise Alfred Heuß als »Verlust der Geschichte« bezeichnete, die Tabuisierung der jüngeren Vergangenheit im deutschen öffentlichen Bewußtsein einem lebhaften Interesse Platz gemacht – einem Interesse, das so elementar ist, daß sich dessen politische Instrumentalisierung unmittelbar anbietet, sei es im Sinne der Stiftung von Identität im Zeichen der bestehenden politischen und gesellschaftlichen Verhältnisse,[7] sei es zwecks Mobilisierung oder Konsolidierung der Anhängerschaft politischer Parteien und Gruppierungen. Nicht zufällig beobachten wir in diesen Tagen eine zunehmende Tendenz, sich des historischen Bewußtseins zu politischen Zwecken zu bedienen. Die Bundesregierung hat bekanntlich beschlossen, zwei neue historische Museen zu gründen, deren eines, das in Westberlin entstehen soll, der Pflege der deutschen Geschichte von ihren Anfängen zugewandt sein wird, während das zweite, in Bonn zu errichtende Museum die Geschichte der Bundesrepublik anschaulich präsentieren soll. Die mit großer Leidenschaft geführte Kontroverse über diese Museumspläne weist darauf hin, daß hier grundlegende Bewertungsprobleme ins Spiel kommen. Im Regierungslager wird von solchen Projekten eine Stärkung des Identitätsbewußtseins der Bürger der Bundesrepublik erhofft. Umgekehrt besteht im Lager der Opposition die Besorgnis, daß damit der Versuch der Festschreibung eines einseitig nationalkonservativen Geschichtsbildes verbunden sei. Gleichzeitig hat sich vor allen Dingen die Sozialdemokratie seit längerem darum bemüht, das namentlich in der jüngeren Generation erwachte neue Interesse an Lokalgeschichte und an Alltagsgeschichte zur politischen Mobilisierung ihrer Anhängerschaft einzusetzen. Geschichtliches Bewußtsein gilt also wieder als ein Faktor, der für die politische Orientierung des Bürgers von großer Bedeutung ist.

Davon ganz abgesehen zeichnen sich wichtige Veränderungen im historischen Bewußtsein selbst ab, die fraglos in einem Zusammenhang mit aktuellen politischen Interessen und politischen Überzeugungen stehen, aber doch in tiefere Dimensionen hinabreichen. Sie tangieren unmittelbar unser Verständnis vom Wesen der deutschen Nation und zugleich die Frage des historischen Ortes der Bundesrepublik in der deutschen und der europäischen Geschichte. In den fünfziger und sechziger Jahren wäre gewiß niemand auf die Idee gekommen, die Wiederbelebung eines deutschen Nationalbewußtseins zu fordern, geschweige denn ein deutsches nationales Geschichtsmuseum zwecks Stärkung der nationalen Identität der Deutschen zu gründen. Ganz im Gegenteil, noch galt es, die Restbestände älterer nationalistischer und deutschnationaler Traditionen abzustreifen. Im Vordergrund stand vielmehr die wirtschaftliche und politische Integration in den Westen, allerdings ohne damit die Zugehörigkeit der Deutschen der Bundesrepublik zur freilich nicht konkret erfahrbaren und nicht an konkreten territorialen oder sonstigen politischen Tatbeständen festzumachenden deutschen Nation in Zweifel zu ziehen. Die erbitterten Auseinandersetzungen über den deutschen Wehrbeitrag zu einer europäischen Armee und später den Aufbau einer eigenständigen westdeutschen Armee versandeten nahezu folgenlos; sie erwiesen sich als Rückzugsgefechte einer nicht mehr als real empfundenen nationaldeutschen Idee.

Seit etwa der Mitte der siebziger Jahre ist in diesen Dingen ein grundsätzlicher Wandel eingetreten. Die Politik der Westintegration war nicht mehr kontrovers – es sei denn am äußersten linken und am äußersten rechten Rand des politischen Spektrums –, und die Frage der Wiedervereinigung und mit ihr die verpflichtende Kraft der nationalen Idee hatte im Gefolge der Politik der Ostverträge viel von ihrer früheren Sprengkraft verloren. Zudem hatte die innere Kohäsion des politischen und gesellschaftlichen Systems in der Bundesrepublik mit dem Ende des kalten Krieges eine wichtige äußerliche Klammer verloren. Die Studentenbewegung der Jahre nach 1968 hatte signalisiert, daß der bisher in erster Linie auf wachsendem Wohlstand und Abgrenzung zur kommunistischen Diktatur in der DDR beruhende pragmatische politische Konsensus in der Bundesrepublik brüchiger geworden war. Der im Zuge des studentischen Protestes deutlich hervortretende Gegensatz der älteren und der jüngeren Generation hinsichtlich ihrer jeweiligen moralischen Einstellung gegenüber materiellem Wohlstand und politischer Ordnung gab den Anstoß zu der Forderung, dem ersichtlich weit fortgeschrittenen Verlust historischen Bewußtseins unter der jüngeren Generation mit geeigneten Mitteln entgegenzuwirken. Schrittweise wurde die Politik in Sachen des Status des Fachs Geschichte im öffentlichen Schulwesen wieder umgekehrt – natürlich nicht mit kurzfristig wirksamen Ergebnissen.

Demgemäß fand die Diskussion über die Probleme der nationalen Identität eine ganz ungewöhnliche Resonanz im allgemeinen Publikum. Darin kam ein neuer Trend im öffentlichen Bewußtsein zum Ausdruck, der sich nicht einfach nur Gesichtspunkten politischer Opportunität verdankte, obschon diese gewiß eine Rolle gespielt haben dürften, sondern der einem ursprünglichen Bedürfnis nach historischer Vergewisserung des eigenen Selbst entsprang. Die erstaunlichen Erfolge einer ganzen Reihe großer historischer Ausstellungen sprechen in dieser Hinsicht für sich. Von diesen kommt der Preußen-Ausstellung in Berlin vom Jahre 1981 besondere Bedeutung zu, wurde doch damit einem politisch bislang gleichsam zur Unperson erklärten Staate in der Erinnerung zu einem neuen, durchaus positiven – wenngleich nicht ohne kritische Einschläge präsentierten – Status verholfen. In den gleichen Zusammenhang gehört, daß Bücher über bedeutende Persönlichkeiten der deutschen Geschichte nun wieder auf großen Zuspruch seitens des allgemeinen Publikums rechnen durften, selbst dann, wenn sie nicht eigentlich in einer publikumswirksamen Sprache geschrieben waren; ebenso waren Gesamtdarstellungen zur deutschen Geschichte mit einem Male wieder gefragt.

Diese Entwicklung kann, von gleichviel welchem politischen oder weltanschaulichen Standpunkt aus, nur positiv bewertet werden. Allein, im Zusammenhang damit kam es zu einer partiellen Abkehr von den historiographischen Auffassungen, wie sie von der mittleren Generation bundesrepublikanischer Historiker in vielfach enger Fühlungnahme mit der westlichen Forschung erarbeitet worden waren. Es begann damit, daß vom Standpunkt einer neohistoristischen Position aus besonders jener Gruppe von Historikern, die sich um eine Neuinterpretation der jüngeren deutschen Geschichte mit sozialgeschichtlichen Methoden bemüht hatten, vorgeworfen wurde, unangemessen scharf mit der deutschen Vergangenheit ins Gericht gegangen zu sein. Während es für diese Generation unbestritten gewesen war, daß sich historische Forschung explizit an den Grundwerten einer demokratischen Gesellschaft zu orientieren und Geschichte im Lichte dieser offen deklarierten Werthaltungen zu schreiben habe, wurde nun eben genau das bestritten, unter Berufung auf die historistische Lehrmeinung, wonach, wie es bei Leopold v. Ranke heißt, »jede Epoche unmittelbar zu Gott« sei und demgemäß aus ihren eigenen Voraussetzungen heraus verstanden werden müsse. Im gleichen Zusammenhang kam die These vom »deutschen Sonderweg« als einer historiographisch nicht zu rechtfertigenden Absonderung der deutschen von der gesamteuropäischen Entwicklung unter Beschuß.[8] Dies war insofern berechtigt, als das Paradigma vom »deutschen Sonderweg« die tatsächliche politische und gesellschaftliche Entwicklung in den westeuropäischen Nationen, die gleichsam als Folie für die Kritik an der deutschen Entwicklung diente, unangemessen idealisiert hatte. Aber die Polemik gegen die sogenannte Sonderwegsthese unter Berufung auf vergleichbare Phänomene oder Vorgänge in anderen europäischen Ländern zielte vielfach darauf ab, die normative Kraft dieses Modells zu erschüttern und damit die Argumente der »revisionistischen« Geschichtsschreibung, die die deutsche Entwicklung vom Blickpunkt einer demokratischen Gesellschaft kritisch beleuchtet hatte, mehr oder minder zu entkräften. Es gebe viele »Sonderwege«, so lautete nun die Formel, und der »deutsche Sonderweg« sei nur einer von diesen und im großen und ganzen nicht besser und nicht schlechter als jener anderer Völker gewesen.

Darüber hinausgehend hat beispielsweise Klaus Hildebrand schon 1979 die Ansicht vertreten, daß der Preis, der für eine zurückhaltende Politik des Deutschen Reiches in der Mitte Europas hätte gezahlt werden müssen, »rebus sic stantibus die existierende Regierungsform« gewesen sei, »die die Demokratisierung Preußen-Deutschlands bekämpfte«.[9] Mit anderen Worten, nur ein obrigkeitliches Regime hätte das Abgleiten der deutschen Politik in einen aggressiven Imperialismus, der die Bedingungen deutscher Machtpolitik außer acht ließ, verhindern können. Dies lief darauf hinaus, die Sonderwegsthese geradewegs auf den Kopf zu stellen. Nicht durch »einen Mangel an Liberalisierung und Parlamentarisierung«, sondern durch »eher [...] ein ›Zuviel‹ an politischer Partizipation und unkontrollierter Einwirkung der Massen« habe das Deutsche Kaiserreich Schaden genommen.[10]

In die gleiche Richtung weisen die jüngsthin wieder aufgelebten Bestrebungen, die Besonderheiten der deutschen Entwicklung, gemessen am Maßstab der westeuropäischen Völker sowie der Vereinigten Staaten, aus der sogenannten deutschen Mittellage in Europa herzuleiten. Es ist dies ein Erklärungsmodell, das in der Nachbarschaft der klassischen Theorie vom »Primat der äußeren Politik« anzusiedeln ist, also der Lehre, daß ein Staat seine inneren Verhältnisse vor allem so einzurichten habe, wie es die Bedürfnisse seiner Selbstbehauptung gegenüber rivalisierenden Mächten erfordern. Diese Argumentation ist neorankeanischen Ursprungs und weist eine eindeutig antiliberale Stoßrichtung auf; die potentielle Bedrohung des Reiches durch rivalisierende Großmächte habe dieses dazu gezwungen, sich im Innern als autoritär geführter Machtstaat zu organisieren. Es ist höchst fraglich, ob solche Argumente selbst für das 19. Jahrhundert überhaupt stichhaltig sind. Schon Max Weber hat gegenüber solchen Argumenten auf die Überlegenheit parlamentarisch regierter Großstaaten gerade auch in Kriegssituationen hingewiesen. Derartige Erklärungsmodelle bewegen sich im Grunde auf dem Erkenntnisstand der wilhelminischen Epoche, und darüber sollten wir heute doch hinaus sein. Allerdings sei eingeräumt, daß namentlich Michael Stürmer das Argumentationsmodell der Mittellage Deutschlands für unsere Gegenwart insofern als überholt ansieht, als heute durch die feste Bindung der Bundesrepublik an die atlantische Allianz die Mechanismen der Mittellage außer Kraft gesetzt worden seien.[11]

In den gleichen Argumentationszusammenhang gehört, daß jüngst Klaus Hildebrand und Gregor Schöllgen die These wieder aufgenommen haben, wonach der Erste Weltkrieg primär auf den Zusammenbruch der sogenannten Balance of power und die dadurch entstandene bedrängte Lage der Mittelmächte – man denke an die Behauptung von der Einkreisung des Deutschen Reiches – zurückgeführt werden müsse. Dagegen wird den aggressiven Tendenzen, wie sie sich in der Epoche des Hochimperialismus vornehmlich im Deutschen Reich, aber auch in anderen europäischen Großstaaten ausgebildet hatten, nur wenig Gewicht zugemessen. Die deutsche Weltpolitik in den letzten anderthalb Jahrzehnten vor 1914 erscheint vor einer solchen Folie in ungewöhnlich mildem Lichte. Das angeblich bereits im Siebenjährigen Krieg entstandene Trauma der Bedrohung Preußen-Deutschlands durch eine übermächtige Koalition muß dafür herhalten, die These zu begründen, daß die deutsche Politik in der Julikrise 1914 grundsätzlich defensiven Charakter gehabt habe.[12] Es besteht gewiß kein Anlaß, die Politik der anderen Großmächte in wohlwollenden Farben zu schildern, insonderheit nicht jene Österreich-Ungarns und Rußlands. Aber es muß doch überraschen, in welchem Maße die deutsche Strategie in der Julikrise 1914 als von angeblich objektiven mächtepolitischen Konstellationen determiniert dargestellt wird. Von den innenpolitischen Determinanten, die die besondere Aggressivität der deutschen Politik in jenen Jahren auszeichnete, ist demgemäß ebensowenig die Rede wie von der dubiosen Strategie der deutschen Diplomatie, die eine friedliche Lösung des Konflikts von vornherein unwahrscheinlich machte. Vielmehr wird die überwiegende Verantwortlichkeit der kaiserlichen Regierung für die Auslösung des Ersten Weltkriegs nahezu totgeschwiegen. Die deutsche Politik in der Julikrise 1914 sei, so heißt es statt dessen, primär von defensiven Motiven bestimmt gewesen. Dies geschieht ungeachtet des erdrückenden Materials, das Fritz Fischer sowie andere beigebracht haben und welches zeigt, daß die Reichsleitung und vor allem die Militärs 1914 unter dem Druck einer nationalistisch aufgeladenen Öffentlichkeit die Flucht nach vorn in einen europäischen Hegemonialkrieg angetreten haben, in der vagen Hoffnung, günstigstenfalls eine Sprengung des gegnerischen Bündnissystems ohne großen Krieg zu erreichen, womit für die deutsche Weltpolitik die ersehnte, im letzten Jahrzehnt vor 1914 verlorene freie Bahn wiedergewonnen worden wäre. Ebenso hat jüngst die These, die zur Vergiftung einer sachlichen Politik in der Weimarer Zeit mehr als alles andere beigetragen hat, daß nämlich Versailles als ein »tödlicher Fehler der Alliierten« zu werten sei, eine Wiederbelebung erfahren.[13]

Unter vergleichbaren Gesichtspunkten entwickelte sich eine erbitterte Auseinandersetzung über die Rolle Adolf Hitlers innerhalb des nationalsozialistischen Herrschaftssystems. Die zentrale Funktion des Führers in allen entscheidenden Fragen, so namentlich der Politik der Judenvernichtung, wurde vielfach deshalb betont, um politischen Argumentationen der marxistischen Linken mit dem Begriff des Faschismus den Weg zu verlegen, zugleich aber die Verantwortung der deutschen Nation für die schrecklichen Geschehnisse während der nationalsozialistischen Ära in jenen Grenzen zu halten, die die Strategie der Neubelebung eines deutschen bzw. eines bundesrepublikanischen nationalen Bewußtseins aussichtsreich erscheinen ließen.[14]

Im Lichte dieser Beispiele, die sich unschwer vermehren ließen, muß der jüngst in der Bundesrepublik aufgebrochene »Historikerstreit« als Steigerung, wenn nicht als Kulminationspunkt eines schon länger im Gange befindlichen Prozesses angesehen werden, der auf eine mehr oder minder stillschweigende Änderung grundlegender Positionen des historischen Bewußtseins hinausläuft. Ernst Noltes Artikel in der Frankfurter Allgemeinen Zeitung aus Anlaß der Römerberggespräche im Mai des letzten Jahres, in dem von ihm nicht zum ersten Male – hier aber in prägnanter Form – eine Kausalität zwischen dem Archipel Gulag und dem Holocaust behauptet wurde,[15] gab nur die Initialzündung für eine Debatte ab, die eher als Spitze eines Eisbergs zu betrachten ist und gewiß noch nicht ihren Schlußpunkt erreicht haben dürfte, obschon inzwischen in allen Lagern eine gewisse Frontbegradigung vorgenommen worden ist.

Die Periode einer überwiegend in emanzipatorischer Absicht schreibenden Geschichtswissenschaft, die explizit aus der Perspektive eines fundamentalistisch begründeten Demokratieverständnisses die jüngere deutsche Vergangenheit bisweilen höchst kritisch beleuchtete, ist offenbar heute an eine Grenze gestoßen, die eine Neuformulierung überkommener Auffassungen erfordert. Umgekehrt aber gerät die neohistoristische Gegenposition im Zeichen vorgeblicher Objektivität zunehmend auf die schiefe Ebene wilhelminischer Erklärungsmodelle, ohne diese als solche zu erkennen. Bei der Behandlung ethisch und moralisch heterogener historischer Formationen stellt der Neohistorismus, der auf das Verstehen vergangener Ereignisse und Strukturen unter Verzicht auf explizite normative Vorgaben abhebt, seine theoretische Hilflosigkeit unter Beweis.

Dies vor allem läßt sich an Andreas Hillgrubers Studie »Zweierlei Untergang« zeigen.[16] Die zwiespältige und teilweise irreführende Wirkung dieser Abhandlung auf das breite Publikum beruht allerdings zu Teilen darauf, daß es sich hier um eine eilfertige, wenngleich vom verlegerischen Standpunkt gewiß zweckmäßige Buchbindersynthese handelt, die zwei in ganz unterschiedlichen Kontexten entstandene Aufsätze unter einem Titel zusammenfaßt und damit den Eindruck erweckt, als ob hier die Vertreibung der Deutschen aus Mitteleuropa und das damit verbundene Massenelend und die Judenvernichtung gegeneinander aufgerechnet werden sollen, einen Eindruck, dem die knappe Einleitung allerdings nicht ausdrücklich widerspricht, sondern, wenn auch mehr ungewollt, Vorschub leistet. Andreas Hillgruber hat in dieser Studie den Versuch unternommen, dem verzweifelten Abwehrkampf des deutschen Ostheeres seit dem Sommer 1944 eine relative historische Rechtfertigung zuteil werden zu lassen. Zum einen sei es darum gegangen zu verhindern, daß die deutsche Zivilbevölkerung in die Hände der Roten Armee fiel, vor allem aber sei die Verteidigung deutscher Städte im Osten mit der Verteidigung der westlichen Zivilisation überhaupt zusammengefallen. So gesehen sei die Fortführung des Ostfeldzuges nicht nur aus der Sicht der Betroffenen, sondern, was wichtiger ist, auch aus heutiger Sicht gerechtfertigt gewesen.[17] Die Entscheidung Hillgrubers, sich als Historiker mit der Haltung der militärisch und politisch Verantwortlichen zu identifizieren, ist vermutlich durch die historische Tradition suggeriert worden, die schon seit Sybel und Treitschke die Identifikation des Historikers mit seinem Gegenstand als Bedingung der Möglichkeit einer lebensnahen Darstellung vergangenen Geschehens fordert. Hier wird dem »verantwortungsethischen« Standpunkt der Befehlshaber, Landräte und Bürgermeister, »aus deren Sicht alles darauf ankam, wenigstens einen schwachen Schleier von Sicherungen an der ostpreußischen Grenze aufzubauen, um das Schlimmste zu verhindern: die drohende Orgie der Rache der Roten Armee an der deutschen Bevölkerung...«, gegenüber dem »gesinnungsethischen« Standpunkt des Widerstandes der Vorzug gegeben.[18] Diese Entscheidung stürzt Hillgruber freilich in unentwirrbare Bewertungsprobleme. Denn es wird ja durchaus anerkannt, daß nur durch das Halten der Fronten das Fortlaufen der Mordmaschinerie in den Konzentrationslagern ermöglicht worden sei. Darüber hinaus aber führt Hillgruber einigermaßen unvermittelt ein weiteres Bewertungskriterium ein. Die deutschen Armeen hätten zugleich die europäische Kultur gegen den Bolschewismus verteidigt, während die Westmächte Ostmitteleuropa bereits preisgegeben hatten. Der britischen Politik wird ausdrücklich vorgeworfen, daß sie ganz unabhängig von der Notwendigkeit, ein auskömmliches Verhältnis mit der UdSSR zu begründen, von Beginn des Krieges an auf die Zerschlagung Preußens und die Zerstückelung des Deutschen Reiches abgezielt habe. Nur eine starke preußisch-deutsche Hegemonialmacht in der Mitte Europas hätte, so meint Hillgruber, die bolschewistische Flut aufhalten können. Das also dient am Ende als Bewertungsmaßstab, nämlich die konservative Utopie eines starken, autoritär geführten preußisch-deutschen Staates traditioneller Observanz in der Mitte Europas. Obschon dieser Bewertungsmaßstab sozusagen kontrafaktisch eingeführt wird, da realiter dergleichen weder 1919 noch 1933 noch 1944 denkbar gewesen wäre, wird er dazu benutzt, einen erheblichen Teil der Verantwortung – oder sollen wir sagen: »Schuld« – den angelsächsischen Mächten und namentlich Großbritannien aufzubürden, das, ganz unabhängig von der Haltung der UdSSR, schon seit langem unnachsichtig auf die Zerstörung der machtpolitischen Voraussetzungen hingewirkt habe, die es dem Deutschen Reich allenfalls ermöglicht hätten, die Funktion eines Bollwerkes gegen die bolschewistische Flut zu übernehmen. Soll dies heißen, daß am Ende die Sieger des Ersten Weltkriegs ein gerüttelt Maß an Mitverantwortung für die deutsche Misere und die europäische Tragödie des Untergangs des deutschen Ostens tragen? Hillgrubers Ausführungen über die britischen und amerikanischen Planungen während des Zweiten Weltkriegs legen dem Leser förmlich die These nahe, daß die Westmächte, in erster Linie Großbritannien, für den Zusammenbruch Ostmitteleuropas eine wesentliche Mitverantwortung, wenn nicht gar – in längerfristiger Perspektive – die Hauptverantwortung tragen.

Hier feiern Bewertungskriterien, welche man für längst überholt halten sollte, freilich in Vermischung mit durchaus gegenläufigen Argumentationen, fröhliche Urständ, und sei es auch nur, um die Verantwortung für diese in der Tat welthistorisch bedeutsamen Vorgänge (obschon uns Hillgruber in seiner Verurteilung des sowjetischen Systems als der virtuellen Negation europäischer Kultur um einiges zu weit zu gehen scheint) auf mehrere Schultern zu verteilen und damit die deutsche Position in günstigerem Lichte erscheinen zu lassen. Was wundert's, wenn ob solcher Deutungen, die, wie immer ungewollt, Wasser auf die Mühlen der Ewiggestrigen leiten, im ultrarechten Lager begeisterte Zustimmung laut wird.

Hingegen hat Habermas Hillgruber hinsichtlich seiner Beurteilung des Holocaust insofern unrecht getan, als es diesem durchaus nicht um Beschönigung dieser Vorgänge zu tun ist. Nur bleibt das Dilemma unterschiedlicher, miteinander nicht vereinbarer Wertpositionen bestehen. Hillgrubers neuerliche, äußerst polemische Entgegnungen auf Habermas gehen bedauerlicherweise an den grundlegenden Bewertungsproblemen, die Habermas aufgeworfen hat, weitgehend vorüber, obschon die Heteronomie der Bewertungsmaßstäbe, die Hillgruber je nach Objektbereich wechselt, um seinem Gegenstand »gerecht« zu werden, die eigentliche Wurzel dieser Differenzen ist.[19] Durch maßlose Polemik gegen Habermas' Interpretation, der er von vornherein nichts als Böswilligkeit unterstellt und zugleich fachliche Inkompetenz des bloßen Philosophen, verstellt sich Hillgruber selbst den Blick für die grundlegenden Bewertungsfragen, um die es hier geht. Es wäre besser gewesen, er hätte die strittigen Bewertungsmaßstäbe in aller Form gerechtfertigt. Noch weit ärger sind in dieser Hinsicht die Stellungnahmen Hildebrands, die schlichtweg leugnen, daß es sich hier um ernstzunehmende Probleme handelt, und von Frageverboten für die Forschung sprechen, während es sich doch um Bewertungsfragen handelt, wie sie aller historischen Forschung zugrunde liegen.[20] Ohne deren kritische Diskussion kann rationale Wissenschaft überhaupt nicht stattfinden. Man ist versucht, angesichts einer solchen Reaktion vom Elend eines Neohistorismus zu sprechen. Immer dann, wenn es um grundlegende Bewertungsfragen geht, zieht er sich auf ein positivistisches Wissenschaftsverständnis zurück und denunziert jene, die solche Fragen aufwerfen, als unwissenschaftlich, ja als aus bloß politischen Motiven heraus handelnd. Aus der Sicht eines demokratisch verfaßten, an westlichen politischen und moralischen Maßstäben orientierten Staatswesens kann Hillgrubers Bewertung des deutschen Abwehrkampfs im Osten 1944/45 schwerlich akzeptiert werden. Wir kommen um die bittere Wahrheit nicht herum, daß die Niederlage des nationalsozialistischen Deutschland nicht nur im Interesse der von Hitler mit Krieg überzogenen Völker und der von seinen Schergen zur Vernichtung oder Unterdrückung und Ausbeutung ausgesonderten Bevölkerungsgruppen lag, sondern auch im Interesse der Deutschen selbst. Dieser Einsicht können wir auch durch vielfach problematische Schuldzuweisungen an andere Partner des gigantischen Geschehens nicht entgehen.

Vergleichbare Beobachtungen ergeben sich hinsichtlich der Bewertung des Nationalsozialismus im Rahmen der neueren Geschichte der Deutschen.[21] Ernst Noltes Bemühungen, den Nationalsozialismus nicht nur mit dem Sowjetsystem in Parallele zu setzen, sondern als eine Reaktion auf den Sozialismus sowjetischer Spielart zu deuten, sind schon in seinem ersten Buch »Der Faschismus in seiner Epoche« zu finden. Doch ist seit einigen Jahren eine Verschärfung seiner Position festzustellen. Jüngsthin hat sich Nolte zunehmend besorgt darüber gezeigt, daß eine radikale kritische Auseinandersetzung mit der deutschen Vergangenheit zugleich Potentiale freisetze, die sich gegen die gesellschaftliche Ordnung in der Bundesrepublik selbst richten könnten. So hat er sich bereits seit einigen Jahren von dem Gebrauch eines umfassenden Faschismusbegriffs distanziert, wie er ihn anfänglich selbst in Umlauf gebracht hatte, weil sich die neue Linke seit Ende der sechziger Jahre des Faschismusbegriffs für eine neomarxistische Kritik westlicher Gesellschaften bedient hatte. Man wird gewiß auch nicht fehlgehen, wenn man annimmt, daß Noltes neuerliche Bestrebungen, die nationalsozialistische Politik der Judenvernichtung in vergleichender universalhistorischer Perspektive zu sehen und dergestalt ihre historische Singularität in Frage zu stellen, der gleichen Furcht entspringen.

Über die Stoßrichtung solcher Interpretationen kann in der gegenwärtigen geistigen Situation kaum ein Zweifel bestehen; sie zielen darauf ab, die Frontlinie der Kritik an der jüngeren deutschen Vergangenheit so weit zurückzunehmen, daß dem allgemeinen Publikum wieder eine unbefangene oder doch wenigstens unbefangenere Identifikation mit der eigenen nationalen Vergangenheit ermöglicht werden soll. Diese Bestrebungen finden einen günstigen Nährboden in breiten Schichten der deutschen Gesellschaft, die sich ein positiv besetztes oder doch positiv besetzbares deutsches Geschichtsbild wünschen, in dem sich der einzelne wiederfinden kann und mit dem er sich auch positiv zu identifizieren vermag.

Es fragt sich freilich, ob man gut daran tut, dieser Tendenz unbesehen nachzugeben oder sie gar in einem neokonservativen Sinne auszunutzen, wie dies jüngsthin insbesondere Michael Stürmer nahegelegt hat, wenn er schrieb, »daß in geschichtslosem Land die Zukunft gewinnt, wer die Erinnerung füllt, die Begriffe prägt und die Vergangenheit deutet«.[22] Derartig bedenklich funktionalistisch klingende Rezepte sollte die historische Profession einer in ihrem historischen Selbstverständnis immer noch verunsicherten Gesellschaft sicherlich nicht verordnen – ganz abgesehen davon, daß uns die Vergangenheit, namentlich die eigene Nationalgeschichte, nicht in so beliebiger Weise zur Verfügung steht, wie es solche Äußerungen voraussetzen. Die vor kurzem entfachte politische Debatte über den Wert oder Unwert eines »gesunden« Geschichtsbewußtseins, das angeblich den Bürgern der Bundesrepublik ermöglichen solle, wieder einen »aufrechten Gang« zu gehen, sollte von der historischen Wissenschaft vielmehr als Warnsignal verstanden werden. Ein »Heraustreten aus dem Schatten des Dritten Reiches«, wie es jüngst u. a. Franz Josef Strauß gefordert hat, darf gewiß nicht durch die Historiker gefördert werden, indem sie die Ereignisse der jüngeren deutschen Geschichte in einem möglichst milden Lichte darstellen und angeblich aus sich selbst heraus zu verstehen suchen, statt klar und deutlich ihren Stellenwert in einer Entwicklung zu bezeichnen, die in die deutsche Katastrophe von 1933/45 geführt hat und ebenso ihre, sei es positive, sei es negative Rolle in der Vorgeschichte der demokratischen Ordnung im westlichen Teil Deutschlands beschreibt.

Seit einiger Zeit häufen sich in der Öffentlichkeit historische Stellungnahmen jener Ewiggestrigen, die es nicht ertragen können, daß die Deutschen ein höheres Maß an Verantwortung an den großen Katastrophen und gigantischen Verbrechen der jüngeren Geschichte Europas und der Welt zu tragen haben als andere Völker und die davon ausgehen, daß den Deutschen nach 1945 von seiten der Alliierten ein undeutsches Geschichtsbild oktroyiert worden sei. Ihnen sollte man, möge dies auch in noch so wohlmeinender Absicht geschehen, nicht die Stichworte für eine Interpretation deutscher Vergangenheit liefern, die sich an überwundenen Positionen orientiert. Vielmehr sind wir dazu aufgerufen klarzustellen, daß den Bestrebungen, wieder zu einem harmonischen deutschen Geschichtsbild zurückzufinden – unter partieller Ausblendung solcher Ereignisse und Ereignisketten, deren wir uns als Nation zu schämen haben –, unüberwindliche Hindernisse im Wege stehen, die zu überspringen nur unter Verletzung des Grundsatzes intellektueller Aufrichtigkeit möglich wäre.

Nicht allein die Ereignisse der Ära der Herrschaft des Nationalsozialismus, sondern auch die der jüngeren deutschen Geschichte seit der Jahrhundertwende können wir heute aufrichtigerweise nicht mehr anders als in einem kritischen Sinne deuten, auch wenn man diese in den weiteren Kontext der europäischen Geschichte stellt. Der Vergleich mit anderen Entwicklungen mag vieles verständlicher erscheinen lassen, kann aber an den grundlegenden Bewertungen derselben nichts ändern. Sowenig die deutsche Geschichte früherer Epochen, wie richtig bemerkt worden ist, auf die Vorgeschichte der »deutschen Katastrophe« von 1933 bis 1945 reduziert werden darf, sowenig läßt sich diese unter Hintansetzung unseres Wissens um die großen europäischen Katastrophen, die sich mit der Ära des Imperialismus und der beiden Weltkriege verbinden, mit einer bloß »verstehenden« Methode behandeln, die der schwierigen Aufgabe einer Beurteilung derselben im Lichte unserer gegenwärtigen Erfahrungen aus dem Wege zu gehen sucht.

Dies bedingt aber, daß wir deutsche Geschichte nur in kritischer Weise, nicht in einem unkritisch affirmativen Bewußtsein erforschen und darstellen können. Erstes Gebot wird dabei sein müssen, die deutsche Geschichte in europäischem, ja in weltgeschichtlichem Zusammenhang zu sehen, statt, wie es in der Vergangenheit so vielfach geschehen ist, vornehmlich im Kontrast zu anderen Völkern, zum Beispiel während der Zeit der Reformation zu den einem ausschweifenden Leben verfallenen, auf religiösem Gebiete korrumpierten Italienern, seit dem späteren 18. Jahrhundert zu den Franzosen, späterhin zu dem »perfiden Albion«. Es liegt auch insofern nahe, als die Geschichte der Deutschen, als einer Nation in der Mitte Europas, die jahrhundertelang kulturell, politisch und religiös die Brücke zwischen Ost und West, zwischen Nord und Süd gebildet hat, immer schon mit der Geschichte Europas oder doch zumindest, wie Leopold v. Ranke dies ausgedrückt hat, mit der Geschichte der römisch-germanischen Nationen eng verwoben gewesen ist. Dies trifft bereits für die Entstehungsphase der deutschen Nation in der späten Zeit des karolingischen Frankenreichs zu und ist eigentlich niemals grundlegend anders gewesen. Die hegemoniale Rolle, die die Deutschen im mittelalterlichen Europa gespielt haben, gefolgt freilich von einer in der Frühneuzeit bescheideneren Stellung im Rahmen des sogenannten Hl. Römischen Reiches Deutscher Nation, haben sie dann mit einer vergleichsweise relativ späten Nationalstaatsgründung bezahlen müssen, die obendrein ein Drittel der Deutschen ethnisch-kultureller Prägung außerhalb der Staatsgrenzen beließ. Die prägende Wirkung des Deutschen Reiches als eines halbkonstitutionellen Staates mit starken obrigkeitsstaatlichen Einschlägen auf die Formung des deutschen Nationalbewußtseins ist außerordentlich groß gewesen; jedoch wies es tiefe innere Bruchlinien auf und akzentuierte Lebensformen und Werte, die uns heute zunehmend fremd geworden sind. Nur im wirtschaftlich-gesellschaftlichen Bereich verbindet uns noch viel mit jener Periode, nicht aber hinsichtlich der grundlegenden Elemente der politischen Kultur.

Aus dieser Sicht erweisen sich die neuerlichen Bestrebungen, durch eine Hervorhebung der positiven Elemente der deutschen Geschichte die durch die Erfahrungen der jüngeren Vergangenheit gestörte nationale Identität der Deutschen wieder zu bekräftigen, als höchst problematisch. Es fragt sich, ob die an Wechselfällen und innerem Zwist so reiche deutsche Geschichte für sich genommen dazu überhaupt tauglich ist. Überdies stellt sich das Problem, auf welches Referenzsubjekt wir die neuerdings so viel beschworene nationale Identität der Deutschen beziehen sollen. Die Realität der Teilung Deutschlands wirft die Frage auf, ob ein angeblich oder wirklich wiederzubelebendes deutsches Nationalbewußtsein sich primär auf die Bürger der Bundesrepublik oder auf die Bürger beider deutscher Staaten oder gar auf alle jene beziehen solle, die in einem allgemeineren Sinne der deutschen Kulturnation zugerechnet werden können. Dies ist eine nicht generell zu beantwortende Frage, die durch die herkömmliche Berufung auf die staatsrechtliche Tradition, mit anderen Worten: die Rechtsnachfolge der Bundesrepublik bezogen auf das Deutsche Reich von 1871, wenn auch wohlverstanden in den Grenzen von 1937, immer weniger befriedigend beantwortet wird. Das historische Vorbild des Deutschen Reiches Bismarckscher Prägung hat für eine politische Orientierung in unserer Gegenwart zunehmend an verbindlicher Kraft verloren; für die jüngeren Generationen kann man es nicht mehr ohne weiteres als historisch-politische Norm deutschen nationalen Identitätsbewußtseins ansetzen. Dabei spielt eine Rolle, daß sich die schicksalsträchtigen Ereignisse, die sich mit der Geschichte und der Vorgeschichte des nationalsozialistischen Deutschland verbinden, wie eine Barriere zwischen die jüngste Geschichte der Deutschen in der Bundesrepublik, die man mit einigem Recht als überaus erfolgreich ansehen kann und die uns unzweifelhaft einigen Anlaß gibt, mit einem gewissen Stolz darauf zurückzublicken, und die deutsche Geschichte geschoben haben.

Es wäre einfach, wenn wir uns damit begnügen könnten, unsere Nationalgeschichte gleichsam mit der Stunde Null des Jahres 1945 oder auch mit der Wiederbegründung eines deutschen Staates in den westlichen Zonen Deutschlands oder auch der beiden deutschen Staaten neu beginnen zu lassen. Aber dies ist schlechthin nicht angängig, denn die langfristigen Kontinuitäten, die uns mit unserer Geschichte verbinden, im guten wie im schlechten, lassen sich nicht einfach auslöschen. Ihre geschichtsmächtige Kraft besteht unverändert fort, gleichviel wie wir uns dazu stellen mögen. Bekanntlich haben sich seit geraumer Zeit die Stimmen vermehrt, die dafür plädieren, daß man doch endlich einen Schlußstrich unter diese Dinge ziehen möge und nicht immerfort dazu angehalten werde, sich damit beständig aufs neue zu beschäftigen.[23] Im politischen Felde hat der Versöhnungsakt von Bitburg ein solcher Schlußstrich sein sollen; doch hat sich sogleich herausgestellt, daß es im Sinne intellektueller Redlichkeit einen solchen nicht geben kann und daß uns jedenfalls andere Völker diesen nicht abnehmen würden. Der Bundespräsident hat in seiner bekannten Rede zum Gedenken an den 8. Mai 1945 dazu Gültiges gesagt. Es bleibt eine Tatsache, daß wir der Last der Vergangenheit durch persönliches Vergessen oder wegen persönlicher Nichtbetroffenheit dank später Geburt nicht entgehen können. Ebenso ergibt es sich, daß sich diese Last auch nicht durch historische Neuinterpretationen wird wesentlich vermindern lassen.

Es fragt sich darüber hinaus, ob wir eines solchen geschlossenen, konsensualen Bewußtseins überhaupt bedürfen. Die deutsche Geschichte selbst weist eigentlich in die entgegengesetzte Richtung, zumal wenn man sich klar macht, daß das Deutsche Reich Bismarckscher Prägung, nimmt man die Inhalte des seinerzeit begründeten nationalen Konsensus in den

Blick, keineswegs ohne weiteres als Norm deutscher staatlicher Ordnung gelten kann und zudem durchaus zwiespältige Auswirkungen auf das deutsche politische Bewußtsein gehabt hat. Die Geschichte der deutschen Nation ist nicht nur stärker mit der Geschichte anderer europäischer Völker verwoben als die vieler unserer Nachbarn, sie ist auch stets kontroverser Natur gewesen. Immer schon, nicht erst seit heute, hat es an nationaler Einheit und politischer Geschlossenheit gefehlt. Vielmehr ist das Gegenteil, die Zersplitterung der Nation in unterschiedliche Stämme mit vielfach weitgehend eigenständiger kultureller Tradition, für die deutsche Geschichte ebenso eigentümlich gewesen wie die religiöse Spaltung der Nation seit der Reformation oder die außerordentliche Vielgestaltigkeit der politischen Verhältnisse mit einer großen Zahl regionaler politischer Herrschaftszentren im 18. und früheren 19. Jahrhundert. Viele der Nationaleigenschaften der Deutschen gehen auf eben diesen Umstand zurück, zugleich aber verdanken sich viele der großen kulturellen Leistungen diesem Umstand. Friedrich Nietzsche urteilte im Blick auf die Reichsgründung von 1871 bitter, aber doch scharfsichtig, daß dies auf die »Exstirpation des deutschen Geistes zugunsten des Deutschen Reiches« hinauslaufe; Worte, die fraglos übertrieben sind, denen aber aus der Rückschau eine gewisse Berechtigung nicht abgesprochen werden kann. Ähnlich bemerkte Max Weber 1911 mit einem gewissen Bedauern, daß nicht im Zentrum des Reiches große nationale Kulturleistungen entstanden seien. In der Tat ist die Mannigfaltigkeit staatlicher Gestaltungen auf deutschem Boden für die Entfaltung einer deutschen Kultur eher vorteilhaft gewesen. Ein kritisches Umgehen mit der eigenen nationalen Geschichte bedeutet demnach keineswegs eine Herabwürdigung der spezifischen Leistungen deutscher Kultur.

Darüber hinaus sollten wir uns eines weiteren Umstands bewußt sein. Mit der entschlossenen Westorientierung der deutschen Politik und des politisch-gesellschaftlichen Bewußtseins in den fünfziger und sechziger Jahren, die die Begründung der Bundesrepublik und ihre staatliche Konsolidierung begleiteten, optierten die Deutschen zugleich für eine Neuorientierung auch ihres historisch-politischen Bewußtseins, nämlich einer bewußten Abwendung von Teilen der deutschen historischen Tradition, nicht im Sinne einer Verdrängung, sondern einer Option für politische Vorbilder, wie sie ihnen in Westeuropa und namentlich in den Vereinigten Staaten vor Augen standen. Es geschah dies nicht, um die Last der Geschichte von ihren Schultern abzuschütteln. Vielmehr entschlossen sie sich, im Wissen um diese historische Belastung, künftighin einen neuen, konstruktiven Weg zu gehen, der sie nicht erneut mit unseren westlichen oder östlichen Nachbarn in unlösbare Konflikte hineinführen würde. Wir haben allen Grund, an diesem Kurs festzuhalten. Das Wissen um die geschichtliche Last, die wir als Volk zu tragen haben, ist zugleich eines der Fundamente der freien Anerkennung der freiheitlichen Staatsordnung der Bundesrepublik und Grundlage unserer gesellschaftlichen Ordnung. Würde dieser Sachverhalt außer Sicht geraten, so käme das einer Unterminierung des heute bestehenden Konsensus aller wesentlichen gesellschaftlichen Gruppen hinsichtlich der Bewahrungswürdigkeit dieser Ordnung gleich.

Anders gesagt, die Begründung einer freiheitlichen Ordnung im westlichen Deutschland in den Jahren nach 1945 ist nur durch den Bruch mit wesentlichen Elementen der deutschen historischen Tradition und unter freiwilliger Übernahme westeuropäischer Vorbilder möglich gewesen. Dies bedeutet, daß die Vorgeschichte der Bundesrepublik nicht deckungsgleich mit der bisherigen deutschen Geschichte ist, sondern zu einem guten Teil der europäischen Geschichte zugerechnet werden muß. Ohne die Symbiose westlicher und deutscher politischer Traditionen, wie sie nach 1945 vollzogen worden ist, wären die Begründung und die feste Einwurzelung einer demokratischen Ordnung in den westlichen Teilen Deutschlands nicht möglich gewesen. In der Weimarer Zeit scheiterte der Versuch einer Symbiose von deutschem und westeuropäischem Denken, für die unter anderen Ernst Troeltsch so leidenschaftlich eingetreten war, mit fatalen Konsequenzen. Diese Symbiose bedeutete den geistigen Anschluß an die intellektuellen und politischen Traditionen des Westens unter Hintansetzung mancher Elemente der deutschen Geschichte im engeren Sinne. Erst nach dem Scheitern eines erneuten gigantischen Anlaufs im Zweiten

Weltkriege, Deutschland zum Herrn über ganz Europa zu machen, war diesen Bemühungen schließlich Erfolg beschieden. Man sollte diese Symbiose nicht kurzfristiger politischer Vorteile wegen wieder leichtfertig aufs Spiel setzen.

Es mag übertrieben erscheinen, wenn nicht wenige Historiker des westlichen Auslands heute ein wenig besorgt darüber nachdenken, ob die neuerlich sichtbar gewordenen Tendenzen in der deutschen Geschichtswissenschaft, weit mehr freilich in Teilen der deutschen Öffentlichkeit, darauf hinausliefen, den in den letzten Jahrzehnten wiedergewonnenen Anschluß der Deutschen in der Bundesrepublik an das westliche Denken in Frage zu stellen. Ein unreflektiertes Fortschreiten auf dem Wege einer integralen Rekonstruktion deutscher Geschichte nach den Maßstäben angeblich voraussetzungslosen Verstehens und unter möglicher Vernachlässigung der normativen demokratischen Maßstäbe, die wir wieder zurückgewonnen haben, oder gar unter Ausblendung der jüngsten deutschen Geschichte, würde in der Tat in diese Richtung führen. Wir sollten jedoch dem heute vorherrschenden Bedürfnis nach einer Harmonisierung unseres Geschichtsbildes nicht nachgeben und uns der Pluralität der politischen, kulturellen und religiösen Gestaltungen auf deutschem Boden bewußt bleiben. Der Verlust des Prinzips der freien Konkurrenz unterschiedlicher Geschichtsbilder würde einer wesentlichen Einbuße von Freiheit gleichkommen und die freiheitliche Ordnung der Bundesrepublik, die, wie neuerdings argumentiert wird, durch die Wiederbelebung eines sozusagen »deutscheren« Geschichtsbildes gestärkt werden soll, wirklich in Gefahr bringen.

Anmerkungen

1 Diese Abhandlung beruht teilweise auf einem Vortrag über »Die Deutschen und ihre Nation. Wandlungen des Geschichtsbewußtseins in der Bundesrepublik«, den der Verfasser am 28. November 1986 in der Ostakademie Königstein vorgetragen hat und der dann unter dem Titel »Weder Leugnen noch Vergessen befreit von der Vergangenheit« in der Frankfurter Rundschau, 1. Dezember 1986, erschienen ist. Eine etwas ausführlichere Fassung

erschien in: Liberal. Vierteljahreshefte für Politik und Kultur, 29. Jg. 1987, S. 37–52.

2 Friedrich H. Tenbruck, Alltagsnormen und Lebensgefühle in der Bundesrepublik, in: Richard Löwenthal, Hans-Peter Schwarz (Hrsg.), Die Zweite Republik. 25 Jahre Bundesrepublik Deutschland – eine Bilanz, Stuttgart 1974, S. 292.

3 Vgl. K. E. Jeismann, »Identität« statt »Emanzipation«? Zum Geschichtsbewußtsein in der Bundesrepublik, in: Aus Politik und Zeitgeschichte. Beilage zur Wochenzeitung Das Parlament, B 20–21/86, 17. Mai 1986, S. 3–16.

4 Vgl. dazu Werner Weidenfeld (Hrsg.), Die Identität der Deutschen, München 1983.

5 Wehlers »Kaiserreich«. Eine kritische Auseinandersetzung, in: Hans-Ulrich Wehler, Gesellschaft, Kultur, Theorie. Gesammelte Aufsätze zur neueren Geschichte, Göttingen 1976, S. 365 f.

6 Vgl. Michael Stürmer, Dissonanzen des Fortschritts. Essays über Geschichte und Politik in Deutschland, München 1986, S. 284 f.

7 Vgl. Michael Stürmer, a. a. O., S. 293: »In Wahrheit geht es auch heute um die älteste der Fragen an den Staat, nämlich die, woher der innere Friede kommen soll und welche Kräfte den Konsens sichern. Der Pluralismus der Werte und Interessen, wenn es keinen gemeinsamen Boden in Vergangenheit und Zukunft mehr gibt, wenn Wachstum ihn nicht mehr entschärft und steigende Nettokreditaufnahme ihn nicht mehr dämpft, treibt früher oder später in Kämpfe, die das Gemeinwesen in Frage stellen.«

8 Für einen Überblick über diese inzwischen sehr differenziert geführte Kontroverse siehe Helga Grebing, Der »deutsche Sonderweg« in Europa 1806–1945. Eine Kritik, Stuttgart 1986.

9 Klaus Hildebrand, Staatskunst oder Systemzwang? Die »deutsche Frage« als Problem der Weltpolitik, in: Historische Zeitschrift 228, 1979, S. 642.

10 Hildebrand, a. a. O., ebenda.

11 Stürmer, a. a. O., S. 327 f.

12 Siehe Klaus Hildebrand, Julikrise 1914: Das europäische Sicherheitsdilemma. Betrachtungen über den Ausbruch des Ersten Weltkrieges, in: GWU 36, 1985, S. 469–502; Gregor Schöllgen, »Fischer-Kontroverse« und Kontinuitätsproblem. Deutsche Kriegsziele im Zeitalter der Weltkriege, in: Ploetz. Geschichte der Weltkriege. Mächte, Ereignisse, Entwicklungen 1900–1945, Hrsg. Andreas Hillgruber und Jost Dülffer, Freiburg/Würzburg 1981, S. 163–177.

13 So beispielsweise Michael Stürmer in einer Stellungnahme anläßlich der Römerberggespräche in Frankfurt am 7. Juni 1986.

14 Vgl. dazu u. a. Hans Mommsen, Suche nach der »verlorenen Geschichte«? Bemerkungen zum historischen Selbstverständnis der Bundesrepublik, in: Merkur. Deutsche Zeitschrift für europäisches Denken 451/452, 1986, S. 864–874.

15 Vergangenheit, die nicht vergehen will. Eine Rede, die geschrieben, aber nicht gehalten werden konnte, Frankfurter Allgemeine Zeitung, 6. Juni 1986.

16 Andreas Hillgruber, Zweierlei Untergang. Die Zerschlagung des Deutschen Reiches und das Ende des europäischen Judentums, Berlin 1986. Vgl. auch den dem ersten Teil dieser Veröffentlichung zugrunde liegenden Vortrag Hillgrubers: Der Zusammenbruch im Osten 1944/45 als Problem der deutschen Nationalgeschichte und der europäischen Geschichte, Rheinisch-Westfälische Akademie der Wissenschaften, Vorträge G 277, 1985.
17 Hillgruber, a.a.O., S. 24f.
18 Hillgruber, a.a.O., S. 21.
19 Jürgen Habermas, Karl Heinz Janssen und die Aufklärung Anno 1986, in: GWU 37, 1986, S. 725–738.
20 Wer dem Abgrund entrinnen will, muß ihn aufs genaueste ausloten. Ist die neue deutsche Geschichtsschreibung revisionistisch? In: Die Welt, 22. November 1986.
21 Vgl. dazu insbesondere Hans Mommsen, Neues Geschichtsbewußtsein und Relativierung des Nationalsozialismus, in: Neue Blätter für deutsche und internationale Politik 31, 1986, S. 1200–1213.
22 Michael Stürmer, Die Suche nach der verlorenen Erinnerung, in: Das Parlament Nr. 20–21, 1986, S. 1.
23 Vgl. den Bericht über eine Umfrage des Allensbacher Instituts für Meinungsforschung »Mehrheit will nichts mehr von Nazizeit hören«. In: Rheinische Post, 10. April 1986. Danach wollen zwei Drittel der Bürger der Bundesrepublik nichts mehr von den Verbrechen der Nazizeit hören und unter diese Vergangenheit einen Schlußstrich ziehen.

Welche Vergangenheit hat unsere Zukunft?
Anmerkungen zum »Historikerstreit« (1987)

Anlaß dieses Gespräches zwischen deutschen und italienischen Historikern ist die seit einigen Monaten erbittert geführte Auseinandersetzung in der Bundesrepublik über eine Neubewertung der jüngeren deutschen Geschichte. Nicht nur die Deutschen, sondern auch andere Nationen haben Probleme mit ihrer Vergangenheit. Die Österreicher beispielsweise haben es bislang vorgezogen, über ihre jüngste Vergangenheit und insbesondere ihre teils aktive, teils passive Rolle als Bestandteil des Großdeutschen Reiches überwiegend mit Schweigen hinwegzugehen; neuerdings ist diese Haltung im Zusammenhang des Falles Waldheim vielfach unter Beschuß geraten. Auch die Franzosen haben ihre Probleme, auch wenn sie subtilerer Art sein mögen; die Probleme von Kollaboration und Resistance unter nationalsozialistischer Herrschaft sind, wie es scheint, noch lange nicht ausgestanden. Auch für Italien scheint mir über die Frage, wie die faschistische Ära in die italienische Geschichte einzuordnen sei, noch nicht das letzte Wort gesprochen worden zu sein, aber es ist Sache meiner italienischen Kollegen, dazu Stellung zu nehmen.

Jedoch stellen sich im deutschen Falle besondere Probleme; das Ausmaß der nationalsozialistischen Gewaltverbrechen, insbesondere die systematische Vernichtung von über fünf Millionen Juden, übersteigt alle vergleichbaren Geschehnisse in solchem Maße, daß hier die Frage der historischen Verantwortung eine besondere Qualität angenommen hat. Vor allem aber war die Herrschaft des Nationalsozialismus in Deutschland nicht einfach eine von außen oktroyierte Fremdherrschaft oder die einer unwilligen Nation mit totalitären Mitteln oktroyierte Herrschaft einer kleinen Gruppe von machiavellistischen Politikern, sondern sie wurde zumindest zeitweilig von dem Einverständnis einer Mehrheit der Deutschen getragen und unterstützt, wenn auch unter extremen Umständen und unter falschen Voraussetzungen. Darüber hinaus hat der Nationalsozialismus es, bis zu einem gewissen Grade mit Erfolg, verstanden, sich den Zeitgenossen als die Erfüllung von zweitausend Jahren deutscher Geschichte zu präsentieren. Schließlich ist es den Deutschen nicht gelungen, ja, sie haben in ihrer großen Mehrheit nicht einmal den Versuch gewagt, möglicherweise wagen können, sich dieses Systems aus eigener Kraft wieder zu entledigen.

Dies macht die besondere Problematik der deutschen Situation aus. Unter solchen Umständen ist eine geschichtliche Ortsbestimmung der Bundesrepublik als eines demokratischen Systems nur in Entgegensetzung zu Teilen der eigenen Nationalgeschichte möglich. Die gegenwärtige Auseinandersetzung dreht sich im Grunde um die Frage, wie weit die Emanzipation der Deutschen von ihrer eigenen Vergangenheit zu gehen habe, um mit den moralischen Voraussetzungen des demokratischen Neubeginns nach 1945 verträglich zu sein; und dabei nimmt die Interpretation der Ära des Nationalsozialismus im Kontext der deutschen Geschichte eine Schlüsselstellung ein.

Diese Auseinandersetzung setzt einen Grundtatbestand voraus, der in allen Lagern gleichermaßen akzeptiert wird, nämlich die Auffassung, daß Geschichtsbilder mächtig sind, daß sie zu einem nicht unerheblichen Teil die politische Kultur und die politischen Wertpräferenzen einer Gesellschaft bestimmen. Es ist unübersehbar, daß Auffassungen über die Vergangenheit der eigenen Großgruppe das politische Handeln zu beeinflussen pflegen. Max Weber hat einmal gesagt, daß »ideelle und materielle Interessen: nicht Ideen« unmittelbar die Handlungen der Menschen bestimmen, daß aber die Weltbilder gleichsam als Weichensteller fungieren, die die Richtung bestimmen, in die die gesellschaftliche Entwicklung voranschreitet. Dies läßt sich in besonderem Maße für die historischen Weltbilder sagen.

Jedoch sind unsere Auffassungen über die Vergangenheit, und insbesondere die Geschichte der eigenen Großgruppe, stets perspektivischer Natur. Sie sind geleitet von paradigmatischen Grundannahmen, die ihrerseits in bestimmten Werthaltungen gründen, mögen diese nun politischen oder anderen Ursprungs sein. Angesichts dieses Grundtatbestands stellt der Rückzug auf eine Position absoluter Objektivität historischer Erkenntnis, wie dieser von den Neohistoristen empfohlen wird, prinzipiell keinen wirklichen Ausweg dar. Die Negierung der Tatsache, daß unsere Deutungen vergangener Wirklichkeit sich immer schon auf ein bestimmtes Vorverständnis beziehen und demgemäß perspektivischer Natur sind, führt nur dazu, daß die Erkenntnis hinter dem der Geschichtswissenschaft erreichbaren Maß rationaler Kontrolle des historischen Erkenntnisprozesses zurückbleibt. Vielmehr geht es, im Sinne des Wortes von Johan Huizinga, darum, sich im Lichte der Gegenwart über die eigene Vergangenheit und deren Signifikanz für unsere eigene Lebensführung kritisch Rechenschaft zu geben.

Im übrigen ist es gut, sich darüber im klaren zu sein, daß die jeweils erkenntnisleitenden Paradigmata, die geschichtlicher Erkenntnis Ziel und Richtung geben, keineswegs primär und in erster Linie von der professionellen Geschichtswissenschaft hervorgebracht werden: nicht die Historiker schaffen diese Paradigmata, sondern sie artikulieren sie nur. Günstigenfalls gelingt ihnen eine rationale Disziplinierung solcher dominanter Deutungsmuster in einem rationalen Diskurs und deren kritische Analyse im Umgang und der steten Konfrontation derselben mit den Quellen. Die Auseinandersetzung über die relative Berechtigung oder Verfehltheit solcher Deutungsmuster gehört zum täglichen Geschäft des Historikers. Sie vollzieht sich freilich zumeist in kleinen Schritten, im Zuge quellenorientierter Einzelforschung, nicht in dramatischen Sprüngen.

In das Rampenlicht der breiteren Öffentlichkeit treten solche Auseinandersetzungen zumeist erst dann, wenn dramatische Ereignisse, Kontinuitätsbrüche, Revolutionen oder Kriege – oder dies alles zusammen – dazu führen, daß solcher Paradigmawechsel nicht mehr in kleinen Schritten, sondern in offener Konfrontation unterschiedlicher Positionen miteinander erfolgt. Dafür gibt es in der jüngeren europäischen Geschichte Beispiele genug. Die Zeit des Ersten Weltkriegs und die diesem folgende Ära war eine solche Periode, in der unterschiedliche Geschichtsbilder hart aufeinanderprallten, und gleiches gilt in noch höherem Maße für die Ära der Faschismen, die in mancher Hinsicht versuchten, das Rad der Geschichte gewaltsam zurückzudrehen und somit auch unsere Auffassungen über die Vergangenheit mehr oder minder gewaltsam in ihrem Sinne zu prägen.

Demgemäß ergab sich nach dem Zusammenbruch der faschistischen Systeme in Europa in der Tat die Notwendigkeit einer Aufarbeitung der jüngeren Vergangenheit, zumal diese es, in freilich unterschiedlichem Maße, verstanden hatten, große Teile der jeweiligen nationalgeschichtlichen Traditionen in ihr eigenes ideologisches System einzuschmelzen. Im Falle Deutschlands ergab sich jedoch insofern eine besondere Situation, als diese Auseinandersetzung nach 1945 nur höchst zögerlich in Gang gekommen ist und sich die Abrechnung mit den überkommenen historischen Paradigmata nicht nur des Nationalsozialismus, sondern auch der dieser vorangegangenen nationalkonservativen und nationalistischen Geschichtsbilder nur mit einer erheblichen Phasenversetzung vollzogen hat, bedingt durch die in weiten Kreisen des deutschen Volkes verbreitete Neigung, die Ereignisse der jüngsten deutschen Geschichte zu verdrängen oder nur partiell zur Kenntnis zu nehmen. Die Gründe für diese Verhaltensweise, die unter den obwaltenden Umständen nur zu verständlich war, können hier nicht im einzelnen dargelegt werden. Teils beruhte dies auf einer überwiegend ahistorischen Einstellung, wie sie das geistige Klima der 50er und 60er Jahre weltweit bestimmte, im Zeichen materiellen Fortschritts und des Vertrauens in die Selbstläufigkeit des technologischen Fortschritts. Eine postideologische, empirizistische Gesinnung, die allen großen politisch-ideologischen Zukunftsentwürfen mißtraute und statt dessen die Strategie des *piecemeal engineering* empfahl, war vorherrschend, und die Entgegensetzung zu den marxistisch-leninistischen Systemen diente als Ersatz für eine inhaltliche Auseinandersetzung mit den eigenen gesellschaftlichen Ordnungsvorstellungen. Trotz der bemerkenswerten Aktivität der historischen Forschung und der historischen Publizistik war das gesellschaftliche Selbstverständnis der Deutschen der Bundesrepublik lange merkwürdig schwach von historischen Tatbeständen determiniert. Es orientierte sich in erster Linie an »objektiven Tatbeständen« wie dem erfolgreichen Wiederaufbau und dem wirtschaftlichen Fortschritt, nicht an einem lebendigen Geschichtsbild, das die Gegenwart und die Vergangenheit uneingeschränkt miteinander in Bezug setzt. Selbstverständlich war die historische Entgegensetzung des politischen und gesellschaftlichen Systems der Bundesrepublik zum nationalsozialistischen System in gewissem Betracht fundamental; aber dieses selbst wurde überwiegend nur segmentiert wahrgenommen, in einer durch die Totalitarismustheorie verkürzten Perspektive, nicht aber als eines im Guten wie im Bösen essentiellen Teils der eigenen Nationalgeschichte.

Demgemäß ist eine kritische Auseinandersetzung mit der jüngeren deutschen Geschichte, von Weimar und der Zeit des »tausendjährigen Reiches« einmal abgesehen, erst nach und nach in Gang gekommen, eigentlich erst seit dem Ende der 50er Jahre. Große Teile der Öffentlichkeit nahmen diesen Prozeß der schrittweisen Revision der dominanten Deutungsmuster der älteren deutschen Geschichte, der sich eng an die Arbeiten der westlichen Forschung anlehnte, lange nur bruchstückweise zur Kenntnis. Es kam zu einer ausgeprägten Phasenversetzung zwischen dem von der Geschichtswissenschaft, insbesondere von prononciert liberal-demokratischen Historikern, schrittweise entfalteten, tiefgreifend revidierten deutschen Geschichtsbild und einer Pluralität von Geschichtsbildern in der breiteren Öffentlichkeit, die teilweise infolge der Tabuisierung der jüngeren deutschen Geschichte einen antiquierten Stand der Dinge repräsentierten.

Es ist wichtig, sich dieses Tatbestands bewußt zu sein, denn anders läßt sich der sog. Historikerstreit und die Schärfe, mit der jener gegenwärtig ausgetragen wird, überhaupt nicht verstehen. Im Prinzip hätte ein solcher Streit bereits in den 50er Jahren geführt werden sollen, aber es ist charakteristisch, daß es erst seit dem Ende der 70er Jahre, mit dem Erwachen eines neuen, spontanen historischen Interesses in der breiteren Öffentlichkeit, wirklich dazu kam.

Das offizielle Geschichtsbild der Bundesrepublik in ihrer Entstehungsphase war merkwürdig blaß. Es akzentuierte die

Entgegensetzung des neuen demokratischen Systems zum Nationalsozialismus und zugleich zum Marxismus-Leninismus, im Zeichen der Totalitarismustheorie, die als solche ein Kind des Neoliberalismus war, der einzig tragfähigen, wirksamen Ideologie jener Jahrzehnte. Ansonsten neigte man dazu, an dem nationaldeutschen Bewußtsein festzuhalten, das sich im Bismarckschen Staate entwickelt hatte; die offiziösen Feiern aus Anlaß des 150sten Geburtstages Otto von Bismarcks sind in dieser Hinsicht ein untrügliches Indiz. Adenauer selbst, der zu übernationalen Staatsbildungen neigte, die an die Stelle der bisherigen nationalstaatlichen Organisation Europas treten sollten, stellte in dieser Hinsicht die Ausnahme von der Regel dar. Erst nach und nach erhielt diese herkömmliche Sicht der Dinge eine Überwölbung in Form der europäischen Idee, die, wie Ralf Dahrendorf einmal treffend gesagt hat, weithin als ein Ersatz für die verlorengegangene nationale Idee empfunden wurde.

Im Bereich der professionellen Geschichtswissenschaft herrschte zunächst die Neigung vor, sich Gegenstandsbereichen zuzuwenden, die fernab der Tagespolitik lagen, und der Notwendigkeit unmittelbarer Optionen politisch-ideologischer Art nach Möglichkeit aus dem Wege zu gehen. Burckhardt, Tocqueville und Ranke wurden zu Vorbildern einer universalistisch ausgerichteten Geschichtsschreibung, die an die Stelle überkommener nationalpolitischer Geschichtsdeutungen treten sollte. Allerdings war diese Position durchaus nicht so unpolitisch, wie sie sich selbst darzustellen geneigt war. Ihr dominanter Zug war das Mißtrauen in die bedenklichen Folgen der Mobilisierung der Massen seit den Anfängen des 19. Jahrhunderts, wenn nicht gar der modernen Massendemokratie als solcher. Es ließe sich dies insbesondere an den Arbeiten Gerhard Ritters, aber auch an dem von Hans Rothfels und Theodor Schieder maßgeblich geprägten Bismarckbild im Detail nachweisen. Die großen Debatten der 50er Jahre in der Geschichtswissenschaft, die Debatte über das Bismarckbild, die insbesondere von dem verspätet rezipierten Bismarckbuche Erich Eycks ausgelöst worden war, und die Auseinandersetzung über den deutschen Militarismus zwischen Ritter und Dehio geben ein anschauliches Bild der vorwaltenden Auffassungen unter der damaligen Führungsgruppe der Historikerschaft der Bundesrepublik. Das Bismarckbild blieb, ungeachtet mancher Detailkritik an der inneren Politik des ersten Reichskanzlers, durchaus positiv geprägt; Bismarcks Größe beruht, so meinte insbesondere Hans Rothfels, vor allem darin, daß er sich den nationalistischen Zeitströmungen, wie sie in den breiten Massen der Nation vorherrschend waren, eben gerade nicht verschrieben hat, sondern statt dessen eine kühle, am Staate orientierte europäische Politik der Friedenssicherung und gesellschaftlichen Stabilität betrieben habe.

Es gab freilich auch damals schon abweichende Positionen, die weit kritischer mit der jüngeren deutschen Geschichte umgingen. Ludwig Dehio hat, von rankeanischen Prämissen ausgehend, als konstanten Grundzug der preußisch-deutschen Geschichte seit dem 18. Jahrhundert das Streben nach der Hegemonialstellung in Europa ausgemacht; dieses aber habe mit einer gewissen Folgerichtigkeit schließlich in den Abgrund des Zweiten Weltkriegs hineingeführt. Dehio fand namentlich von seiten Gerhard Ritters leidenschaftlichen Widerspruch; dieser begann seine große Studie über »Staatskunst und Kriegshandwerk« in der Absicht, die preußisch-deutsche Geschichte von dem Vorwurf zu befreien, unter der Hypotrophie eines militaristischen Machtstaatsgedankens gestanden zu haben. Ernst Heimpel bekannte auf dem ersten deutschen Historikertag nach dem Ende des Zweiten Weltkriegs, daß die deutsche Geschichtswissenschaft gleichsam wieder bis ins 18. Jahrhundert zurückkehren müsse, um die Verbindung zwischen dem deutschen und dem westlichen aufklärerischen Denken, die damals abgerissen sei, wieder neu zu knüpfen.

Aber dies blieben zunächst eher wohlmeinende Erklärungen und Ansätze, denen nicht eigentlich Taten folgten. Erst seit dem Ende der 50er Jahre kam es, beginnend mit neuen Arbeiten über die Zeit des Nationalsozialismus und des Weimarer Staates, zu einer tiefgreifenden Revision der überkommenen Deutungen der jüngeren deutschen Geschichte, die nach und nach immer weitere Bereiche erfaßte. Herausragende Bedeutung kommt in diesem Zusammenhang der von Fritz Fischer ausgelösten Debatte über die Kriegsschuldfrage 1914 und die deutschen Kriegsziele während des Ersten Weltkriegs zu. Sie tangierte das Selbstverständnis einer ganzen Generation deutscher Historiker und stellte die sog. revisionistische Deutung des Kriegsausbruchs, derzufolge alle Regierungen gegen ihren Willen in den Ersten Weltkrieg hineingeschliddert seien, die die deutsche historische Forschung bereits für gesichert angesehen hatte, erneut radikal in Frage und damit zugleich auch die herkömmlichen nationalkonservativen Deutungen der deutschen Geschichte. Wichtiger war, daß im Laufe der Debatte die klassischen diplomatiegeschichtlichen Methoden selbst in Mißkredit gerieten; statt dessen wandte sich die Forschung zunehmend sozialgeschichtlichen und institutionengeschichtlichen Analysen zu, die sich nicht in erster Linie am Handeln der leitenden – vielmehr, wie Fischer gezeigt hatte, eher von der öffentlichen Meinung getriebenen – Staatsmänner orientierten, sondern an den sozialen, institutionellen und wirtschaftlichen Faktoren, die dem politischen Handeln jeweils die Richtung vorschrieben.

All dies kann hier nur angedeutet, nicht im Detail ausgeführt werden. Es genügt, darauf hinzuweisen, daß seit dem Beginn der 60er Jahre jene Historiker, die sich bewußt der neuen demokratischen Ordnung verschrieben und deren Wertideale zum Maßstab auch ihrer historischen Arbeit erhoben, entscheidenden Einfluß gewannen. Aus ihrer Sicht lagen die maßgeblichen Ursachen für die Fehlentwicklungen der jüngsten deutschen Geschichte, nicht im Aufkommen von irrationalen Massenbewegungen, sondern umgekehrt darin, daß sich in Deutschland ein krasses Mißverhältnis zwischen wirtschaftlicher und politischer Ordnung eingestellt habe; auf eine Formel gebracht, war es das Versäumnis, die politische Verfassung durch demokratische Reformen den Bedürfnissen einer modernen Gesellschaft anzupassen, und das Festhalten an überlebten autokratischen Herrschaftsstrukturen, welches das Scheitern der Weimarer Republik und den Aufstieg des Nationalsozialismus zur Macht verursacht habe. Dies wurde illustriert vor der Folie der – zugestandenermaßen arg idealisierten – Entwicklungspfade der westlichen Völker, insbesondere

Großbritanniens, von einer feudalagrarischen zu einer egalitären Industriegesellschaft demokratischen Typs. Dieses »liberale« – oder, um keine Mißverständnisse aufkommen zu lassen – »liberal-demokratische« Paradigma wurde für eine Generation deutscher Historiker vorherrschend. Im Lichte dieser neugewonnenen Position wurde dann die ganze deutsche Geschichte, und selbstverständlich nicht nur diese, einer kritischen Neuinterpretation unterzogen, die ihr Augenmerk insbesondere auf die Wurzeln der autoritären politischen Kultur Preußen-Deutschlands richtete. Dies wäre freilich nicht möglich gewesen, wenn nicht die deutsche Geschichtsschreibung in jener Periode durchgängig auf die Ergebnisse der westlichen Forschung hätte zurückgreifen können, die sich schon weit länger auf einer solchen Interpretationsebene bewegte.

Dieser Prozeß der Neuinterpretation überkommener Auffassungen über die deutsche Geschichte vollzog sich seit den 60er Jahren auf breiter Front und zugleich mit großer Geschwindigkeit. Es versteht sich, daß die breitere Öffentlichkeit diesem Prozeß um so weniger hat unmittelbar folgen können, als diese weiterhin überwiegend in einem ahistorischen Bewußtsein befangen war. Erst seit Anfang der 70er Jahre hat sich, zunächst behutsam, dann allmählich deutlicher, eine Gegenströmung formiert, die gegen die Alleinherrschaft des »liberal-demokratischen« Paradigmas Front machte. Teilweise war dies auf die seismographischen Erschütterungen zurückzuführen, die die sog. Studentenrevolution ausgelöst hatte, obschon diese ja bereits im Ansatz scheiterte und sich nie zu jener Kulturrevolution zu steigern vermochte, die man anfänglich angestrebt hatte. Jetzt wurde der dezidiert »liberal-demokratischen« Richtung vorgeworfen, die Geschäfte der Neomarxisten zu besorgen, ob bewußt oder unbewußt. Die Studentenrevolution hatte, wie jüngst Wolf Biermann treffend bemerkt hat, unter anderem zum Ziel gehabt, die Geschichtslosigkeit der älteren Generation zu bekämpfen. Die ältere Generation sah sich plötzlich gezwungen, ihren vornehmlich auf die Ziele des Wiederaufbaus und der Schaffung materieller Güter gerichteten Pragmatismus zu verteidigen. In der Auseinandersetzung mit dem, wie sich bald herausstellen sollte, qualitativ wie quantitativ schwachen Neomarxismus romantischer Gebärde, dem sich die Studentenbewegung verschrieb, gewann die Interpretation des Faschismus demgemäß nicht ganz zufällig eine Schlüsselfunktion. Horkheimers Wort »Wer vom Kapitalismus redet, darf vom Faschismus nicht schweigen«, war eine der meistzitierten Aussagen jener Jahre. Jedoch wurde diese Debatte, eigentlich auf beiden Seiten, in einer merkwürdig abstrakten, unhistorischen Form geführt. Einige führende Historiker, wie Ernst Nolte und Karl Dietrich Bracher, sahen sich veranlaßt, nicht länger von Faschismus als Generalbegriff einer ganzen Epoche zu reden, um Interpretationen à la Horkheimer keine offene Flanke zu bieten.

Für die konkrete Geschichtsschreibung war diese Debatte zunächst nahezu bedeutungslos; auch jetzt entwickelten sich so gut wie keinerlei ernstzunehmende marxistische Forschungsansätze in der deutschen Geschichtswissenschaft. Allerdings kam es in der Folge zu einer Debatte über die Anwendbarkeit der Totalitarismustheorie auf den Nationalsozialismus und über die bislang für unbezweifelbar gehaltene enge Verwandtschaft der faschistischen und kommunistischen Herrschaftssysteme. Die Realität des nationalsozialistischen Herrschaftssystems, als einer Polykratie mit einem immer unübersehbarer werdenden Wirrwarr der Herrschaftskompetenzen, wollte zu dem ursprünglich vorgestellten Bild eines monolithischen Einparteienstaates unter rückhaltloser Gleichschaltung aller Bürger unter das Joch einer kleinen Gruppe von nationalsozialistischen Funktionären einfach nicht passen. Darüber entwickelte sich bereits Anfang der 80er Jahre eine erbitterte Debatte, bei der es darum ging, wie weit die Herrschaft des Nationalsozialismus einem ahnungslosen Volke von einer Clique verantwortungsloser Politiker mit Hitler an der Spitze oktroyiert oder in welchem Grade den breiten Schichten der Bevölkerung eine gewisse Mitverantwortung für die nationalsozialistische Gewaltherrschaft zugemessen werden müsse.

Diese Debatte, so wichtig sie auch für die Einordnung der Ära des Nationalsozialismus in die deutsche und die europäische Geschichte gewesen ist, blieb zunächst auf die professionelle Historikerschaft und die Publizistik beschränkt, obschon sie die Frage auf neue Weise aufwarf, wie weit die Bedingungen, die den Aufstieg des Nationalsozialismus zur Macht allererst möglich gemacht haben, auf spezifische Fehlentwicklungen der jüngeren deutschen Geschichte zurückgehen, oder ob die Machtergreifung im wesentlichen als eine Art von charismatischem Betriebsunfall zu werten sei. Weit größeres Gewicht erlangte die in der Nachfolge des Holocaust-Films neu entflammte Auseinandersetzung über die nationalsozialistische Judenvernichtung, weil sich die Öffentlichkeit in einem bislang ungewöhnlichem Maße unmittelbar interessiert und betroffen zeigte.

Infolge des Wiedererwachens des historischen Bewußtseins, das, wie bereits angedeutet, lange gleichsam neutralisiert bzw. verdrängt gewesen war, ergab sich jedoch eine grundsätzliche Änderung der Konstellation in der breiteren Öffentlichkeit. Die Gründe für diese Entwicklung sind vielfältiger Art. Entscheidend ist vermutlich, daß mit dem Verblassen der älteren pragmatischen Legitimitätsquellen, die an wirtschaftliches Wachstum und technologischen Fortschritt, zugleich aber an die Entgegensetzung der Gesellschaft der Bundesrepublik zu jenen des marxistisch-leninistischen Typs geknüpft war, ein spontanes Interesse an einer historischen Verortung der gegenwärtigen Gesellschaft zutage trat. Dies bildet eine notwendige Voraussetzung für die gegenwärtige Debatte; es ist das Wissen um die Mächtigkeit der Deutung von Geschichte, die die Kontrahenten in dieser Auseinandersetzung dazu veranlaßt hat, aus dem Umkreis einer bloß professionellen Debatte herauszutreten. Anlaß und Ausgangspunkt bildeten dabei Tendenzen im politischen Raum, das neu belebte Interesse an Geschichte, und insbesondere an der eigenen Nationalgeschichte, für politische Zwecke zu nutzen. Beide großen politischen Gruppierungen, insbesondere die CDU/CSU, aber auch die SPD, haben Versuche dieser Art unternommen. Es ist sicher nicht ungerechtfertigt, wenn man unterstellt, daß die Förderung eines »gesunden« Nationalgefühls der Deutschen ein erklärtes politisches Ziel der Regierung Kohl darstellt, wie umgekehrt die SPD Versuche unternommen hat, die »Alltagsgeschichte« zur Mobilisierung neuer Anhänger in der jüngeren Generation zu nutzen. Dabei wurde kühl in die jeweilige politische Rechnung eingestellt, daß die Deutschen seit einiger Zeit zunehmend das Bedürfnis artikulieren, mit ihrer eigenen Nationalgeschichte ins Reine zu kommen. In einflußreichen Kreisen wächst die Sehnsucht nach einem harmonischeren, weniger kritikbeladenen Geschichtsbild der Deutschen.

Aber die Frage nach der Verortung der jüngsten deutschen Geschichte im Gesamtrahmen der deutschen und europäischen Geschichte stellt sich unabhängig davon als eine solche objektiver, wissenschaftlicher Art. Vierzig Jahre nach dem Ende des Zweiten Weltkriegs ist eine Verschiebung des perspektivischen Zugriffs, eine Verschiebung der Koordinaten, in die die deutsche Geschichte seit Bismarck einzuordnen ist, an der Zeit, und dies nicht nur deshalb, weil nunmehr eine neue Generation, die die Herrschaft Hitlers nicht mehr selbst erlebt hat, in die Schlüsselstellungen der Gesellschaft und der Meinungsbildung der Öffentlichkeit eingerückt ist. Sie läßt sich nicht mehr ohne weiteres für eine Kollaboration des Wegsehens bzw. des partiellen Verschweigens oder Verdrängens gewinnen, wie dies für die vorangegangenen Generationen gilt. Umgekehrt fühlt sie sich persönlich schuldlos; sie ist darum jedoch umso mehr daran interessiert, die Wahrheit zu erfahren. Wesentlich um diese und die nachfolgenden Generationen geht es den Politikern.

Diese Modifikationen in der Mentalität der deutschen Gesellschaft haben seismographische Auswirkungen auch auf den wissenschaftlichen Forschungsprozeß selbst, obschon dieser gemeinhin auf seine Autonomie zu pochen pflegt. In der Tat haben sich seit einiger Zeit im wissenschaftlichen Felde Veränderungen der Tendenz der Interpretation der jüngeren und jüngsten deutschen Geschichte abgezeichnet, die dieser neuen Situation Rechnung zu tragen bestrebt sind. Karl-Ernst Jeismann hat diese neuen Tendenzen prägnant auf den Begriff gebracht, wenn er davon spricht, daß neuerdings anstelle von Geschichtsschreibung »in emanzipatorischer Absicht« Geschichtsschreibung zwecks Stiftung von »Identität« getreten sei. Dies will heißen, daß die Stoßrichtung der Geschichtsschreibung nicht, wie bisher, überwiegend auf eine kritische

Auseinandersetzung mit der Tradition abziele, im Lichte der freiheitlich-demokratischen Verhältnisse unserer Gegenwart, sondern vielmehr auf die Schaffung eines deutschen Geschichtsbildes, dessen sich die Deutschen nicht länger zu schämen haben und mit dem sie sich identifizieren können.

Es liegt mir fern, der Historikerschaft der Bundesrepublik oder auch nur einigen ihrer Vertreter eine bewußte politische Tendenz dieser Art unterstellen zu wollen, aber die neueren Entwicklungen weisen vielfach in eben diese Richtung. Einerseits ist eine gewisse Erschöpfung der dezidiert aus »liberalem« bzw. »demokratischem« Blickwinkel schreibenden Geschichtswissenschaft festzustellen, zugunsten einer Neigung zu Geschichtsschreibung kraft ursprünglichen Wissenwollens oder »unmittelbarer Inspektion«. Dies wird indirekt gestützt durch die weltweite Renaissance der Formen narrativer Präsentation historischer Sachverhalte. Andererseits haben sich schon seit einiger Zeit gegenläufige Interpretationen angekündigt, die Kernpunkte des »liberal-demokratischen« Paradigmas mehr oder minder direkt in Zweifel ziehen, wobei teilweise Überspitzungen der bisher herrschenden Deutungen als Ausgangspunkt dienen. Für diese neue Situation ist es bezeichnend, daß im Zeichen einer verstehenden Geschichtsschreibung »mehr Gerechtigkeit für unsere Väter und Großväter« gefordert wird (Nipperdey).

Der Substanz nach laufen viele dieser Neuinterpretationen darauf hinaus, die angeblich oder wirklich objektiven Faktoren besonders hervorzuheben, die die Fehlentwicklungen der jüngeren deutschen Geschichte und insbesondere die Entstehung der beiden Weltkriege begünstigt haben, im Gegensatz zu bislang vorherrschenden Deutungen, die das Scheitern des demokratischen Weges in Deutschland vor allem auf die Residuen autoritärer gesellschaftlicher Formationen zurückführen. Dazu gehören etwa die Wiederbelebung geopolitischer Argumentationen von der »Mittellage« der Deutschen in Europa, auf die sich die vergleichsweise stärker obrigkeitsstaatlich geprägte politische Kultur der Deutschen im 19. und frühen 20. Jahrhundert im wesentlichen zurückführen lassen. Die Mittellage Deutschlands habe, wie neuerdings gesagt worden ist, auch das politische Schicksal der demokratischen Republik von Weimar höchst ungünstig beeinflußt. Ebenso sind im Zusammenhang neuerer Studien zur Verursachung des Ersten Weltkriegs – einer für die deutsche Geschichtswissenschaft bekanntlich immer noch neuralgischen Frage – neuerdings die neorankeanischen Argumente von der Erstarrung des europäischen Mächtesystems im letzten Jahrzehnt vor 1914 wieder ausgegraben worden, anstelle von politischen Zurechnungen, die auf die Verantwortlichkeit der Führungseliten und die spezifischen Schwachpunkte der politischen Systeme, insbesondere jenes des Deutschen Reichs, abheben. Wen wird es überraschen, wenn auch die These vom »Diktatfrieden« von Versailles, eines der Hauptargumente der deutschen nationalistischen Agitation gegen Weimar, wieder entmottet und erneut in die Diskussion eingeführt wird, um den Alliierten Mächten einen gewichtigen Teil der Verantwortung für das, was dann folgte, zurechnen zu können. In diese Kette von Argumenten fügt sich jüngsthin auch die These von Hillgruber, daß die Zerstörung eines starken, autark geführten Preußen wesentlich auf das Konto der alliierten Kriegsziele schon des Ersten, vor allem aber des Zweiten Weltkrieges gehe. Dies aber habe das Vordringen der kulturfeindlichen Sowjetmacht nach Mitteleuropa allererst möglich gemacht. Dies alles mündet ein in Tendenzen, die darauf hinauslaufen, wieder eine harmonischere, eine »deutschere« deutsche Geschichte zu schreiben, die die positiven Kontinuitäten, welche die gegenwärtige Wirklichkeit der Bundesrepublik mit der deutschen Vergangenheit verbinden, in besonderem Maße betont.

Den eigentlichen Stein des Anstoßes bildet dabei nicht eben überraschend die Behandlung der Ära des Nationalsozialismus, die sich, wie kurz sie auch in zeitlicher Perspektive erscheinen mag, als eine große, dramatische Zäsur in der deutschen Geschichte nun einmal nicht hinwegräumen läßt. Daran vor allem hat sich der Historikerstreit entzündet. Neuerdings ist von verschiedener Seite die Devise einer »Historisierung« des Nationalsozialismus ausgegeben worden. Broszat meint damit eine Integration der Zeit des Nationalsozialismus in den Gang der deutschen Geschichte, statt diese, wie bisher, vielfach in idealer Isolierung zu betrachten und demgemäß den kritischen Schlußfolgerungen, die sich für die Interpretation der deutschen Geschichte als ganzer ergeben, gleichsam auszuweichen. Ernst Nolte und Klaus Hildebrandt hingegen verbinden mit dieser Devise eher die umgekehrte Erwartung, nämlich eine historische Relativierung des Geschehens, durch deren Einordnung in einen Gesamtzusammenhang, in dem von vielen Herrschaftssystemen von großer Gewaltsamkeit die Rede ist. Dies wäre in der Tat geeignet, der Zeit des Nationalsozialismus ihre Singularität zu nehmen. Angesichts ihrer Verknüpfung mit dem Problem, wie die Politik der Judenvernichtung historisch eingeordnet werden solle, hat diese Frage ein hohes Maß von politischer Brisanz gewonnen; die Art, wie sie beantwortet wird, ist jedoch, von dem speziellen Aspekt der historischen Zurechnung des Holocaust einmal ganz abgesehen, von größter Bedeutung, denn davon hängt es gutenteils ab, wie die Deutschen ihre eigene Nationalgeschichte zu verstehen haben. In einer geistigen Situation, in der das Interesse der breiten Öffentlichkeit an Geschichte und speziell an einer historischen Verortung der jeweils eigenen Gegenwart wieder neu erwacht ist, haben diese Fragen große Aktualität zurückgewonnen. Denn ersichtlich ist es von erheblicher Bedeutung, wie ein Volk sich selbst im Spiegel der Geschichte zu sehen bereit ist.

In diesem Zusammenhang ist es erforderlich, sich zu erinnern, daß zwischen dem Geschichtsbild, bzw. den Geschichtsbildern in der breiteren Öffentlichkeit und dem inzwischen im Forschungsprozeß erreichten Wissensstand vorderhand noch eine erhebliche Distanz besteht, die sich nur nach und nach und niemals vollständig wird schließen lassen. Zwischen dem primären Geschichtsbewußtsein der Zeitgenossen, in welches die jeweiligen persönlichen Erfahrungen ebenso wie die propagandistischen Verfälschungen der historischen Wahrheit seitens der jeweils Mächtigen eingeflossen sind, und dem wissenschaftlich kontrollierten Geschichtsbild bestand immer schon eine tiefe Kluft; im Falle der jüngsten deutschen Geschichte und insbesondere der Zeit des Nationalsozialismus ist diese, wie einleuchtend sein dürfte, ungewöhnlich tief. Nachdem einmal das Tabu gefallen ist, das bislang über die nationalsozialistische

Ära gebreitet war, treten in der breiteren Öffentlichkeit naturgemäß wieder ältere, streng wissenschaftlich gesprochen überholte bzw. falsifizierte Auffassungen wieder zutage, nicht selten zur großen Irritation der politisch Verantwortlichen. Diese Situation schafft jedoch ein geistiges Klima, in der die Geschichtswissenschaft, die ja stets ein Kind ihrer Zeit ist, in der Versuchung steht, dem Drängen nachzugeben, die Geschehnisse der jüngsten Vergangenheit in einem milderen Lichte darzustellen, als dies bisher überwiegend der Fall gewesen ist, und insbesondere die sog. »objektiven« historischen Gründe zu betonen, die dazu beigetragen haben, daß es zur deutschen Katastrophe gekommen ist. Dem gleichen Zwecke dienen Vergleiche mit Entwicklungen und Ereignisfolgen, und insbesondere anderen Fällen von Genozid in der Geschichte anderer Völker oder Herrschaftssysteme: diese dienen normalerweise nicht der Erfassung der strukturellen Bedingungen, unter denen derartige Geschehnisse vorkommen können, sondern es handelt sich nur um Reihungen, die den Holocaust in einem vergleichsweise milderen Licht erscheinen lassen.

Dies ist der eigentliche Kern der jüngsten Auseinandersetzungen in der Bundesrepublik. Ist wirklich der Zeitpunkt gekommen, das »liberal-demokratische« Paradigma, das mit der jüngeren deutschen Geschichte in der Tat in einer dezidiert kritischen Weise umgegangen ist, um die primäre Erinnerung der Zeitgenossen im Lichte unseres heutigen Wissens rückhaltlos zu revidieren, durch ein neues Paradigma zu ersetzen, welches es den Deutschen erlaubt, einen Schlußstrich unter ihre Vergangenheit zu ziehen und mit der eigenen Geschichte wieder Frieden zu schließen? Anders gesagt, sollen wir der primären Erinnerung, obschon diese durch jahrzehntelange propagandistische Einwirkungen ebenso wie durch das Bedürfnis, die eigene Rolle in diesem Geschehen nachträglich als gerechtfertigt erscheinen zu lassen, mehr oder minder weitgehend verfälscht ist, nunmehr durch eine Revision unserer historischen Interpretation entgegenkommen?

Gegen eine solche Forderung, wie sie in der jüngsten Debatte immer wieder mehr oder minder deutlich aufgestellt worden ist, sprechen aus meiner Sicht sowohl wissenschaftliche wie politische Gründe. Es ist kein Zweifel, daß an manchen Punkten Modifikationen an den Deutungen der jüngeren deutschen Geschichte, wie sie unter dem Einfluß des »liberal-demokratischen« Paradigmas entwickelt worden sind, sachlich geboten sind. Aber mit einer bloßen Einebnung der Probleme durch eine Geschichtsschreibung, die die positiven Bestände der deutschen Geschichte wieder stärker in den Mittelpunkt der Betrachtung rücken will, kann niemandem gedient sein. Ich vermag bei jenen, die sich besonders lautstark gegen den »negativen Nationalismus« der Historiker der kritischen Richtung ausgesprochen haben und die empfehlen, die gegenwärtige Wirklichkeit der Bundesrepublik, anstelle des Jahres 1933, zum zentralen Bezugspunkt der deutschen Geschichtsschreibung zu nehmen, nicht eigentlich ein neues Paradigma zu entdecken, sondern vielmehr nur die Wiederaufnahme von Deutungsmustern und Erklärungsmodellen aus der Zeit des Wilhelminismus. Im Falle der jüngsten Stellungnahmen von Ernst Nolte ist noch etwas Ärgeres zu verzeichnen, nämlich die – gewiß unbeabsichtigte – Tendenz, das Bild, das der Nationalsozialismus von sich selbst zeichnete, für die Wirklichkeit auszugeben oder doch dessen Selbststilisierungen zum Ausgangspunkt einer Deutung der Ära des Nationalsozialismus zu machen, die zumindest den Eindruck zu erwecken vermag, daß die Nationalsozialisten unter den gegebenen Umständen so unrecht auch wieder nicht gehabt haben dürften. Was soll eine Argumentation, die Hitlers Entschluß zur Judenvernichtung aus dessen Ansichten über die angeblich »asiatische« Grausamkeit des »jüdischen« Bolschewismus abzuleiten sucht, wie dies Ernst Nolte jüngst getan hat, anderes bewirken, so fragt man sich ernstlich. Und wenn Nolte in seinem jüngst erschienenen Buch »Der europäische Bürgerkrieg 1917–1945. Nationalsozialismus und Bolschewismus« die Herrschaftsübernahme des Nationalsozialismus explizit als »antimarxistische Machtergreifung« bezeichnet, so leistet er dem schon zeitgenössischen Mißverständnis Vorschub, als ob 1933 *rebus sic stantibus* allein der Nationalsozialismus Deutschland vor dem Bolschewismus, als der die abendländische Kultur angeblich schlechthin bedrohenden Macht, habe retten können. So lauteten in der Tat die Propagandathesen Hitlers und Goebbels, und viele der sich erinnernden Zeitgenossen werden ihre eigenen damaligen Vorurteile im nachhinein wissenschaftlich bestätigt finden.

Derartige wissenschaftliche Interpretationen, sei es, daß sie mit Hilfe einer phänomenologischen Methode gewonnen werden, sei es, daß sie sich des klassischen historistischen Prinzips des voraussetzungslosen »Verstehens« bedienen, führen, wie sich am Beispiel der Behandlung von historischen Epochen von großer Wertheterogenität deutlich machen läßt, sachlich in die Irre, ganz abgesehen davon, daß sie zu politischen Folgerungen führen könnten, die vom Standpunkt einer demokratisch verfaßten Ordnung schwerlich als akzeptabel erscheinen dürften. Wenn Ernst Nolte die Faschismen, und speziell den Nationalsozialismus, darauf reduziert, nichts mehr und nichts weniger als Reaktionen auf die seit der Oktoberrevolution einen europäischen Bürgerkrieg führende Sowjetmacht zu sein, so läuft dies darauf hinaus, alle jene endogenen Faktoren zu negieren, die den Aufstieg totalitärer Massenbewegungen in fortgeschrittenen Industriestaaten von hohem zivilisatorischen Niveau wie Italien und Deutschland allererst ermöglicht haben, wie z. B. der radikale Nationalismus und die imperialistische Ideologie, von den Unzulänglichkeiten der politischen Systeme und der gesellschaftlichen Ordnungen ganz zu schweigen. Tatsächlich läuft eine jede Deutung der Politik des Nationalsozialismus als einer exakten Kopie des bolschewistischen Vorbilds, die dann freilich in der Folge zu »Überschießungen« desselben geführt hätten, auf eine partielle Identifikation mit den Rechtfertigungsmustern hinaus, derer sich die Nationalsozialisten bedienten, um ihre Politik gegenüber den bürgerlichen Schichten zu legitimieren; die zielbewußte Beschwörung der angeblichen Gefahr eines kommunistischen Umsturzes, der allein die nationalsozialistische Bewegung habe wehren können, und die konsequente Schürung eines aggressiven Antibolschewismus sind bekanntlich Kernbestände des nationalsozialistischen Propagandaarsenals gewesen.

Verzeichnungen ähnlicher, wenngleich von bei weitem geringerer Reichweite finden sich in Andreas Hillgrubers Büchlein »Zweierlei Untergang«. Es dürften primär traditionell historistische Überlegungen gewesen sein, die Hillgruber dazu veranlaßten, sich im Zusammenhang seiner Beschreibung des deutschen Ostfeldzugs 1944/45 mit der »verantwortungsethischen« Haltung der Offiziere, Bürgermeister und nationalsozialistischen Hoheitsträger im Osten zu identifizieren, im Gegensatz zur »gesinnungsethischen« Haltung des Widerstands, getreu dem herkömmlichen historistischen Prinzip, daß sich der Historiker mit seinen Objekten in eins zu setzen habe. Aber die Folgerung, daß der verzweifelte deutsche Abwehrkampf im Osten objektiv der Verteidigung der europäischen Zivilisation gegen die Gewaltherrschaft des Bolschewismus gegolten habe und demgemäß der 8. Mai 1945 aus deutscher Perspektive nicht etwa als Tag der Befreiung, sondern vielmehr als Tag der endgültigen Besiegelung der Katastrophe Europas zu sehen sei, läßt sich mit einer derartigen historistischen Methode gewiß nicht rechtfertigen.

Wie dem auch sei, derartige Ansätze zu einer Deutung der jüngeren deutschen und europäischen Geschichte laufen, von der Frage ihrer wissenschaftsimmanenten Stichhaltigkeit ganz abgesehen, darauf hinaus, das »liberal-demokratische« Paradigma der Deutung der deutschen und der europäischen Geschichte grundsätzlich in Frage zu stellen. Sie implizieren eine partielle Rechtfertigung der faschistischen Systeme, wie immer ungewollt dies sein möge, unter dem Gesichtspunkt, daß diese eine objektiv positive Rolle in der Abwehr des bolschewistischen Herrschaftsanspruches über Europa gehabt haben, ungeachtet der ansonsten unbestritten katastrophalen Auswirkungen der faschistischen Herrschaft über Europa auf Deutschland, Europa und die Welt. Sie bilden Bausteine eines »deutscheren« deutschen Geschichtsbildes, das auf Methoden, Argumentationsmuster und Erklärungsmodelle zurückgreift, die sich teilweise bereits in der neorankeanischen Geschichtsschreibung des 19. und frühen 20. Jahrhunderts finden. Bislang bestand in der westlichen Geschichtsschreibung weitgehende Einigkeit darüber, daß die Argumentationsmuster des herkömmlichen Historismus deutscher Spielart heute nicht mehr zureichend seien, um die Geschichte der Deutschen im Rahmen der gesamteuropäischen Geschichte zu schreiben. Es könnte sein, daß die deutsche Geschichtswissenschaft dabei ist, wieder ihre eigenen Wege abseits jener der anderen europäischen Völker zu gehen. Es ist letzten Endes diese Frage, die den erbitterten Streit der letzten Monate unter den deutschen Historikern ausgelöst hat, obschon diese sich seiner grundsätzlichen Aspekte nur selten bewußt waren, und die zu Recht das Augenmerk auch der anderen westlichen Völker auf sich gezogen hat.

Die Deutschen und ihre Geschichte
(1988)

Die deutsche Geschichte ist in weit höherem Maße als jene anderer europäischer Nationen durch tiefgreifende Kontinuitätsbrüche gekennzeichnet gewesen, mehr noch, in gewissem Sinne hat es ihr immer an Einheitlichkeit und Geschlossenheit gefehlt. Ernst Schulin hat kürzlich im Zusammenhang einer Betrachtung des Verhältnisses von Universalgeschichts- und Nationalgeschichtsschreibung bei Leopold von Ranke, einem der Altmeister der Geschichtswissenschaft, festgestellt, daß dieser sein großes Lebensziel, nämlich seine Vielzahl von europäischen Nationalgeschichten mit einer deutschen Geschichte abzurunden, deshalb nicht erreicht habe, weil die deutsche Geschichte des Mittelalters und der frühen Neuzeit zugleich in einem eminenten Maße mit der Geschichte der romanischen und germanischen Völker in ihrer Gesamtheit verflochten gewesen sei; es habe sich als fast unlösbar erwiesen, die Geschichte der Deutschen rein für sich aus der allgemeinen Geschichte Europas herauszulösen. In der Tat sind fast alle Höhepunkte deutscher Geschichte zugleich Ereignisse von europäischem Rang gewesen: die Begründung des Frankenreichs durch Karl den Großen, die Ottonische Reichspolitik des 11. Jahrhunderts und, vielleicht in noch ausgeprägterem Maße, die Reformation und die ihr folgende Gegenreformation. Erst seit dem 18. Jahrhundert, mit dem schrittweisen Verfall des Hl. Römischen Reiches Deutscher Nation, bildete sich eine deutsche Kulturnation aus, die an einem ganzen Bündel deutscher, bisweilen freilich nicht einmal rein deutscher Staaten (wie z. B. Preußen) nur einen recht schwachen Rückhalt besaß. Und die Gründung des Deutschen Reiches durch Bismarck gehörte zwar nicht notwendigerweise zu den »verspäteten Nationsbildungen«, wie dies Plessner gemeint hat – im europäischen Vergleich läßt sich dies nicht eigentlich aufrechterhalten –, aber sie erfolgte durch einen Akt der konservativen Gegenrevolution von oben, mit nur begrenzter Mitwirkung der bürgerlichen Schichten der deutschen Nation. Überdies ließ die kleindeutsche Lösung Bismarcks, wie unvermeidlich sie sich auch im nachhinein dargestellt hat, die Deutsch-Österreicher außerhalb des nationalen Staatsverbandes und verlieh dem protestantischen Volksteil ein eigentlich ganz unangemessenes Übergewicht im Reiche. Der Gründungsakt von Versailles wurde namentlich von liberaler Seite als Erfüllung der nationalen Bestrebungen der Nation bejubelt. Gleichwohl war das Deutsche Reich bei seiner Gründung schwerlich schon ein Nationalstaat, sondern ein von tiefen Bruchlinien durchzogenes Gebilde, welches wesentliche Teile der Bevölkerung, namentlich die Katholiken und die Arbeiterschaft, zunächst als minderprivilegiert behandelte; erst im Laufe der weiteren Entwicklung, die das Deutsche Reich zu einer latenten Hegemonialmacht auf dem europäischen Kontinent und schließlich auch zu einer bedeutenden Wirtschaftsmacht werden ließ, sollte sich dies ändern. Wesentlich getragen von einer nationalen Integrationsideologie, der sich nach und nach immer breitere Schichten der Bevölkerung anschlossen, wurde das Kaiserreich zu einem, von seinen Bürgern auch innerlich akzeptierten, Staat der deutschen Nation. Es sei beiläufig bemerkt, daß die Geschichtswissenschaft ihrerseits in nicht unerheblichem Maße dazu beigetragen hat, daß sich ein solches integrales Nationalbewußtsein, oder soll man sagen: eine nationale Identität, entwickelte. Zumindest die große Mehrheit der Deutschen identifizierte sich mit diesem Staat, wenn auch nicht ohne weiteres mit dem von Bismarck geschaffenen und durch eine Vielzahl von Faktoren immer wieder konsolidierten halbautoritären Regierungssystem, namentlich als dieses die nationalen Aspirationen der Deutschen nicht mehr zureichend zu repräsentieren schien.

Erst in unserer Gegenwart wird vollends deutlich, in wie starkem Maße die Ära des Kaiserreichs, obschon dieses nurmehr 47 Jahre Bestand gehabt hat, also kaum länger als die – jedenfalls im staatsrechtlichen Sinne – weiterhin als Provisorium zu betrachtende Bundesrepublik, das Geschichtsbild der Deutschen, aber auch das Bild, das sich andere europäische Völker von den Deutschen gemacht haben, geprägt bzw. beeinflußt hat. Die Revolution von 1918/19 führte zwar zur Begründung einer demokratischen Republik, aber man wird darin schwerlich einen wirklichen Neuanfang sehen können. Denn die Hypotheken der Vergangenheit lasteten in solchem Maße über der glücklosen Weimarer Republik, daß die demokratische Neuordnung von der großen Mehrheit der Bevölkerung, insbesondere aber von den alten Eliten und den bürgerlichen Schichten, niemals wirklich akzeptiert wurde.

Dies läßt sich unter anderem deutlich daran ablesen, daß sich während der Weimarer Republik ein neues, demokratisches Geschichtsbild so gut wie überhaupt nicht hat durchsetzen können, trotz vielfacher intensiver Bemühungen demokratisch gesinnter Persönlichkeiten wie beispielsweise des langjährigen preußischen Kultusministers Karl Becker. Vielmehr blieb das in den bürgerlichen Schichten und insbesondere in den akademischen Kreisen dominante Geschichtsbild in ausgeprägtem Maße am Kaiserreich orientiert; die bedrückende Gegenwart wurde ganz überwiegend an den vorgeblich glanzvollen Maßstäben des Kaiserreichs gemessen und demgemäß zumeist als den deutschen politischen Traditionen wesensfremd verworfen. Erich Marcks, damals Inhaber von Rankes Berliner Lehrstuhl und ein äußerst einflußreicher Historiker weit über die scientific community hinaus, gab beispielsweise die Devise aus, daß es darum gehen müsse, den »Pygmäen von heute« die Erinnerung an »die Heroen von gestern« entgegenzusetzen. Immerhin fanden sich auch Vernunftrepublikaner wie Friedrich Meinecke in den Reihen der Historiker, die die demokratische Republik unter den gegebenen Umständen als das geringste Übel betrachteten. Aber die Zahl der wirklich demokratisch gesinnten Historiker war klein, und ihre Chancen, sich innerhalb des Wissenschaftssystems durchzusetzen, waren durchweg gering.

In mancher Hinsicht verringerte allein schon die leidenschaftliche Abwehrkampagne gegen den Kriegsschuldvorwurf des Art. 131 des Versailler Vertrages, die man aus Gründen der Staatsraison für notwendig hielt, von Anfang an die Chancen, der jungen demokratischen Republik durch eine klare und unzweideutige Distanzierung von der Politik der Kaiserlichen Regierungen einen unbefangenen Neuanfang zu ermöglichen. Gleiches gilt im Bereich des öffentlichen Bewußtseins, von dem in der Ära Bismarcks und des Wilhelminismus verfestigten Geschichtsbild, welches eine obrigkeitliche Führung der Nation aus staatspolitischen und geopolitischen Gründen gleichermaßen für notwendig, vor allem aber als den besonderen Traditionen der deutschen Geschichte allein angepaßt, angesehen hatte. Es gelang so gut wie nicht, hier eine grundlegende Revision zu erreichen. Soweit die Wilhelminischen Traditionen überhaupt unter Beschuß gerieten, geschah dies von seiten eines betont großdeutschen Nationalismus, der die angeblichen Versäumnisse Bismarcks brandmarkte, das Reich rechtzeitig, d. h. bevor die anderen Mächte stark genug gewesen seien, um dies zu verhindern, zu einer Großmacht im Weltmaßstab zu erheben. Paradoxerweise blieb auch die Arbeiterschaft ihrem in der Zeit ihres Pariastatus ausgebildeten, weitgehend orthodox-marxistischen Geschichtsbild treu, welches ganz auf sozialistische Zukunftserwartungen ausgerichtet war und demgemäß praktische Politik in der Gegenwart erschwerte, ja vielfach zu einer Unmöglichkeit machte. Während der Zeit der Weimarer Republik kam es nicht zu einer Symbiose des deutschen und des westeuropäischen Denkens, für die sich beispielsweise Ernst Troeltsch in den ersten Jahren nach dem Ende des Ersten Weltkrieges so leidenschaftlich eingesetzt hatte. Vielmehr blieben die Deutschen auf ein nationaldeutsches Geschichtsbild fixiert, welches sich ganz überwiegend im späteren 19. Jahrhundert ausgebildet hatte. Sie waren daher in ihrer großen Mehrheit weder dazu bereit noch innerlich in der Lage, die neuen Verhältnisse und deren, historisch langfristig angelegten, Bedingungsfaktoren wirklich anzuerkennen.

Insofern beobachten wir bereits in der Weimarer Zeit ein Auseinanderdriften des Geschichtsbildes der Deutschen und des Geschichtsbildes anderer europäischer Völker. Für die Franzosen und Engländer stand fest, daß die Deutschen ein obrigkeitsliebendes Volk seien und daß sich daran im Prinzip nach 1918 wenig geändert habe. Zwar war der Respekt vor der deutschen Nation, die einen Luther und einen Kant hervorgebracht hatte, weiterhin groß. Und es fehlte nicht an Bereitschaft zum schrittweisen Abbau alter Gegensätze, was aber auf deutscher Seite nicht immer auf Gegenliebe stieß, wie sich etwa am Beispiel der historiographischen Behandlung der Rheinpolitik Napoleons oder der Verursachung des Krieges von 1870 zeigen ließe. Vielmehr wurden die kriegerischen Auseinandersetzungen der Vergangenheit auf historisch-publizistischem Felde munter weitergeführt. Unter solchen Umständen kam es namentlich in der Kriegsschuldfrage, dem Gegenstand der intensivsten Historikerdebatte der 20er und 30er Jahre, nur scheinbar zu einer Annäherung der Standpunkte, unter anderem, weil das deutsche Auswärtige Amt und ein insgeheim von diesem finanzierter Historikerstab der deutschen Öffentlichkeit ein Maß von Übereinstimmung mit der westlichen Forschung vorspiegelte, das in der Sache gar nicht vorhanden war.

Die Machtergreifung des Nationalsozialismus, die aller ernsthaften und objektiven historischen Forschung einstweilen ein Ende setzte oder dieser doch größte Hindernisse in den Weg legte, verschärfte insofern nur den Trend einer Auseinanderentwicklung des Geschichtsbildes der anderen europäischen Völker und desjenigen der Deutschen selbst. Zwar dürfte es heute als sicher gelten, daß es den Nationalsozialisten nie gelungen ist, den Deutschen ihr eigenes, höchst synkretistisches Geschichtsbild, das die endgültige Überwindung bürgerlicher und liberaler Denkweisen des 19. Jahrhunderts durch ein neues, am Volkstum orientiertes organisches Geschichtsbewußtsein propagierte, uneingeschränkt zu oktroyieren. Gleichwohl kam es zu einer weitgehenden Selbstaufgabe der intellektuellen Eliten gegenüber dem Regime. Dies hat dazu beigetragen, daß jegliche Resistenz gegenüber der nationalsozialistischen Propaganda fehlte. Die nationalsozialistische Ideologie gab sich als eine extreme Steigerung der überkommenen nationalistischen Geschichtsauffassungen aus, unter Ausweitung derselben auf das gesamte deutsche »Volkstum« und unter Propagierung völkisch-rassistischer Ideen. Der Nationalsozialismus vermochte dabei vielfach an die älteren Traditionen eines integralen Nationalismus anzuknüpfen, der immer schon die ethnisch-völkische Homogenität der Nation und die völlige Assimilation, wenn nicht gar Ausgrenzung nichtdeutscher Bevölkerungsgruppen, und insbesondere der Juden, gefordert hatte. Den Nationalsozialisten gelang es vielfach äußerst erfolgreich, sich die geistigen und kulturellen Traditionen der deutschen Geschichte nutzbar zu machen und sie als Versatzstücke eines synkretistischen Geschichtsbilds zu verwenden, welches das Dritte Reich Adolf Hitlers als die Erfüllung von 1000 Jahren deutscher Geschichte propagierte, ein Geschäft, an dem freilich die professionelle Historie, und fast mehr noch die professionelle Soziologie, bereitwillig mitgewirkt haben.

Die Diskreditierung nicht nur des nationalsozialistischen Geschichtsbildes, sondern auch der überkommenen bürgerlich-nationalen Geschichtsdeutungen, die im Zeichen des Historismus wenig Resistenz gegenüber ideologischer Inanspruchnahme seitens der jeweils Herrschenden gezeigt hatten, erschien im Augenblick des Zusammenbruchs des Nationalsozialismus unter den Schlägen der Alliierten Armeen vollkommen zu sein. Namentlich die jüngere Generation, die dem Inferno der Kriegspropaganda weitgehend schutz- und orientierungslos ausgeliefert gewesen war und jetzt plötzlich mit der historischen Wahrheit konfrontiert wurde, empfand dies so. War 1945 jedoch wirklich eine Stunde Null, die einen innerlich völlig neuen Anfang möglich machte, wie dies namentlich Karl Jaspers damals eindringlich gefordert hat? Eine nüchterne rückblickende Analyse zeigt, daß dies weder der Fall war noch überhaupt denkbar gewesen wäre. Selbst die schwerwiegenden Erfahrungen, wie sie die Deutschen in den ersten Jahren nach dem Zusammenbruch des NS-Regimes machen mußten und die einem Verlust ihrer historischen Identität nahekamen, vermochten nicht über Nacht ein neues Geschichtsbild hervorzubringen. Und in nur begrenztem Umfang wird man der alliierten Politik der Reeducation Erfolge in dieser Hinsicht zuschreiben können; nur die jüngere, heranwachsende Generation wurde dadurch erreicht, während die älteren Generationen eher in ihrer Neigung bestärkt wurden, sich angesichts der vielfach existenzbedrohenden Entnazifizierungsverfahren in eine Haltung des Verschweigens, wenn nicht gar des Verdrängens zu flüchten. Die Erfahrungen der jüngsten deutschen Geschichte kamen einem schweren Trauma gleich, welches viele Menschen dazu bestimmte, die jüngste Vergangenheit zu tabuisieren, und mit ihr, wenn auch mehr vermittelt, die geschichtliche Erinnerung überhaupt. Ob diese Tabuisierung der jüngsten Vergangenheit eine notwendige Bedingung dafür darstellte, überhaupt wieder Fuß fassen zu können, wie jüngsthin Hermann Lübbe argumentiert hat, oder ob die damit verbundene unvollkommene Neuorientierung des historischen Bewußtseins eine Belastung darstellte, die bis heute nachwirkt, sei hier dahingestellt. Eines ist jedoch gewiß: eine grundlegende Abrechnung mit der jüngeren deutschen Vergangenheit blieb, was die breitere Öffentlichkeit anging, zunächst aus. Selbst in der akademischen Geschichtswissenschaft herrschte zunächst die Tendenz vor, gleichsam vor den unmittelbar aktuellen politischen Problemen wegzutauchen und sich Fragestellungen zuzuwenden, die der Tagespolitik eher fern lagen; statt dessen waren universalhistorische Reflexionen an der Tagesordnung, in Wiederanknüpfung an die Geschichtsschreibung eines Jakob Burckhardt, eines Alexis de Tocqueville oder eines Leopold von Ranke, der mit Entschiedenheit das Programm einer objektiven, über den Parteiungen des Tages stehenden Historiographie vertreten hatte.

Immerhin kam es im Lager der Geschichtswissenschaft, beginnend mit Friedrich Meineckes »Die deutsche Katastrophe« aus dem Jahre 1946, zu einer selbstkritischen Hinterfragung der eigenen Traditionen. Ernst Heimpel zum Beispiel bekannte schon auf dem ersten deutschen Historikertag nach 1945, daß das deutsche historische Bewußtsein seit dem späten 18. Jahrhundert mit der Abwendung von der westeuropäischen Aufklärung und der unkritischen Übernahme irrationalistischer Denkformen gleichsam einen »Sonderweg« eingeschlagen habe, den es zu revidieren gelte. Die deutsche Geschichte insgesamt müsse gleichsam wieder bis in das späte 18. Jahrhundert zurückkehren und die damals verlorengegangenen Verbindungen mit den westeuropäischen Traditionen wieder aufs neue zu knüpfen suchen. Daran zu arbeiten sei die eigentliche

Aufgabe einer erneuerten Geschichtswissenschaft. Dies lief auf die These hinaus, daß die namentlich im Lager der Historikerschaft für lange Zeit vorherrschende Auffassung von einem besonderen deutschen Wege, der sich von den Velleitäten der westlichen materialistischen Massendemokratie und den oppressiven Herrschaftsmethoden der östlichen Autokratie gleichermaßen freizuhalten habe, gründlich zu revidieren und den geistigen Anschluß an die liberalen Traditionen Westeuropas zu suchen. Friedrich Naumann beispielsweise hatte den besonderen historischen Weg des deutschen Volkes, als des »ersten revolutionslosen Großvolks« der Weltgeschichte, als ideal gepriesen und den gesellschaftlichen Entwicklungspfaden der Staaten Westeuropas und der USA, insbesondere aber Großbritanniens, als vorbildhaft entgegengestellt, wegen der hier gelungenen glücklichen Kombination von staatlicher Ordnung, sozialem Fortschritt und wirtschaftlichem Wohlstand. Nach 1945 setzte sich schrittweise auch in Deutschland die Erkenntnis durch, daß die Fehlentwicklungen der jüngeren deutschen Geschichte ganz wesentlich auf ein grundlegendes Defizit liberaler Gesinnung und freiheitlicher Institutionen, kurz gesagt: auf das Fehlen einer erfolgreichen Revolution im Verlauf der deutschen Geschichte, zurückgeführt werden müsse.

Diese Auffassungen, wie sie in der jüngeren Generation vorwiegend liberaler Historiker zunehmend an Boden gewannen, kamen einer teilweisen Wiederannäherung des historischen Bewußtseins der Deutschen der Bundesrepublik an das geschichtliche Denken des Westens über Deutschland und die Deutschen gleich. Letzteres war immer schon von dem liberalen Paradigma bestimmt gewesen, daß in erster Linie die autoritären politischen Traditionen Deutschlands für die Entstehung der beiden Weltkriege und für den Aufstieg des Nationalsozialismus zur Macht verantwortlich zu machen seien. Insbesondere verwiesen sie auf die Hegemonie eines von traditionellen Eliten beherrschten Preußens im Reiche, die Machtposition einer militaristischen Führungselite in Staat und Gesellschaft, die wirtschaftliche Dominanz einer vergleichsweise kleinen Gruppe von industriellen Magnaten und die politische und gesellschaftliche Vorrangstellung der alten aristokratischen Schichten als spezifischen Faktoren, die eine aggressive Außenpolitik Deutschlands begünstigt hätten und wesentlich zur Entstehung der beiden Weltkriege und zum Aufstieg des Nationalsozialismus beigetragen hätten. Anfänglich herrschte nach 1945 in der angelsächsischen Welt die Tendenz vor, die gesamte deutsche Geschichte seit Luther zur Vorgeschichte des Nationalsozialismus zu erklären, wie dies beispielsweise in einem damals sehr erfolgreichen Buche von William S. Shirer über den Aufstieg des Nationalsozialismus zur Macht publikumswirksam formuliert wurde, wenngleich die ernsthafte Forschung dies niemals mitgetragen hat. Wesentlich dagegen richteten sich die Bestrebungen namentlich des Freiburger Historikers Gerhard Ritter, gegenüber einer solchen globalen Verdammung soviel wie möglich an Traditionsbeständen der deutschen Geschichte zu retten und, aus einer konservativen Sichtweise heraus, zu verteidigen, welche in der modernen Massengesellschaft als solcher die wesentliche Wurzel der totalitären Regime sah. In den gleichen Zusammenhang gehört, wenngleich aus weitaus differenzierterer Perspektive gesehen, Hans Rothfels' bekannte Studie vom Jahre 1948 über den deutschen Widerstand, der gegenüber dem Inferno nationalsozialistischer Gewaltherrschaft, die die breiten Massen in erheblichem Maße in ihren Bann zu schlagen verstanden hatte, das »andere«, das konservative Deutschland repräsentierte, an das in gewissem Betracht auch die neue deutsche Staatsordnung anzuknüpfen haben werde, zwar nicht in den verfassungspolitischen Details, wohl aber in einer an unverzichtbaren transzendentalen Werten und einer übernationalen Staatsidee ethnischer Prägung orientierten politischen Grundhaltung.

Obschon das Wort »konservativ« in der unmittelbaren Nachkriegszeit vollkommen außer Kurs geraten war, behaupteten doch derartige konservative Positionen in der offiziösen Geschichtswissenschaft der Bundesrepublik nach 1945 anfänglich eine dominante Position. Erst nach und nach kamen liberalkonservative und liberale Positionen stärker zum Zuge, wie beispielsweise jene Franz Schnabels, dessen große vierbändige »Deutsche Geschichte« sich an den stärker liberalen Traditionen Südwestdeutschlands orientierte und der bislang einseitig von Preußen und Berlin aus gedeuteten Entwicklung eine Alternative entgegenstellte. Dies entsprach den vorwaltenden Tendenzen im politischen Bewußtsein der Deutschen in der werdenden Bundesrepublik in stärkerem Maße, als es im Nachhinein erscheinen mag. Denn jene erste Generation, die nach 1945 zunächst die Geschicke der Deutschen in den westlichen Zonen in die Händc nahm, war selbst in hohem Maße geprägt durch die politischen Verhältnisse in Weimar. Ungeachtet ihrer entschiedenen demokratischen Grundhaltung blieb sie in wesentlicher Hinsicht an den politischen und geistigen Traditionen Weimars orientiert; daneben waren sie von ihren persönlichen Erfahrungen des Kampfes gegen das nationalsozialistische System geprägt worden. Das Deutsche Reich Bismarcks war für sie, von unterschiedlichen Einstellungen in Einzelheiten abgesehen, weithin das einzige verbindliche Modell für die künftige politische Gestaltung der Verhältnisse in Mitteleuropa, das verfügbar schien; Adenauers teilweise davon abweichende Haltung, die einer Verschmelzung der westlichen Teile des ehemaligen Reiches mit Frankreich, auch um den Preis des Verlusts der staatlichen Einheit der Nation durchaus nicht abgeneigt war, setzte sich in diesem Punkte nicht durch. Unter der Oberfläche lebten überdies starke Restbestände eines traditionellen Nationalismus fort, die erst nach und nach ihr politisches Gewicht einbüßen sollten.

Dem entspricht es, daß es eigentlich erst seit dem Ende der 50er Jahre zu einer grundlegenden Revision des deutschen Geschichtsbildes gekommen ist, die über die Ablehnung des nationalsozialistischen Systems, als eines durch unglückliche Umstände dem deutschen Volke oktroyierten totalitären Herrschaftssystems, hinausging. Die Stufen der Entwicklung dieses Prozesses lassen sich in der historischen Forschung relativ klar festmachen; in vieler Hinsicht stand am Anfang die Auseinandersetzung über die Verursachung des Ersten Weltkrieges, die Fritz Fischer 1959 mit einem Aufsatz in der Historischen Zeitschrift auslöste und in die dann nach und nach alle prominenten Historiker, soweit sie in diesem Gebiete arbeiteten, eingriffen. Die Fischerdebatte, der im Grunde eine, weniger im Rampenlicht der Öffentlichkeit geführte Debatte über Wert und Unwert des Werks Otto v. Bismarcks voranging, die durch die verspätet rezipierte große Biographie Erich Eycks induziert worden war, stellte in mancher Hinsicht den Schwanengesang der älteren, nationalkonservativen Geschichtsschreibung dar; das Feld gehörte fortan einer jüngeren Generation, die sich auch in methodologischer Hinsicht in Neuansätzen versuchte. Diese zögerte nicht, vielfach Anleihen bei den Sozialwissenschaften und der Politologie zu machen und war darüber hinaus bestrebt, die ältere Geschichte der Staatsaktionen und der großen Handelnden durch neuere Formen analytischer, sozialgeschichtlicher und institutionengeschichtlicher Geschichtsschreibung zu ergänzen, wenn nicht gar zu ersetzen.

Mit diesen Debatten setzte ein bemerkenswerter Prozeß einer kritischen Aufarbeitung der deutschen Vergangenheit ein, der schon bald auf einer breiten Front zu Revisionen an Kernbeständen des überkommenen national-konservativen deutschen Geschichtsbildes führte, das nach 1945 zunächst eine gewisse Renaissance erfahren hatte. Während sich die historische Kritik anfänglich auf die Zeit der Herrschaft des Nationalsozialismus und deren unmittelbarer Vorgeschichte konzentriert hatte, kamen nach und nach auch zeitlich frühere Perioden der deutschen Geschichte ins Schußfeld einer revisionistischen Geschichtsschreibung, der es darum zu tun war, die Gründe der Fehlentwicklungen der jüngeren deutschen Geschichte aufzuspüren. Als Leitidee diente dabei das liberale Modell eines evolutionären Prozesses der schrittweisen Ausbildung freiheitlicher Industriegesellschaften, wie es insbesondere die westeuropäischen Staaten und die USA vorexerziert hatten. Die autoritären Elemente des deutschen politischen Systems, die antidemokratische Mentalität der traditionellen Führungseliten, der übersteigerte Nationalismus des deutschen politischen Denkens spätestens seit der Revolution von 1848/49, die Maßlosigkeit der deutschen Weltpolitik der Ära Wilhelms II., die dogmatische Erstarrung und politische Unbeweglichkeit der deutschen Arbeiterbewegung, die sich gleichsam spiegelbildlich zum bestehenden bürokratischen Obrigkeitsstaat verhalten hatte, schließlich die industrielle Entwicklung, die durch den späten Durchbruch der Industrialisierung und die Dominanz der Schwerindustrie gekennzeichnet war, mit ihren illiberalen Folgeerscheinungen, z. B. vergleichsweise autoritären Betriebsstrukturen –, dies alles wurde nun zum Gegenstand kritischer historischer Analyse erhoben. Dergestalt erschlossen sich die tieferen Ursachen der Entwicklungspfade, die die deutsche Politik in die schweren Krisen des 20. Jahrhunderts hineingeführt haben. Dabei spielte die Annäherung an die westliche Forschung zur deutschen Geschichte und die Übernahme vieler ihrer Ergebnisse eine wesentliche Rolle; ihre wegweisende Funktion in vielen Bereichen läßt sich nicht übersehen. Im Zuge dieser Entwicklungen gelang es, den lange bestehenden tiefen Graben zwischen dem deutschen geschichtlichen Bewußtsein und jenem der anderen europäischen Völker weitgehend einzuebnen.

Dieser Prozeß der Revision überkommener historiographischer Auffassungen über die deutsche Geschichte vollzog sich in den 60er und 70er Jahren in einem beachtlichen Tempo, wenn auch nicht ohne wiederholte erbitterte Kontroversen in der Forschung. Am Ende war von den älteren Auffassungen, wie sie noch die Geschichtsschreibung der Weimarer Zeit bestimmt hatten, in vieler Hinsicht wenig übrig geblieben. Heute ist es gar nicht mehr so leicht, einsichtig zu machen, wie schnellläufig dieser Prozeß tatsächlich gewesen ist. Dies hängt jedoch damit zusammen, daß gleichsam in wenigen Jahren ein gewaltiger Forschungs- und Interpretationsrückstand aufzuholen war. Dieser hatte sich schon in den 20er Jahren herausgebildet und war durch den Nationalsozialismus zeitweilig auf Dauer gestellt worden. Es überrascht nicht, daß die breitere Öffentlichkeit dieser Entwicklung im ganzen nicht, oder doch nur streckenweise, zu folgen vermochte, zumal, da diese an ihrer a-historischen Grundhaltung, die einer weitgehenden Tabuisierung der jüngeren deutschen Geschichte gleichkam, weiterhin festhielt. Erst seit einigen Jahren hat sich die Einstellung der Bevölkerung zur Geschichte schlagartig geändert. Der ungewöhnliche Erfolg einer Reihe großer historischer Ausstellungen seit dem Ende der 70er Jahre, allen voran der großen Preußenausstellung vom Jahre 1981, signalisierte ein neuerwachtes, spontanes

Interesse an der Geschichte und insbesondere an der eigenen nationalen Vergangenheit. Der ungewöhnliche Erfolg eines im Jahre 1982 von Werner Weidenfeld herausgegebenen Sammelbandes über »Fragen der deutschen Identität« war ebenfalls ein Indiz dafür, daß im allgemeinen Publikum nunmehr ein intensives Bedürfnis nach historischer Orientierung, nach einer historischen Ortsbestimmung der Gegenwart, erwacht war. Es versteht sich freilich, daß die breitere Öffentlichkeit in ihrem historischen Bewußtsein erheblich hinter dem von der Geschichtswissenschaft erreichten Forschungsstand zurückgeblieben war. Davon einmal abgesehen stand sie, wie nicht anders zu erwarten, in den grundlegenden Bewertungsfragen noch unter dem Einfluß der älteren national-liberalen oder nationalkonservativen Auffassungen, von bisweilen wieder an die Oberfläche tretenden Residuen nationalsozialistischen Gedankenguts ganz zu schweigen.

Dies gab zugleich den Anstoß und ein gutes Stück der Tragkraft für eine Mitte der 70er Jahre einsetzende Trendwende in Fragen der Interpretation der jüngeren Vergangenheit. Diese war zuweilen innerwissenschaftlich begründet, weil die revisionistische Kritik an der deutschen politischen Tradition an einigen Punkten zu weit gegangen war. Ebenso spielten methodologische Gesichtspunkte eine Rolle, wie die weltweite Rückkehr der Geschichtswissenschaft zu primär narrativen Formen der Darstellung und die Renaissance historischer und hermeneutischer Methoden. Aber entscheidend waren politische Gesichtspunkte, namentlich das Bedürfnis, eine Grundlage für eine neue Deutung der deutschen Geschichte zu finden, die sich nicht überwiegend in negativer Abgrenzung zu überholten politischen und gesellschaftlichen Traditionen erschöpfen möge. Dies wesentlich hatte Thomas Nipperdey im Auge, wenn er gegen Hans-Ulrich Wehler gewandt betonte, daß es viele Kontinuitäten gebe, nicht nur jene, die zum Jahre 1933 bzw. 1945 hinführen, sondern auch solche, die ihren ideellen Zielpunkt in der politischen und gesellschaftlichen Wirklichkeit der Bundesrepublik besitzen. Diese Forderung war als solche vernünftig und legte den Finger an eine Schwachstelle der revisionistischen Richtung der deutschen Geschichtswissenschaft. Damit verband sich jedoch in der Folge eine weit grundsätzlichere Attacke auf die revisionistischen Positionen in der deutschen, ja der westlichen Geschichtswissenschaft überhaupt. Dieser wurde nunmehr vorgehalten, sich gar zu rückhaltlos dem klassischen liberalen Paradigma vom »deutschen Sonderweg« verschrieben und demgegenüber die Bedingungen deutscher Politik innerhalb des klassischen Mächteeuropa ebenso vernachlässigt zu haben wie die Besonderheiten des deutschen Entwicklungspfades zur industriellen Gesellschaft. Diese Einwände erhielten zusätzliche Unterstützung von außerhalb, durch die Kritik zweier jüngerer englischer Historiker, David Blackbourn und Geoff Eley, an der These vom »deutschen Sonderweg«; diese habe die tatsächliche gesellschaftliche Entwicklung insbesondere Großbritanniens ganz unangemessen idealisiert. In Wahrheit sei es auch in Deutschland, und zwar ohne daß dafür eine erfolgreiche Revolution erforderlich gewesen sei, zur Ausbildung einer bürgerlichen Gesellschaft gekommen, obschon diese gewissermaßen obrigkeitsstaatlich verformt gewesen sei. In der Tat wird man sagen müssen, daß die politische und gesellschaftliche Entwicklung Deutschlands, in europäischer Perspektive gesehen, gleichsam im Mittelfeld progressiver Tendenzen gelegen hat und schwerlich ausschließlich als ein autoritär verformter Entwicklungspfad, der in die politischen Katastrophen der beiden Weltkriege haben führen müssen, gelten kann.

Darauf sattelten sich freilich sogleich genuin konservative Strömungen, denen es darum zu tun war, dem liberalen Paradigma der Deutung der jüngeren deutschen Geschichte, wie es seit den späten 50er Jahren zum herrschenden geworden war, ein für allemal ein Gegenmodell entgegenzustellen. Michael Stürmers »Das ruhelose Reich« ist in dieser Hinsicht noch zurückhaltend. Es akzentuiert in erster Linie jene Gesichtspunkte, unter denen die Fehlentwicklungen der deutschen Geschichte als Folge übergreifender Faktoren, wie etwa der geographischen Lage in der Mitte Europas oder der Mechanismen des europäischen Mächtesystems erklärt werden können, ein Argumentationsmuster, das der in Deutschland seit jeher verbreiteten Neigung zum Selbstmitleid entgegenkommt. Auch

Andreas Hillgruber führt das »Scheitern der deutschen Großmacht« in erster Linie auf die objektiven Bedingungen der europäischen Mächtepolitik im 19. und frühen 20. Jh. zurück und nicht so sehr auf spezifische Verfehlungen der Führungseliten, geschweige denn auf strukturelle Mängel des politischen Systems. Neuerdings hat er deutlicher erkennen lassen, daß aus seiner Sicht allein eine autoritär geführte preußisch-deutsche Großmacht in der Mitte Europas dem Vordringen des Bolschewismus, als eines spezifisch gegen die europäische Kultur gerichteten gesellschaftlichen Systems, nach Mitteleuropa hätte Einhalt gebieten können.

Am deutlichsten freilich artikuliert Ernst Nolte seit einigen Jahren eine neokonservative Position, die bestrebt ist, allen linksgerichteten Interpretationen deutscher Geschichte die Grundlage zu entziehen, insbesondere solchen, die die Faschismen und insbesondere den Nationalsozialismus als Kronzeugen für eine die kapitalistische Ordnung in Zweifel ziehende Politik zu bemühen geneigt sind. Aus seiner Sicht sind der Kommunismus und die Faschismen gleichermaßen Kinder des Liberalismus, der die weltanschauliche Bindung des Menschen an die Transzendenz gelöst und damit die Individuen dazu freigesetzt habe, sich vermittels totalitärer Herrschaftsmethoden absolut zu setzen. Mehr noch, die Faschismen, insbesondere aber der Nationalsozialismus, werden ganz wesentlich als bloß reaktive politische Bewegungen gedeutet, die erst durch die Realität kommunistischer Herrschaft in Ostmitteleuropa ihr brutales Gesicht gewonnen hätten. Die relative Rechtfertigung, die den Faschismen vor der Folie eines in düstersten Farben gezeichneten marxistisch-leninistischen Systems – zu dessen Charakterisierung Nolte sich nicht scheut, emotive Begriffe aus dem Arsenal faschistischer Propaganda, wie die These vom »asiatischen« Gesicht des Kommunismus zu verwenden – zuteil wird, hat vor allem ein Ziel, nämlich sie als historische Belege für linke Argumentationen ein für allemal auszuschalten. Unbesehen, und teilweise nicht einmal als solche wahrgenommen, werden hier historische Prämissen für eine neokonservative Interpretation von Geschichte gelegt, die bestehende Herrschafts- und Gesellschaftsformen endgültig festzuschreiben bemüht ist. An den äußeren Formen der liberalen Ordnung wird allerdings festgehalten, weil sie als Schutzwehr gegenüber totalitären Herrschaftsformen vornehmlich des sozialistischen Typs als unentbehrlich betrachtet werden.

Die jüngst in der Bundesrepublik unter der Bezeichnung des sog. »Historikerstreits« ausgetragene Auseinandersetzung hat eine bemerkenswert breite öffentliche Resonanz gefunden, nicht nur in der Bundesrepublik, sondern zunehmend auch im westlichen Ausland. Dieser Streit ist als solcher eigentlich nur ein Reflex der bereits erwähnten tiefgreifenden Veränderungen im historisch-politischen Bewußtsein der Deutschen, die sich in den letzten Jahren vollzogen haben. Die Bundesrepublik ist gleichsam aus dem Stadium eines provisorischen Staatsgebildes herausgetreten; eine neue Generation, die selbst nicht mehr im Banne der Erfahrungen des Zweiten Weltkriegs aufgewachsen ist, tritt den Problemen der jüngeren deutschen Geschichte weit unbefangener, freilich zuweilen auch weit kritischer gegenüber als die vorgehenden Generationen. Andererseits hat das Wiedererwachen eines lebendigen Interesses an Geschichte, und namentlich der Nationalgeschichte der Deutschen, ältere Auffassungen wieder an die Oberfläche dringen lassen, die bislang überwiegend von einer mentalen Isolationsschicht überdeckt gewesen waren. Die Pandorabüchse, die lange verschlossen war, ist wieder geöffnet, und manches, was nun an den Tag dringt, von rechtsradikalen bis hin zu antisemitischen Äußerungen, ist einigermaßen irritierend. Doch ist dies, wie ich meine, an sich keineswegs sonderlich beunruhigend, sondern eher ein Symptom der Tatsache, daß die Deutschen, nachdem sie zunächst einmal gesucht hatten, vor der jüngsten deutschen Vergangenheit gleichsam hinwegzutauchen (Fritz Stern hat jüngsthin gemeint, daß sich dies als Fortsetzung der willigen Hinnahme des nationalsozialistischen Systems durch die deutschen Eliten in den Jahren nach 1933 deuten lasse), die Auseinandersetzung über diese Dinge erst jetzt, mit dreißigjähriger Verspätung, mit offenem Visier zu führen begonnen haben. Es ist nicht überraschend, daß in Teilen der deutschen Öffentlichkeit die Neigung besteht, einen Schlußstrich unter die jüngere deutsche Geschichte zu ziehen und gleichsam ihren Frieden mit der eigenen Vergangenheit zu schließen. Dem entspricht ein verbreitetes Bedürfnis nach einem »harmonischeren« Geschichtsbild, d. h. eines Bildes der deutschen Geschichte, dessen man sich nicht mehr zu schämen habe.

Dieses Bedürfnis bildet den Hintergrund für die Auseinandersetzungen der letzten Monate in der Historikerschaft, aber auch in der breiteren Öffentlichkeit über die jüngere deutsche Geschichte. Michael Stürmer erklärte es unter anderem als aus staatspolitischen Gründen für notwendig, daß die Deutschen zu einem geschlossenen Geschichtsbild zurückfänden, statt in ihrer bisherigen Geschichtslosigkeit zu verharren, weil diese geeignet sei, auch bei ihren Bündnispartnern im Westen Unsicherheit über ihre politische und ideologische Ausrichtung entstehen zu lassen. Ebenso verwies er auf die legitimierende Funktion eines nationalen Geschichtsbildes für die bestehende politische und gesellschaftliche Ordnung. Diese oft vagen und eher emotional als präzis vorgetragenen Argumente, die Stürmer an anderer Stelle dann wieder teilweise modifizierte, repräsentieren gleichwohl einen Trend neokonservativen Denkens, dem es um die Stabilisierung der bestehenden Verhältnisse in der Bundesrepublik geht und das demgemäß der bisherigen Dominanz radikalliberaler Auffassungen Paroli zu bieten bestrebt ist. Hillgruber nahm in einer kleinen, sehr kontroversen Schrift »Zweierlei Untergang« eine Neubewertung der deutschen Ostkriegsführung im letzten Kriegsjahr 1945 vor; diese erfährt hier als Teil des Abwehrkampfes der westlichen Kultur gegenüber dem Bolschewismus eine relative Rechtfertigung, während die Aktionen des deutschen Widerstands in einem aus realpolitischer Sicht nachteiligen Licht dargestellt werden. Im gleichen Zusammenhang plädiert Hillgruber für eine Aufwertung der Rolle Preußens in der deutschen und europäischen Geschichte; allein ein starkes, autoritär geführtes Preußen hätte ein wirksames Bollwerk gegenüber der bolschewistischen Flut abgeben können; seine Zerstörung aber sei in erster Linie den Alliierten Mächten anzulasten, die demgemäß eine wesentliche Mitverantwortung für das Vordringen des Bolschewismus nach Mitteleuropa trügen. Ernst Nolte ist in dieser Richtung jüngst noch erheblich weiter gegangen; er deutet die Politik Hitlers wesentlich als eine Reaktion auf die völkermordende Gewaltpolitik des Bolschewismus und leugnet somit, daß es in der deutschen Tradition eigenständige Wurzeln für den Aufstieg des Nationalsozialismus zur Macht gegeben habe. Nolte bestreitet rundweg, daß die autoritären Traditionen der deutschen Politik, und schon gar nicht das kapitalistische System als solches, ursächlich mit der Entstehung und der zeitweiligen Herrschaft des Nationalsozialismus in Verbindung zu bringen seien. Davon abgesehen bemüht er sich darum, durch Aufweis zahlreicher historischer Parallelen die nationalsozialistische Politik des Völkermords in einem vergleichsweise milderen Lichte erscheinen zu lassen. Dies läuft in der Quintessenz auf eine konsequente Negierung des liberalen Paradigmas hinaus, welches zwischen der unzureichenden Liberalisierung und der politischen Rückständigkeit des Systems des Deutschen Reichs vor und nach 1918 einerseits und der Entstehung der beiden Weltkriege andererseits einen ursächlichen Zusammenhang gesehen hat.

Aus solcher Sicht überrascht es ebenfalls nicht, daß jüngsthin auch die Frage der Entstehung des Ersten Weltkriegs wieder neu aufgeworfen worden ist und vielfach, so von Hildebrand und Schöllgen, nachdem lange die von Fritz Fischer erhärtete These von der Hauptschuld des Deutschen Reiches allgemein akzeptiert erschien, wieder eine vergleichsweise konventionelle Beantwortung gefunden hat, die das Ausmaß der Verantwortung der kaiserlichen Regierung und der deutschen bürgerlichen Schichten an dessen Entstehung wesentlich niedriger ansetzt. Statt dessen sind rein mächtepolitische Erklärungsstrategien, die die Ursachen der beiden Weltkriege in erster Linie in einer antagonistischen Versäulung des europäischen Mächtesystems suchen, wieder in Mode gekommen. Die Spitze dieser neuerlichen Tendenzen bilden jüngst aufgetretene Bestrebungen, den Angriff auf die Sowjetunion im Juni 1941 als einen Präventivkrieg zu deuten, mit dem Hitler einem bevorstehenden Angriff der UdSSR rechtzeitig zu begegnen gehofft habe, ein freilich von der ernsthaften Forschung kaum gestützter Versuch, jene Entscheidung, mit dem das Hitlerregime endgültig in den Abgrund hineinsteuerte, nachträglich mit einem Schleier von Rationalität zu überziehen.

Diese hier nur exemplarisch vorgestellten neueren Interpretationsansätze laufen letzten Endes darauf hinaus, der Renaissance eines traditionelleren Bildes der deutschen Geschichte, oder, zugespitzt gesagt: einer »deutscheren« deutschen Geschichte die Wege zu bahnen. Im Grunde geht es um die Frage, ob die in den 60er und 70er Jahren im Bereich der historischen Forschung und des historischen Bewußtseins erreichte Symbiose des deutschen und des westeuropäischen Denkens auch in Zukunft Bestand haben wird oder ob die Deutschen in der Bundesrepublik beginnen, auch im Bereich des historischen Bewußtseins gleichsam wieder ihren eigenen Weg zu gehen. Manches spricht allerdings dafür, daß die Protagonisten der Wiedergewinnung einer deutschen nationalen Identität vermittels einer Erneuerung des deutschen Geschichtsbildes in einem konservativeren Sinne inzwischen nicht mehr so recht über das froh sind, was sie losgetreten haben.

Wir bedürfen heute der Orientierung über unseren geschichtlichen Standort mehr denn je zuvor, in einer Welt, in der das Vertrauen in die Selbstläufigkeit der technischen Zivilisation weitgehend erschüttert worden ist und auch die ideologischen Fronten an Eindeutigkeit verloren haben. Aber diese Orientierung sollten wir gewiß nicht in einer Rückkehr zu einem traditionellen Geschichtsbild suchen, welches über die großen Kontinuitätsbrüche hinwegtäuscht, wie sie namentlich durch die Herrschaft des Nationalsozialismus mit seinen katastrophalen Folgen für Deutschland, für Europa und die Welt verursacht worden sind. Eine Neuauflage der herkömmlichen deutschen Nationalgeschichte, mit demokratischem Dekor versehen und mit überlebten wilhelminischen Versatzstücken ausstaffiert, ist dazu gewißlich nicht tauglich. Die Vorgeschichte der Bundesrepublik ist nicht mehr allein der herkömmlichen deutschen Geschichte zuzuordnen, sie bildet vielmehr einen essentiellen Bestandteil der Geschichte und der politischen Kultur der westeuropäischen Nationen. Hinter diesen Stand der Dinge können und sollten die Deutschen der Bundesrepublik nicht wieder zurückzugehen suchen.

Zum historischen Selbstverständnis der Deutschen
(1988)

Die Frage nach dem historischen Selbstverständnis der Deutschen wird in den letzten Jahren immer häufiger gestellt. Vielfach wird die Ansicht vertreten, daß das Fehlen eines starken, von einem gemeinsamen Konsens aller Bürger getragenen nationalen Geschichtsbildes die Bundesrepublik auch politisch schwäche. Zum einen wird gesagt, daß dieses Defizit die deutsche Politik in den Augen der westlichen Partner unberechenbar erscheinen lasse, zum anderen wird hervorgehoben, daß ein vom Konsens aller Bürger getragenes nationales Geschichtsbild auch in der Bundesrepublik unverzichtbar sei, um in einer sich immer rascher wandelnden Welt jenem »Pakt zwischen den Generationen« vitale Kraft zu verleihen, den schon Edmund Burke als Kern des Nationalbewußtseins diagnostiziert hat. Nur ein geschichtlich vermitteltes Selbstverständnis, so heißt es, könne in unserer technokratischen Lebenswelt, in der die alltäglichen Beziehungen der Menschen weitgehend durch zweckrationale Regelungen normiert werden, noch Gemeinschaft begründen. Dies aber sei auch deshalb erforderlich, um der Gesellschaft der Bundesrepublik auch in schwierigen Zeiten inneren Zusammenhalt und politische Stabilität zu verleihen. Insbesondere von politischer Seite ist demgemäß neuerdings der Ruf nach einer neuen »nationalen Identität« der Deutschen, oder doch einer Wiederbelebung des nationalen Bewußtseins der Deutschen erhoben worden. Jüngsthin hat sich ein in diesen Fragen bewanderter Politikwissenschaftler gar dahingehend geäußert, daß »die Zukunft der Bundesrepublik« wesentlich davon abhänge, »ob und wie es gelingt, die Identität der Deutschen plausibel zu beschreiben«.

Dies hat ganz offenbar mit den Besonderheiten des historischen Bewußtseins in der Bundesrepublik zu tun. In England und Frankreich beispielsweise würde es gewiß niemandem einfallen, »Identitätsbedarf« in nationaler Hinsicht zu postulieren. In Frankreich wie in Großbritannien ist »nationale Identität« kein Thema, weil es hier eine gewachsene, in vieler Hinsicht kontinuierliche historische Tradition gibt und die historische Entwicklung keine so drastischen Brüche erfahren hat wie im Falle Deutschlands. Es wäre freilich ein schwerer Fehler, ohne weiteres anzunehmen, daß das nationale Bewußtsein der Franzosen oder Engländer nicht nur um vieles kraftvoller, sondern auch einheitlicher sei als jenes der Deutschen; beides ist durchaus nicht zutreffend. Auch hier finden sich bei genauerer Analyse tiefe Bruchlinien im historischen Selbstverständnis, die teils schichtenspezifisch bedingt sind, teils aus noch unzureichend verarbeiteten Erfahrungen der eigenen jüngeren Geschichte herrühren, wie bei dem Vichy-Regime in Frankreich und dem Verlust des Empire in Großbritannien. In Frankreich scheiden sich noch heute die Geister an der Frage, wie die französische Revolution von 1789 zu bewerten sei. In Großbritannien steht eine kleinenglische nationale Tradition der Absonderung gegenüber der übrigen Welt, die vorwiegend bei der Linken beheimatet ist, einer imperialen Tradition gegenüber, die weltoffen ist und die politische und wirtschaftliche Zukunft des Landes in seiner Integration in den größeren europäischen Markt und die Weltwirtschaft sieht.

Nicht in der Gespaltenheit des nationalen Geschichtsbildes unterscheidet sich die Situation der Deutschen von jener anderer, westlicher oder östlicher, Nationen. Es sind vielmehr zwei Tatbestände, die in einer engen Verbindung miteinander stehen. Zum einen ist es das Trauma, das der Nationalsozialismus und sein schmählicher Zusammenbruch in einem Meer von Blut und Gewalt im Bewußtsein der älteren Generationen ausgelöst hat, die den Zweiten Weltkrieg noch aktiv miterlebt haben. Zum anderen ist es die Teilung des ehemaligen Deutschen Reiches in zwei Staaten mit radikal unterschiedlicher gesellschaftlicher Ordnung. Dies wirft die Frage auf, wer denn eigentlich als Referenzsubjekt einer »deutschen Identität« zu gelten habe, die Deutschen der Bundesrepublik, die Bürger der beiden Nachfolgestaaten des ehemaligen Deutschen Reiches Bismarckscher Observanz oder gar alle jene, die der deutschen »Kulturnation« zuzurechnen sind oder, um sich präziser auszudrücken, sich dieser selbst zurechnen; zu den letzteren würden gegebenenfalls auch die deutschen Aussiedler aus Siebenbürgen oder gar – nur zögernd sei dies gesagt, weil es heuer gar nicht opportun ist, dies zu tun – die Österreicher gehören.

Die Deutschen fanden es nach dem Zusammenbruch des nationalsozialistischen Regimes schwer, sich mit den Problemen der jüngsten Vergangenheit mit offenem Visier auseinanderzusetzen. Der bekannte Psychoanalytiker Mitscherlich hat ihnen »Unfähigkeit zu trauern« attestiert; mit anderen Worten, sie hätten sich außerstande gezeigt, die schrecklichen Geschehnisse der Nationalsozialistischen Ära innerlich zu verarbeiten. Vielmehr kam es nach 1945 zu einer weitgehenden Tabuisierung der jüngeren deutschen Geschichte überhaupt. Die große Mehrheit der Deutschen zog es vor, sich mit der jüngsten Vergangenheit, ja mit der Vergangenheit überhaupt, nicht zu beschäftigen; sie wandte sich ganz und gar der harten Arbeit des wirtschaftlichen Wiederaufbaus zu. Die Tendenz zum Wegsehen, zum Verdrängen des Wissens darum, wie tief man in die Gewaltherrschaft des Nationalsozialismus verstrickt gewesen war, wenn auch zumeist ohne eigenes Verschulden, war in weiten Teilen der deutschen Öffentlichkeit ebenso verbreitet, wie man dies jetzt noch teilweise in Österreich feststellen kann. Diese Haltung war zuteilen durch die Notwendigkeit des schieren Überlebens bedingt und insofern bis zu einem gewissen Grade verständlich, obschon sie mit einer partiellen Verdrängung der eigenen Vergangenheit einherging und demgemäß einem a-historischen Selbstverständnis Vorschub leistete. Dies trug dazu bei, daß das gesellschaftliche Bewußtsein der Bundesrepublik in den ersten beiden Jahrzehnten ihres Bestehens die eigene Geschichte gleichsam ausblendete oder doch nur partiell wahrnahm.

Die politische Kultur der Bundesrepublik war in den ersten beiden Jahrzehnten ihres Bestehens geprägt durch eine schroffe Entgegensetzung zum Nationalsozialismus und zugleich in zunehmenden Maße einer Entgegensetzung zum kommunistischen System, wie es sich in der DDR entwickelte. Die pointierte Abgrenzung sowohl gegenüber der nationalsozialistischen wie der kommunistischen Ideologie, für deren Interpretation damals der auf beide Systeme gleichermaßen angewandte Begriff des Totalitarismus herrschend wurde, war freilich mit dem geschichtlichen Bewußtsein im engeren Sinne nur höchst mittelbar verknüpft. Die Deutschen waren weithin geneigt, die nationalsozialistische Herrschaft auf die machiavellistischen Machenschaften einer vergleichsweise kleinen Gruppe nationalsozialistischer Politiker mit Hitler an der Spitze zurückzuführen, die das deutsche Volk irregeführt und mit Hilfe systematischen Terrors sich zu Diensten gemacht habe. Die nationalsozialistische Herrschaft stellte sich unter diesem Gesichtspunkt als eine Periode dar, die im Gesamtzusammenhang der deutschen Geschichte eine Ausnahme darstellte. Hitlers Machtergreifung erschien gleichsam als ein »charismatischer Betriebsunfall«; verführt durch die demagogischen Fähigkeiten des »Führers« und durch systematischen Terror und Propaganda orientierungslos gemacht, habe das deutsche Volk keine andere Wahl gehabt, als sich der nationalsozialistischen Herrschaft zu fügen. Diese Sicht der Dinge verstellte den Blick für die tieferliegenden Kontinuitäten der deutschen Geschichte und insbesondere für jene Faktoren, die dazu beigetragen haben, daß das deutsche Volk der nationalsozialistischen Ideologie so weitgehend anheimgefallen war.

Der Neuanfang nach 1945 vollzog sich demgemäß in einer geistigen Situation, die durch ein zutiefst gestörtes historisches Selbstverständnis und große moralische Unsicherheit geprägt war. An die Stelle eines historisch vermittelten Selbstverständnisses der Deutschen der Bundesrepublik trat weithin ein rein pragmatisches Denken, das jeglichen Ideologien grundsätzlich mißtraute. Das geschichtliche Denken im engeren Sinne, zumindest in seiner auf die eigene Nationalgeschichte ausgerichteten Dimension, stand im Windschatten der Entwicklung; nicht zufällig beklagte die professionelle Historiographie einen »Verlust der Geschichte« überhaupt. Das Selbstverständnis jener Epoche wurde vielmehr in erster Linie von den ökonomischen und sozialen Tatbeständen der unmittelbaren Gegenwart geprägt, während die Geschichtsschreibung nur in geringem Maße auf die Formierung des gesellschaftlichen Bewußtseins einzuwirken vermocht hat; zum Teil war dies auch deshalb so, weil sie vorderhand noch viel zu sehr mit sich selbst beschäftigt war, angesichts ihrer eigenen Verstrickung in eine nationalgeschichtliche Sichtweise, in der Obrigkeitshörigkeit und Realpolitik einen wichtigen Platz eingenommen hatten.

Unmittelbar nach 1945 war es in Deutschland auf breiter Front zu einer starken Hinwendung zu den traditionellen religiösen Wertorientierungen gekommen, wie sie die christlichen Kirchen anboten, doch sollte sich dies in der Folge als nicht dauerhaft erweisen. Die einzige kraftvolle Ideologie der 50er Jahre war der Neoliberalismus, mit seiner entschiedenen Entgegensetzung gegen die Omnipotenz des Staates und der Betonung der individuellen Initiative des Einzelnen, vor allem aber seinem Vertrauen auf eine marktwirtschaftliche Ordnung nach angelsächsischem Vorbild. Obschon sich der Neoliberalismus als eine bestimmte Form von säkularer Geschichtsphilosophie beschreiben läßt, die Wohlstand und Ordnung von der Freisetzung des Menschen von staatlicher Bevormundung und ideologischen Zwängen erwartete, wurde er den Zeitgenossen gleichwohl in einer systematischen, gerade eben nicht historischen Form präsentiert; es taten dies im übrigen nicht die Historiker, sondern die Sozialwissenschaftler und Politologen. Den totalitären Regimen gleichviel des nationalsozialistischen oder des kommunistischen Typs, aber auch dem halbautoritären Obrigkeitsstaat der Vergangenheit, der gleichsam die Wege hin zum Durchbruch totalitärer Ideologien und Massenbewegungen geebnet habe, wurde die demokratische Gesellschaft und eine auf die individuelle Initiative des Einzelnen setzende liberale Marktwirtschaft entgegengesetzt. Letztere, so schien es, war die gegebene Form gesellschaftlicher Organisation fortgeschrittener Industriegesellschaften; von deren geschichtlichen Wurzeln und geschichtlichen Vorbedingungen war weniger die Rede.

Diese neoliberale Ordnung erhielt in der Folge eine zusätzliche starke Abstützung durch die großen Erfolge der »sozialen Marktwirtschaft« seit Mitte der 50er Jahre; der spektakuläre Kontrast des wirtschaftlichen Wiederaufstiegs in Westdeutschland zur Mangelwirtschaft der marxistisch-leninistischen Herrschaftssysteme im Osten stand jedermann deutlich vor Augen. Das neugewonnene Vertrauen in die Leistungsfähigkeit einer liberalen Marktwirtschaft verband sich mit einer ausgeprägt pragmatischen Grundeinstellung gegenüber den politischen und gesellschaftlichen Problemen. Man mißtraute nicht nur den Ideologien von gestern, sondern zugleich auch allen gesamtgesellschaftlichen Entwürfen, die auf einen Umbau der bestehenden Ordnung in gleichviel welcher Richtung abzielten. In gewissem Sinne schien es, als ob nunmehr definitive Lösungen erreicht seien und historische Reflexion allenfalls antiquarische, nicht aber aktuelle Bedeutung habe. Dem entsprach, daß der Neoliberalismus die Strategie eines ideologiefreien *piecemeal engineering*, der schrittweisen Reform, auf seine Fahnen schrieb. Dahinter stand die Überzeugung, daß die Probleme der modernen industriellen Gesellschaften westlichen Typs mit den Mitteln der empirischen Sozialwissenschaften beherrschbar geworden seien und alle grundsätzlichen gesellschaftlichen Fragen eigentlich gelöst seien. Die historische Erinnerung verlor demgemäß den Charakter einer unmittelbaren Vergewisserung des eigenen Standorts in einer Welt beständigen Wandels mit ungewisser Zukunft. Sie wurde, zumindest tendentiell, zu einer musealen Angelegenheit. Dies ließ der verbreiteten Abneigung, sich der Frage nach dem historischen Standort der Deutschen der Bundesrepublik zu stellen, gleichsam eine rationale Legitimierung zuwachsen; zumal diese mit der dornigen Frage belastet war, wie man mit dem Problem des Nationalsozialismus ins Reine kommen solle.

Es überrascht demgemäß nicht, daß in den ersten Jahrzehnten des Bestehens der Bundesrepublik das geschichtliche Denken im engeren Sinne, zumindest in seiner auf die eigene Nationalgeschichte ausgerichteten Dimension, im Selbstverständnis der Deutschen nur eine untergeordnete Rolle spielte. Die öffentliche Meinung machte eine Entwicklungsphase durch, in der tatsächlich so etwas wie Geschichtslosigkeit herrschend war, ungeachtet der Tatsache, daß der professionelle historische Wissenschaftsbetrieb weiterhin auf hohen Touren lief. Nicht zufällig wurde auch im öffentlichen Bildungssystem der Geschichtsunterricht zugunsten der Sozialwissenschaften zunehmend zurückgedrängt. Pragmatische Gegenwartsorientierungen, nicht historisches Bewußtsein, waren gefragt. Selbst die Bemühungen der Regierungen der 50er und 60er Jahre, im Hinblick auf das grundgesetzlich als Ziel der deutschen Politik festgeschriebene Postulat der Wiedervereinigung das überkommene gesamtdeutsche Geschichtsbild zu konservieren, das sich in erster Linie am Deutschen Reich Bismarcks orientierte, verblaßten zunehmend. Wenn überhaupt, dann trat Europabegeisterung an die Stelle herkömmlicher nationaler Orientierungen.

Die sog. »Studentenrevolution« vom Ende der 60er Jahre war zumindest in ihren Anfängen von einem Aufbegehren der jüngeren Generation gegen den kurzatmigen Pragmatismus getragen, wie ihn die herrschenden Schichten der bundesrepublikanischen Gesellschaft in den 60er Jahren durchweg an den Tag legten. Die studentischen Proteste richteten sich, in allerdings äußerst diffuser Form, gegen das Unvermögen der älteren Generation, der Gesellschaft moralische Ziele vorzugeben und gegen deren Schweigen über die eigene Verwicklung in die Ereignisse der jüngeren deutschen Vergangenheit. Wolf Biermann hat jüngst nicht ganz grundlos über die Studentenbewegung und ihre extremistischen Auswüchse gesagt, daß diese »neben dem Zorn über das unverschuldete Elend der armen Völker«, der sog. Dritten Welt, auch von dem Motiv angetrieben worden sei, gegen die »Geschichtslosigkeit der Alten« zu kämpfen. Aber die Position der Studenten war selbst kurzatmig und von einem völlig schematischen Geschichtsverständnis getragen, das nur weiß und schwarz, gut und schlecht, Sozialisten und Kapitalisten kannte. Sie verpuffte und verlor sich in Ausläufern in terroristischen Aktionen, gerade weil sie eigentlich nur ein Epiphänomen, keinesfalls aber eine intellektuell überzeugende Alternativposition zu dem vorwaltenden Paradigma des *piecemeal engineering* eines kraftlosen Pragmatismus darstellte.

Freilich hat dann gerade die aus den Ereignissen der sogenannten Studentenrevolution gewonnene Erkenntnis, daß es zu einem teilweisen Abriß der Kontinuität des historischen Bewußtseins zwischen den Generationen gekommen war, zu einer

Wiederbelebung des historischen Bewußtseins beigetragen. Entscheidend war freilich, daß seit Anfang der 70er Jahre, mit dem Ende einer Periode beständigen wirtschaftlichen Wachstums, während der sich alle gesellschaftlichen Probleme gleichsam von selbst zu lösen schienen, das Vertrauen in die Selbstläufigkeit der ökonomischen Entwicklung erschüttert wurde. Zugleich stellten sich nunmehr zunehmend Zweifel ein, ob man sich dem technologischen Fortschritt als solchem unbedenklich auch für die weitere Zukunft anvertrauen könne. Es erwies sich, daß die großen gesellschaftlichen Probleme sich harmonistischen Lösungen mit Hilfe des wissenschaftlichen Instrumentariums der empirischen Sozialwissenschaften weitgehend entzogen. Die Annahme, daß industrielle Gesellschaften sich prinzipiell mit Hilfe wirtschaftswissenschaftlicher Theoreme in einer allseits befriedigenden Weise würden beherrschen bzw. steuern lassen, ging mit einem Male in die Binsen. Weder der Keynesianismus, noch die Rückkehr zu orthodoxen liberalen Modellen marktwirtschaftlicher Steuerung vermochten den neuen Phänomenen ökonomischer Rezession, der Massenarbeitslosigkeit und zeitweilig gar inflationärer Tendenzen Herr zu werden. Es wurde klar, daß es immer Gewinner und Verlierer gibt, und daß sich die Klassengegensätze auch in fortgeschrittenen Industriegesellschaften nicht völlig eliminieren lassen.

Vor diesem Hintergrund wird man die erstaunliche Renaissance des historischen Interesses in der breiteren Öffentlichkeit seit Anfang der 80er Jahre in der Bundesrepublik zu sehen haben. Je unvorhersehbarer und unsicherer sich die Zukunft darbietet, desto mehr wächst das Bedürfnis nach einer historischen Verortung der eigenen Existenz. Demgemäß wandte sich die Öffentlichkeit in der Bundesrepublik wieder der Geschichte im engeren Sinne und speziell der eigenen Nationalgeschichte zu. Die Verknüpfung des Wiedererwachens des historischen Bewußtseins der Deutschen der Bundesrepublik wird von zahlreichen Autoren, beispielsweise Werner Weidenfeld und – in anderem Zusammenhang – von dem Sozialphilosophen Hermann Lübbe, mit der Tatsache in Verbindung gebracht, daß der Einzelne sich in seiner beruflichen Rolle innerhalb des technokratischen Systems, das seine Lebenswirklichkeit in ökonomischer Hinsicht bestimmt, nicht mehr voll wiederzuerkennen vermag. »Die Frage nach der Identität«, so heißt es bei Weidenfeld, »wird erst dann aufgeworfen, wenn die Einbettung in die Sozialwelt keine unproblematische mehr ist, wenn sie... als reflexionsbedürftig angesehen wird.« Die Lebenswelt des Einzelnen ist, wie Jürgen Habermas gesagt hat, »unübersichtlich« geworden, ja mehr noch, seine gesellschaftliche Funktion und sein persönliches Leben fallen, so scheint es, zunehmend auseinander.

In der Tat ist unsere »Einbettung in die Sozialwelt« wieder problematischer geworden. Die »heilen« Jahre des Wiederaufbaus und des »Wirtschaftswunders« liegen hinter uns, und die »Geschichtslosigkeit« der vergangenen Jahrzehnte erweist sich als das, was sie der Sache nach immer war, nämlich eine ideologisch und interessenpolitisch bedingte Selbsttäuschung über den geschichtlichen Ort der Bundesrepublik in der deutschen und europäischen Geschichte. Auch im unmittelbar politischen Bereich hat sich dies deutlich gezeigt, insbesondere in der Deutschlandfrage. Die liebgewordenen, aber stets blutleeren Formeln vom Alleinvertretungsanspruch der Bundesrepublik und der Wiedervereinigung im Sinne einer einfachen Wiedereingliederung des Territoriums der DDR in die Bundesrepublik, sobald die UdSSR dazu gebracht werden könne, ihre Besatzungsherrschaft über die »sog.« DDR aufzugeben, wichen einer pragmatischen Sichtweise, die jedenfalls fürs erste die gegebene Realität der Teilung Deutschlands unter zwei verschiedene Machtblöcke und zwei verschiedene Gesellschaftssysteme anzuerkennen bereit war. Die einfache Fortschreibung des Anspruchs auf einen einheitlichen deutschen Nationalstaat aufgrund der – lange sorgfältig gepflegten – staatsrechtlichen Kontinuität seit dem Bismarckreich machte einer weit differenzierteren Strategie in der deutschen Frage Platz. Die Ostpolitik wurde möglich, und ebenso die ihr folgende Politik der partiellen Lösung von Detailfragen unter dem Vorbehalt der Wahrung der jeweiligen politischen Positionen.

Es scheint auf den ersten Blick eine Paradoxie zu sein, daß ungeachtet dieser Entwicklung seit dem Ende der 70er Jahre in der Bundesrepublik spontan ein neues Interesse an der eigenen Nationalgeschichte erwachte, das seinen Niederschlag in einer großen Zahl erfolgreicher historischer Ausstellungen und einer neuerwachten Nachfrage nach Geschichten der Deutschen fand. Dies hat zunächst nur damit zu tun, daß die Tabuisierung der jüngsten deutschen Geschichte heute gefallen ist. Jene Generationen, die selbst nicht mehr unmittelbar mit dem Nationalsozialismus konfrontiert waren, sondern für die als »Nachgeborene« diese Ereignisse wirklich Geschichte, und nur geschichtlich erfahrbar sind, fragen heute unbefangener, was es denn wirklich damit auf sich gehabt hat, während die älteren Generationen – man denke etwa an den Fall Werner Höfer – sich immer noch damit schwer tun, sich verständlich darüber zu äußern, was und in welcher Weise sie mit dem Nationalsozialismus zu schaffen gehabt haben.

Mit dem Wiederaufflammen des Interesses der Allgemeinheit an der eigenen Nationalgeschichte in gleichviel welchem Sinne konnte der Streit darüber, in welchem Grade überkommene Auffassungen im Lichte der Erfahrungen der jüngsten Geschichte einer weitgehenden Revision unterzogen werden müßten, nicht mehr nur eine Angelegenheit der deutschen und der internationalen wissenschaftlichen Forschung bleiben. Bislang war die historische Forschung in diesen Dingen der breiteren Öffentlichkeit hinsichtlich der Notwendigkeit, das überkommene nationaldeutsche Geschichtsbild zu revidieren, weit vorangegangen; es kam zu einer ungewöhnlich großen Phasenversetzung zwischen dem Prozeß der Fortschreibung bzw. Modifikation des Geschichtsbilds in der Forschung und dem Geschichtsbild, welches in der breiteren Öffentlichkeit, namentlich der älteren Generationen, bestand. Denn letzteres wurde nur sehr oberflächlich, nicht in der Tiefe von dem Revisionsprozeß erfaßt, der auf ein Umschreiben der Geschichte unter dem Gesichtspunkt der demokratisch verfaßten Gesellschaftsordnungen des Westens sich vollzog. Dies führte zu erheblicher Verwirrung und bildet eine wichtige Voraussetzung des gegenwärtig geführten sog. Historikerstreits, bei dem vor allem Fragen der grundsätzlichen Bewertung der jüngeren deutschen Geschichte zur Debatte stehen.

Diese Debatte hat in einer, in mancher Hinsicht unliebsamen Weise jene Tendenzen gestört, die dem geschichtlichen Denken nur eine Kompensationsfunktion in der modernen technokratischen Gesellschaft zuschreiben wollen oder die der geschichtlichen Erinnerung wesentlich nur die Aufgabe zumessen, inmitten einer technokratischen Welt, deren Sinnhaftigkeit sich nicht mehr ohne weiteres einsehen läßt, den Bürgern ein Gefühl von »Geborgenheit« zu vermitteln. Geschichtliche Erinnerung soll dem Bewußtsein der Zusammengehörigkeit, sei es der Generationen, sei es der verschiedenen sozialen Schichten, das in der modernen Industriegesellschaft vielfach verlorengegangen ist, wieder neue Vitalität einflößen und dergestalt zur Stabilität der bestehenden gesellschaftlichen Ordnung beitragen. Diese gegenwärtig vielerorts gehandelten Sinnbestimmungen des historischen Bewußtseins, die unübersehbar eine neokonservative Tendenz aufweisen, verkennen freilich, daß Geschichte nicht beliebig verfügbar ist. Geschichtliche Erinnerung vermag in der Tat Identitäten zu stiften, aber sie kann ebenso dazu beitragen, bestehende Identitäten zu hinterfragen und damit gleichsam zu entzaubern. Der Ruf nach einer neuen »nationalen Identität« der Deutschen, von dem wir eingangs bereits gesprochen haben, verrät im Grunde große Unsicherheit darüber, was denn eigentlich ein Deutscher sei und ob sich diese Identität nur auf die Bürger der Bundesrepublik oder darüber hinaus auf die Deutschen beider deutschen Staaten erstrecken solle.

Die neuerlichen Bemühungen, eine »deutschere« Geschichte der Deutschen zu entwickeln, als dies in den letzten drei Jahrzehnten der Fall war, und die Schuldzuweisungen für die Fehlentwicklungen der jüngeren deutschen Geschichte auf möglichst viele Schultern zu verteilen, seien dies jene des bolschewistischen Rußlands oder der angloamerikanischen Mächte, sollen offenbar dem »Identitätsbedarf« auf nationalpolitischem Gebiete entgegenkommen. Uns will freilich scheinen, daß es damit gar nicht so dringlich ist, wie dies von politischer Seite immer wieder behauptet worden ist. Insgesamt wird man sagen dürfen, daß die Deutschen, wenn überhaupt jemals zuvor, dann in den letzten vierzig Jahren etwas aus ihrer Geschichte gelernt haben, nämlich die Notwendigkeit, mit den obrigkeitlichen und antiliberalen Traditionen der deutschen Geschichte zu brechen und den Graben einzuebnen, der zwischen der deutschen politischen Kultur und jener der westlichen Welt lange bestanden hat. Um auf diesem Wege weiter vorwärtszuschreiten, bedürfen wir nicht bloß jener Formen geschichtlichen Denkens, die eine museale Aufbereitung der Vergangenheit zwecks Kompensation des »Vertrautheitsschwunds« in der modernen Gesellschaft anstreben. Noch weniger gilt dies für eine Art von Deutung der Vergangenheit, die von vornherein, sei dies bewußt oder unbewußt, auf die Stiftung von Gemeinsinn und Gemeinschaftsbewußtsein gerichtet ist und dabei nicht der Versuchung zu widerstehen vermag, die dafür geeigneten Inhalte normativ vorzugeben. Historische Orientierung ist die Weise, in der wir uns selbst und unsere Gesellschaft, gleichsam von dem distanzierten Standpunkt eines über den Tagesereignissen stehenden Beobachters aus, zu Gesicht bekommen. Als solche ist das geschichtliche Denken stets pluralistisch und kritisch, stets zugleich kontinuitätsbegründend und kontinuitätsdurchbrechend. Die gegenwärtigen Auseinandersetzungen in der Öffentlichkeit über die jüngste deutsche Geschichte sind unter diesem Gesichtspunkt grundsätzlich zu begrüßen.

Nachwort

Die hier veröffentlichten Aufsätze und Essays kreisen um zwei zentrale Themen, das geschichtliche Bewußtsein und, damit eng verbunden, das Nationsverständnis der Deutschen. Sie sind in den Jahren 1978 bis 1989 entstanden, also in einer Periode, in der die Deutschen in der Bundesrepublik wieder aus ihrer selbstgewählten partiellen Geschichtslosigkeit erwachten. In der unmittelbaren Nachkriegsperiode war die Frage nach dem historischen Ort der Deutschen der Bundesrepublik und die kritische Auseinandersetzung mit der eigenen Geschichte überwiegend jenen Gruppen der Gesellschaft überlassen worden, die sich damit professionell zu befassen hatten, den Historikern und Politologen, den Journalisten und Publizisten und, in sehr konkreter Form, den Politikern. Die Studentenbewegung der späten sechziger und frühen siebziger Jahre war in mancher Hinsicht auch ein Protest gegen die vorwiegend pragmatische Grundeinstellung der älteren Generation gegenüber den aktuellen Problemen ihrer Gegenwart. Diese schien gleichsam ihre Vergangenheit vergessen zu haben und ausschließlich auf die Mehrung ihres materiellen Wohlstands bedacht zu sein. Erst seit Anfang der siebziger Jahre begannen die Deutschen in der Bundesrepublik sich wieder in stärkerem Maße für ihre Geschichte zu interessieren. Die Idee der Nation, die vielerorts bereits als eine anachronistische Kategorie einer abgelebten Epoche gegolten hatte, erfuhr eine Renaissance, nicht zuletzt im Zusammenhang der Frage, welche Konsequenzen die Neuorientierung der deutschen Ostpolitik für die sog. »Wiedervereinigung« der beiden deutschen Staaten haben würde. Die Frage nach der Identität der Deutschen, der insbesondere die jüngere Generation in den sechziger Jahren weithin mit Desinteresse, ja mit Verständnislosigkeit entgegengetreten war, gewann nun wieder einen wichtigen Platz im politischen Selbstverständnis der Deutschen über die Grenzen der Bundesrepublik hinaus.

Die ersten drei Aufsätze beschäftigen sich mit den verschiedenen Formen und wechselnden Inhalten des deutschen Nationalbewußtseins seit dem späten 18. Jahrhundert, im Hinblick auf die Besonderheiten des deutschen Entwicklungspfades in die Moderne. Die Abhandlung »Nationalbewußtsein und Staatsverständnis der Deutschen«, die aus einem Vortrag anläßlich einer deutsch-französischen Tagung in Ludwigsburg hervorgegangen ist, zeigt, daß die Inkonsistenz und die Instabilität des Nationalbewußtseins der Deutschen gutenteils auf die beständigen Brüche und Diskontinuitäten der geschichtlichen Entwicklung der deutschen Staatenwelt zurückzuführen sind, gerade auch im Kontrast zum Beispiel der französischen Nation, die schon im frühneuzeitlichen Europa ihre nationale Einheit erlangte. Die Arbeit über »Wandlungen der nationalen Identität der Deutschen« konzentriert sich auf die Veränderungen im politischen Selbstverständnis der Bundesrepublik und untersucht, wie weit sich in der Bundesrepublik ein neues, eigenständiges Nationalbewußtsein auszubilden im Begriff ist. Der vorangehende Essay »Wir sind wieder wer« geht dieser Frage unter einem speziellen Gesichtspunkt nach, nämlich dem Wiedererwachen eines ausgeprägten Selbstbewußtseins der Deutschen der Bundesrepublik, das sich freilich in erster Linie auf die großen Leistungen des wirtschaftlichen Wiederaufbaus stützte und sich Ende der siebziger Jahre nicht zufällig in der Entgegensetzung zu den gesellschaftlichen Verhältnissen in Großbritannien artikulierte, das sich damals in einer schweren wirtschaftlichen und sozialpsychologischen Krise befand.

Daran schließt sich eine in jüngster Zeit entstandene Studie über »Der Geist von 1914. Das Programm eines politischen ›Sonderwegs‹ der Deutschen« an, die zugleich zum zweiten Teil überleitet, der sich stärker historiographischen Fragen zuwendet. In der nationalen Aufbruchstimmung des August 1914, die dann von zahlreichen Publizisten und Wissenschaftlern in die Form einer nationaldeutschen Ideologie vom »eigenständigen deutschen Wege« rechts von dem angeblichen Materialismus der westlichen demokratischen Gesellschaften und links von den autokratischen Strukturen der osteuropäischen Staatenwelt gebracht wurde, kommen die Besonderheiten des herkömmlichen deutschen politischen Bewußtseins, insbesondere seine Entgegensetzung zu den politischen Denkformen und der individualistischen Grundeinstellung der westlichen Demokratien besonders deutlich zum Ausdruck. Diese Denkweisen haben, ungeachtet des demokratischen Neuanfangs von Weimar, das politische Selbstverständnis der Deutschen bis in unsere Gegenwart hinein in erheblichem Maße untergründig beeinflußt.

Die folgenden Abhandlungen beschäftigen sich mit der Frage, wie weit es nach 1945 gelungen ist, die älteren Traditionen des deutschen politischen Denkens, die sich an dieser Ideologie eines spezifischen deutschen Entwicklungspfades zur Moderne orientierten und dem Aufstieg des Nationalsozialismus Steigbügeldienste geleistet haben, definitiv zu überwinden. Im Zuge der sog. »Tendenzwende« seit 1973 erfuhren einzelne Elemente dieses überkommenen Geschichtsbildes im Zeichen der Forderung nach einem neuen Nationalbewußtsein der Deutschen eine Wiederbelebung. War dies der Beginn der Rückkehr zu einer deutscheren deutschen Geschichte, nach langen Jahren der Vorherrschaft einer »revisionistischen« Historiographie liberalen Zuschnitts, die bemüht war, ein neues, demokratisches, von nationalistischen Zügen freies Geschichtsbild zu entwickeln, oder nur die Rückkehr zur historischen Normalität? Der Essay »Die Vergangenheit, die nicht vergehen will: Auseinandersetzung oder Schlußstrich?« gibt Ausführungen wieder, die erstmals anläßlich der Römerberggespräche in Frankfurt im Juni 1986 vorgetragen wurden und deren Thematik sich, ohne daß dies dem Verfasser bekannt, geschweige denn beabsichtigt gewesen war, mit gleichartigen thematischen Absichten Ernst Noltes überschnitt. Dieser sah dann Anlaß, einen Artikel zum gleichen Thema in der Frankfurter Allgemeinen Zeitung vom 6. Juni 1986 zu veröffentlichen. Die Abhandlung »Die Deutschen und ihre Nation. Geschichtsschreibung und politisches Bewußtsein in der Bundesrepublik« beschäftigt sich mit dem sog. »Historikerstreit« und den Veränderungen des deutschen Geschichtsbewußtseins, die dabei zutage traten; sie ist aus einem Vortrag hervorgegangen, der dann in der Frankfurter Rundschau vom 1. Dezember 1986 erschienen ist und anschließend in dem Sammelband »›Historikerstreit‹. Die Dokumentation der Kontroverse um die Einzigartigkeit der nationalsozialistischen Judenvernichtung«[1] erschienen ist. Hier wird der Versuch gemacht, einige der charakteristischen Veränderungen in der Sichtweise und den Bewertungskategorien der jüngsten deutschen Geschichtsschreibung aufzuzeigen und kritisch zu analysieren. Die Essays »Die Deutschen und ihre Geschichte« und »Welche Vergangenheit hat unsere Zukunft? Anmerkungen zum Historikerstreit« behandeln dieses Thema jeweils aus unterschiedlicher Perspektive. Der erstere Aufsatz ist hervorgegangen aus einem Vortrag anläßlich einer Tagung des Arbeitskreises Geschichte des Kuratoriums »Unteilbares Deutschland« in Westberlin; er wird von der Frage geleitet, ob sich aus dem »Historikerstreit« Konsequenzen für das Nationalbewußtsein der Deutschen in beiden deutschen Staaten ergeben. Der zweitgenannte Aufsatz geht auf ein Referat anläßlich einer Tagung des Goethe-Instituts in Turin zurück, auf der die Frage des Umgangs mit der jüngsten Vergangenheit vor einem Forum von deutschen und italienischen Historikern erörtert wurde. Der abschließende, ursprünglich für den Süddeutschen Rundfunk verfaßte Essay »Zum historischen Selbstverständnis der Deutschen« behandelt diese Thematik vornehmlich im Hinblick auf neokonservative Tendenzen in der Bundesrepublik, die sich von der Wiederbelebung des Nationalbewußtseins eine Stabilisierung der gesellschaftlichen und politischen Verhältnisse in der Bundesrepublik erwarten.

Die Beiträge sind, abgesehen von geringfügigen Korrekturen, in ihrer ursprünglichen Form wieder abgedruckt worden. Angesichts ihres zeittypischen Charakters sind an ihnen bewußt keinerlei nachträgliche Änderungen oder Ergänzungen inhaltlicher Art vorgenommen worden. Aus dem gleichen Grunde ist auch davon Abstand genommen worden, die gelegentlich auftretenden Überschneidungen zu beseitigen oder die Quellennachweise zu aktualisieren. Als Dokumente einer Debatte, die auch in der Gegenwart weiterhin mit großer Leidenschaft geführt wird und die durch die jüngsten Entwicklungen in Osteuropa neue Aktualität gewonnen hat, dürften sie gerade in ihrer ursprünglichen Fassung von allgemeinem Interesse sein.

1 München 1987

Druckorte

Nationalbewußtsein und Staatsverständnis der Deutschen.
Druckort: Deutschland, Frankreich, Europa. Bilanz einer schwierigen Partnerschaft, hrsg. von Robert Picht. München, Zürich: Piper 1978, S. 30–45

»Wir sind wieder wer« Wandlungen im politischen Selbstverständnis der Deutschen. In: Stichworte zur ›Geistigen Situation der Zeit‹, hrsg. von Jürgen Habermas. I. Band: Nation und Republik. Frankfurt/M.: Suhrkamp, 1979. S. 185–209

Wandlungen der nationalen Identität.
Druckort: Die Identität der Deutschen, hrsg. von Werner Weidenfeld. München, Wien: Carl Hanser, 1983, S. 170–192

Der Geist von 1914. Das Programm eines politischen »Sonderwegs« der Deutschen, Evangelische Akademie Loccum, 7. Juli 1989, Originalbeitrag

Die Vergangenheit, die nicht vergehen will.
Druckort: Gegen den Versuch, Vergangenheit zu verbiegen, hrsg. von Hilmar Hoffmann. Frankfurt/M.: Athenäum, 1987, S. 83–93

Die Deutschen und ihre Nation. Geschichtsschreibung und geschichtliches Bewußtsein in der Bundesrepublik.
Druckort: Universitas. Zeitschrift für Wissenschaft, Kunst und Literatur 9, 1987: S. 947–963. Eine etwas ausführlichere Fassung erschien in: Liberal. Vierteljahreshefte für Politik und Kultur 29, 1987: S. 37–52;

Welche Vergangenheit hat unsere Zukunft? Anmerkungen zum Historikerstreit.
Vortrag, gehalten anläßlich des Colloquiums »Welche Vergangenheit hat unsere Zukunft?«, Goethe-Institut Turin, 5. und 6. November 1987, Originalmanuskript

Die Deutschen und ihre Geschichte.
Druckort: Politik und Kultur 15, Heft 1/1988: S. 3–20

Zum historischen Selbstverständnis der Deutschen.
Vortrag für den Süddeutschen Rundfunk am 2. Mai 1988

Serie Piper aktuell

Franz Alt
Frieden ist möglich
Die Politik der Bergpredigt. Überarb. Neuausgabe. 124 Seiten. Serie Piper 284

Klaus von Bismarck / Günter Gaus /
Alexander Kluge / Ferdinand Sieger
Industrialisierung des Bewußtseins
Eine kritische Auseinandersetzung mit den »neuen« Medien
227 Seiten. Serie Piper 473

Ulf Fink (Hrsg.)
Der neue Generationenvertrag
Die Zukunft der sozialen Dienste
183 Seiten. Serie Piper 919

Die gespeicherte Sonne
Wasserstoff als Lösung des Energie- und Umweltproblems. Hrsg. von Hermann Scheer. Mit Beiträgen von Wilfrid Bach, Reinhard Dahlberg, Joachim Gretz, Henry Kalb, Konstantin Ledjeff, Harry Muuß, Joachim Nitsch, Rolf Povel, Hermann Scheer, Helmut Tributsch, Werner Vogel und Hartmut Wendt.
301 Seiten mit 52 Abbildungen. Serie Piper 828

Hildegard Hamm-Brücher
Der Politiker und sein Gewissen
Eine Streitschrift für mehr parlamentarische Demokratie
174 Seiten. Serie Piper 437

»Historikerstreit«
Die Dokumentation der Kontroverse um die Einzigartigkeit der nationalsozialistischen Judenvernichtung
Texte von Rudolf Augstein, Karl Dietrich Bracher, Martin Broszat, Micha Brumlik, Walter Euchner, Joachim Fest, Helmut Fleischer, Imanuel Geiss, Jürgen Habermas, Hanno Helbling, Klaus Hildebrand, Andreas Hillgruber, Eberhard Jäckel, Jürgen Kocka, Robert Leicht, Richard Löwenthal, Christian Meier, Horst Möller, Hans Mommsen, Wolfgang J. Mommsen, Thomas Nipperdey, Ernst Nolte, Joachim Perels, Hagen Schulze, Kurt Sontheimer, Michael Stürmer, Heinrich August Winkler.
397 Seiten. Serie Piper 816

Piper 54/6a

PIPER

Serie Piper aktuell

Peter Kafka / Heinz Maier-Leibnitz
Kernenergie – Ja oder Nein
Eine Auseinandersetzung zwischen zwei Physikern. Vorwort von Hubert Markl.
287 Seiten. Serie Piper 739

Katholische Kirche – wohin?
Wider den Verrat am Konzil. Hrsg. von Norbert Greinacher und Hans Küng.
467 Seiten. Serie Piper 488

Martin Kriele
Nicaragua – das blutende Herz Amerikas
Ein Bericht. 185 Seiten. Serie Piper 554

Thomas Kruchem
Brücken über die Apartheid
Gespräche im Südafrika des Ausnahmezustands
Mit Essays von Arnulf Baring und Walter Hättig sowie einem Glossar
von Robert von Lucius. 345 Seiten. Serie Piper 737

Wolfgang Günter Lerch
Der Golfkrieg
Ereignisse, Gestalten, Hintergründe. 160 Seiten. Serie Piper 956

Hubert Markl
Evolution, Genetik und menschliches Verhalten
Zur Frage wissenschaftlicher Verantwortung
131 Seiten. Serie Piper 623

Hubert Markl
Wissenschaft: Zur Rede gestellt
Über die Verantwortung der Forschung
184 Seiten. Serie Piper 1039

Reinhard Rode
Die Zeche zahlen wir – Der Niedergang
der amerikanischen Wirtschaft
181 Seiten. Serie Piper 920

Piper 54/88

PIPER

Serie Piper aktuell

Christian Schmidt-Häuer
Michail Gorbatschow
Moskau im Aufbruch
Mit einem Essay »Vom Soll und Haben des neuen Mannes: Etappen und Chancen einer Wirtschaftsreform« von Maria Huber.
367 Seiten. Serie Piper 467

Christian Schmidt-Häuer / Maria Huber
Rußlands zweite Revolution
Chancen und Risiken der Reformpolitik Gorbatschows
208 Seiten. Serie Piper 832

Wolfgang Seiffert
Das ganze Deutschland
Perspektiven der Wiedervereinigung. 377 Seiten. Serie Piper 683

Antonio Skármeta
Heimkehr auf Widerruf
Chile im Umbruch?
Politische Reflexionen. 195 Seiten mit 11 Abbildungen, biographischer Notiz und Werkverzeichnis. Serie Piper 1138

Michael Stürmer
Deutsche Fragen oder Die Suche nach der Staatsräson
Historisch-politische Kolumnen. 211 Seiten. Serie Piper 957

Münchner Perspektiven
Wohin treibt die Weltstadt mit Herz?
Herausgegeben von Christian Ude. Mit einem Nachwort von Georg Kronawitter.
Mit 9 Karikaturen von Hansjörg Langenfass. 239 Seiten. Serie Piper 1230

Michael Wolffsohn
Ewige Schuld?
40 Jahre deutsch-jüdisch-israelische Beziehungen
187 Seiten. Serie Piper 985

Piper 54/9c

PIPER